Public Target Costing

T0316478

Europäische Hochschulschriften
Publications Universitaires Européennes
European University Studies

Reihe V
Volks- und Betriebswirtschaft

Série V   Series V
Sciences économiques, gestion d'entreprise
Economics and Management

Bd./Vol. 3146

PETER LANG
Frankfurt am Main · Berlin · Bern · Bruxelles · New York · Oxford · Wien

Corinna Siems

Public Target Costing

Zielkostenmanagement
als Controllinginstrument
für die öffentliche Verwaltung

PETER LANG
Europäischer Verlag der Wissenschaften

Bibliografische Information Der Deutschen Bibliothek
Die Deutsche Bibliothek verzeichnet diese Publikation in der
Deutschen Nationalbibliografie; detaillierte bibliografische
Daten sind im Internet über <http://dnb.ddb.de> abrufbar.

Zugl.: Potsdam, Univ., Diss., 2004

Gedruckt auf alterungsbeständigem,
säurefreiem Papier.

517
ISSN 0531-7339
ISBN 3-631-53945-2

© Peter Lang GmbH
Europäischer Verlag der Wissenschaften
Frankfurt am Main 2005
Alle Rechte vorbehalten.

Printed in Germany 1 2 4 5 6 7

www.peterlang.de

Inhaltsverzeichnis

Abbildungsverzeichnis

1 Einleitung

1.1 Problemstellung und Zielsetzung der Arbeit

Mit dem Fortschreiten der Reformaktivitäten im Rahmen des Neuen Steuerungsmodells geht auch die Einführung von Instrumenten des Finanzmanagements zweifellos voran. Das neue Steuerungsmodell liefert dabei die konzeptionellen Grundlagen für die Verwaltungsmodernisierung in Deutschland und stellt damit ein Leitbild für die auf kommunaler Ebene stattfindenden Verwaltungsreformprojekte dar.[1] Ein wesentliches Instrument des Finanzmanagements ist die Kostenrechnung, die mittlerweile in einem Großteil der Kommunalverwaltungen wenn auch nicht immer flächendeckend, so zumindest in Teilbereichen der Verwaltung eingesetzt wird.[2]

Dennoch macht sich Skepsis breit, da die Kostenrechnung zwar aufgebaut und eingesetzt wird, die Daten aber nicht in ausreichendem Maße genutzt werden und die von dem Einsatz der Kostenrechnung erwarteten Wirkungen bisher nicht in gewünschtem Maße eingetreten sind. Die Gründe dafür liegen möglicherweise in der konzeptionellen Ausgestaltung der Kostenrechnung selbst, vor allem aber in dem unzureichenden Zusammenwirken der Kostenrechnung mit anderen Controllinginstrumenten in der öffentlichen Verwaltung, soweit diese überhaupt schon implementiert sind. Insbesondere die fehlende Ausrichtung auf die Berücksichtigung von Effektivitätszielen ist ein häufig geäußerter Kritikpunkt, der nicht nur die Kostenrechnung, sondern auch die Budgetierung sowie das Controlling insgesamt betrifft.[3]

Aber auch in den Fällen, in denen die Kostenrechnung als Entscheidungsgrundlage und Instrument der operativen Steuerung genutzt wird, lässt sich Handlungsbedarf in Bezug auf den Ausbau bzw. die Ergänzung der Kostenrechnung feststellen. Deutlich wird dies beispielsweise bei dem Einsatz der produktorientierten Budgetierung, also der Finanzmittelzuweisung auf der Basis produktbezogener Kostenrechnungsdaten. Hier stößt die reine Kostensteuerung an ihre Grenzen, wenn gleichzeitig Effektivitätsziele und weitere Qualitätsziele der Leistungserstellung verfolgt werden sollen.

---

[1] Vgl. Reichard (2001), S. 20.

[2] Vgl. Reichard (2001), S. 20 und Weber/Hunold (2002), S. 38 f.

[3] Vgl. Jordan (2002), S. 110.

Die Kritik an der Kostenrechnung und an dem Controllinginstrumentarium insgesamt ist damit im Zusammenhang mit dem derzeitigen Entwicklungsstand des Neuen Steuerungsmodells insgesamt zu sehen: Während sich die Verwaltungsreformbemühungen in der Vergangenheit vor allem auf die internen Strukturen der Verwaltung konzentrierten[4] (neben Finanzmanagement vor allem auch Personalmanagement und Veränderungen der Organisationsstrukturen) sind mittlerweile Reformbestandteile wie die Verbesserung der politisch-strategischen Steuerung, die verstärkte Kunden- und Bürgerorientierung und die verstärkte Nutzung von Markt- und Wettbewerbsmechanismen stärker in den Vordergrund gerückt.[5]

Notwendig ist vor diesem Hintergrund demnach nicht nur die Verbesserung der konzeptionellen Ausgestaltung der Kostenrechnung, sondern auch die Neuentwicklung von weiteren Controllinginstrumenten, die eine notwendige Verbindung von Kosten- und Effektivitätssteuerung systematisch unterstützen können und damit verschiedene Teile des Führungssystems der öffentlichen Verwaltung miteinander verbinden. Ein Lösungsansatz könnte das zunächst für die Nutzung im Privatsektor entwickelte Konzept des Target Costing (Zielkostenmanagement) bieten, das in Ergänzung zu den bisher in der öffentlichen Verwaltung eingesetzten Kostenrechnungsinstrumenten ein extern orientiertes, strategisches Instrument des Kostenmanagements ist, das explizit die Kundensicht und den Faktor Qualität mit einbezieht.

Zielsetzung der vorliegenden Arbeit ist daher die Entwicklung eines verwaltungsspezifischen Target Costing-Konzeptes, mit dem die Verbindung von Kostenplanung und Effektivitätssteuerung systematisch unterstützt werden kann. Mit einem an die Besonderheiten der Verwaltung angepassten Target Costing soll der öffentlichen Verwaltung ein modernes Kostenmanagementkonzept zur Verfügung gestellt werden, das für das Verwaltungsmanagement und für die politische Führung steuerungsrelevante Informationen liefert und im Hinblick auf die übergeordnete Zielsetzung des Neuen Steuerungsmodells – Verbesserung von Effizienz und Effektivität der öffentlichen Leistungserstellung – verhaltensbeeinflussend und motivierend wirkt. Steuerungsrelevante Informationen zu liefern bedeutet dabei, Kostenmanagement und Kostenrechnungsinstrumente als integralen Bestandteil eines Berichtswesens über Kosten, Leistungen und Wirkungen von öffentlichen Dienstleistungen zu betrachten. Zugleich ist die Kostenrechnung als Teil des gesamten Rechnungswesens der öffentlichen Verwaltung zu sehen, das den Verantwortlichen entscheidungsrelevante Informationen im jeweiligen Budgetierungs- und Anreizsystem liefert. Bei der Untersuchung sind daher die Anforderungen an die Ausgestaltung des gesamten Rech-

---

[4] Vgl. Pitschas (2000), S. 331.
[5] Vgl. Reichard (2001), S. 22.

nungswesens, des Budgetierungssystems und der Instrumente zur Dezentralisierung von Fach- und Ressourcenverantwortung mit einzubeziehen.

Mit der vorliegenden Zielsetzung einer Konzeption einer verwaltungsspezifischen Target Costing-Variante geht die Arbeit von einem Bedarf an instrumenteller Weiterentwicklung für das Controlling der öffentlichen Verwaltung aus. Dabei müssen gleichzeitig die Risiken berücksichtigt werden, die mit der Konzipierung und Einführung weiterer betriebswirtschaftlicher Instrumente für die öffentliche Verwaltung zwangsläufig verbunden sind. Dies betrifft zum einen die Gefahr, ursprünglich für die Anwendung im Privatsektor entwickelte Managementkonzepte auf die öffentliche Verwaltung zu übertragen, ohne deren Spezifika in ausreichender Weise zu berücksichtigen.[6] Zudem führt die Verbesserung und Erweiterung des Instrumentariums zu zusätzlichem Arbeitsaufwand für die Verwaltung, dem ein nicht sofort messbarer Nutzen gegenübersteht. So warnen Olson et al. im Zusammenhang mit der Einführung von Systemen zum Performance Measurement davor, dass die Einführung zusätzlicher Steuerungsinstrumente in dem Maße Ressourcen binden kann, dass die eigentliche Leistungserstellung zurückgedrängt wird.[7]

Um diesen kontraproduktiven Wirkungen der Verbesserung der betriebswirtschaftlichen Steuerung vorzubeugen, müssen insbesondere zusätzliche Informationssysteme so konzipiert werden, dass sie nicht nur den Controlling-Prozess insgesamt, sondern auch den fachbezogenen Steuerungsprozess in den einzelnen Leistungsbereichen soweit wie möglich unterstützen.

Für die Entwicklung einer möglichen Funktionsweise des Target Costing in der öffentlichen Verwaltung wird daher eine fallspezifische Darstellung gewählt. Auf diese Weise kann möglichst konkret aber auch praxisnah dargestellt werden, auf welche Weise Informationssysteme ausgestaltet werden müssen, um den fachlichen Besonderheiten des jeweiligen Leistungsbereiches gerecht werden zu können und wie die zusätzlich notwendigen Informationen aus der fachlichen Steuerung abgeleitet werden können.

1.2 Vorgehensweise

Die Arbeit gliedert sich in 5 Teile. Zunächst wird in Kapitel 2 der theoretische Bezugsrahmen der Arbeit dargestellt. Dabei werden die beiden Bezugsobjekte Controlling einerseits und öffentliche Verwaltung andererseits definiert und zu einem verwaltungsspezifischen Controllingbegriff zusammengeführt. Entsprechend der Zielsetzung der Arbeit werden in Bezug auf die Darstellung der Cont-

---

[6] Siehe dazu Reichard (1998a).

[7] Vgl. Olson/Guthrie/Humphrey (1998), S. 456.

rollingkonzeption die Instrumente des Controllings und deren Strukturierung schwerpunktmäßig betrachtet. Einen wesentlichen Bestandteil des verwaltungsspezifischen Bezugsrahmens bildet der politisch-administrative Planungs- und Produktionsprozess mit entsprechenden Bewertungskriterien.

Im Teil 3 der Arbeit erfolgt eine detaillierte Analyse der gegenwärtigen Ausgestaltung der Kostenrechnung als Controllinginstrument, um auf der Basis der festgestellten Defizite Anforderungen an die Entwicklung eines Kostenmanagementansatzes formulieren zu können. Dazu müssen die wesentlichen Bestandteile des Neuen Steuerungsmodells als grundsätzliche Rahmenbedingungen des Controllings, die Zielsetzung der Kostenrechnung in der öffentlichen Verwaltung und die Elemente des neuen kommunalen Rechnungswesens als spezifische Rahmenbedingungen für die Kostenrechnung erläutert werden.

Den Hauptteil der Arbeit stellt das Kapitel 4 dar, das sich in 2 Teile gliedert und zwar in die detaillierte Darstellung und Analyse des Target Costing in allgemeiner Form und in die Entwicklung eines verwaltungsspezifischen Target Costing-Konzeptes. Für die Darstellung der Funktionsweise des Zielkostenmanagements in der öffentlichen Verwaltung ist es zunächst notwendig, allgemeine Bedingungen für eine grundsätzliche Anwendbarkeit des Instrumentes in der öffentlichen Verwaltung zu entwickeln und soweit notwendig Anpassungen vorzunehmen. Die fallbezogene Darstellung erfordert zudem eine genaue Abgrenzung der Spezifika des betrachteten Leistungsbereichs der Verwaltung. Auf dieser Basis erfolgt die konkrete Herleitung der Funktionsweise des Public Target Costing. Den Abschluss des Kapitels bilden Vorschläge zum konkreten Einsatz des Public Target Costing im Planungs- und Budgetierungsprozess der Verwaltung.

Die Gesamtbewertung der Public Target Costing-Konzeptes in Kapitel 5 bildet den Abschluss der Arbeit. Grundlage der Beurteilung der Ergebnisse bilden die im Teil 2 entwickelten Anforderungen an Koordinationsinstrumente des Controllings in der öffentlichen Verwaltung sowie der im Teil 3 festgestellte Weiterentwicklungsbedarf für die Kostenrechnung in der öffentlichen Verwaltung. Einen wesentlichen Aspekt der Bewertung stellt die Frage der Übertragbarkeit des Instrumentariums auf weitere Bereiche der öffentlichen Leistungserstellung dar. An dieser Stelle werden daher allgemeine Voraussetzungen für die Anwendung des Public Target Costing in bestimmten Bereichen der öffentlichen Leistungserstellung dargestellt. Abschließend werden die Risiken und Grenzen der Übertragbarkeit des Konzeptes auf die öffentliche Verwaltung erörtert.

2 Konzeptionelle Grundlagen für die Entwicklung eines Zielkostenmanagements

Notwendige Voraussetzung für die Entwicklung eines verwaltungsspezifischen Kostenmanagementkonzeptes als Controllinginstrument für die öffentliche Verwaltung ist zunächst die Darstellung einer allgemeinen Controllingkonzeption und die Definition des Kostenmanagements als Controllinginstrument.

Im Anschluss daran wird das Bezugsobjekt öffentliche Verwaltung im Hinblick auf die für die Verbesserung des Controllinginstrumentariums relevanten Charakteristika untersucht. Dies erfordert vor allem eine Darstellung des Zielsystems der öffentlichen Verwaltung und der spezifischen Eigenschaften der öffentlichen Leistungen. Als theoretischer Bezugsrahmen des Verwaltungscontrollings wird das Prozessmodell der öffentlichen Leistungserstellung mit den ökonomischen Bewertungskriterien Effektivität, Effizienz und Kosteneffizienz bzw. Wirtschaftlichkeit (3-E-Konzept) betrachtet.

Auf dieser Basis kann eine verwaltungsspezifische Controllingkonzeption definiert werden, die den Bezugsrahmen für die Untersuchung der gegenwärtigen Ausgestaltung des kostenorientierten Controllings in der öffentlichen Verwaltung und dessen Weiterentwicklung bildet.

2.1 Allgemeine Controllingkonzeption

Die zugrundeliegende Controllingkonzeption hat Auswirkungen auf die Auswahl und die je nach Controllingkonzeption variierende Bedeutung der Instrumente. Zunächst erfolgt daher eine Darstellung der allgemeinen Controllingkonzeption anhand der Funktionen des Controlling, um dann die daraus abgeleitete Systematisierung der Aufgaben und Instrumente des Controllings zu erläutern.

2.1.1 Controllingfunktionen

In der Arbeit wird eine koordinationsorientierte Controllingkonzeption zugrunde gelegt. Als wesentliche Funktion des Controllings wird die "...Koordination des Führungsgesamtsystems zur Sicherstellung einer zielgerichteten Lenkung"[8] be-

---

[8] Küpper/Weber/Zünd (1990), S. 283.

trachtet. Zentrale Aufgabe des Controllings ist somit die Koordination der unterschiedlichen Führungsteilsysteme des Unternehmens.

In Abgrenzung zu der koordinationsorientierten Controllingkonzeption werden vor allem die informationsorientierte und die gewinnzielorientierte Controllingkonzeption als Ansatzpunkt für die Herleitung einer eigenständigen Controllingkonzeption genannt.[9] Bei dem informationsorientierten Ansatz beschränkt sich die Funktion des Controllings auf die Koordination des Informationsversorgungssystems.[10] Wesentlicher Bezugspunkt des Controllings ist dabei vor allem das Rechnungswesen, so dass ein wesentlicher Schwerpunkt des Controllings die Weiterentwicklung des traditionellen Rechnungswesens zu einem Management Accounting bildet. Bei dem gewinnzielorientierten Ansatz bleiben weitere unternehmerische Zielsetzungen unberücksichtigt. Zudem liefert der Ansatz keine ausreichende Begründung für eine eigenständige betriebswirtschaftliche Problemstellung des Controllings.[11] Der koordinationsorientierte Ansatz geht somit über die genannten Definitionsansätze hinaus.

Grundlage der koordinationsorientierten Controllingkonzeption ist eine systemtheoretische Betrachtung der Unternehmung, die zu einer Unterscheidung des Führungssystems einerseits und des Leistungs- bzw. Ausführungssystems andererseits führt.[12] Die Primärkoordination, also die Ausrichtung des Leistungssystems an durch das Führungssystem definierte Unternehmensziele erfolgt durch das Management, die Koordination der Führungsteilsysteme untereinander ist Aufgabe des Controllings. Die Zergliederung des Führungssystems in einzelne Teilsysteme führt zu (Sach- und Verhaltens-) Interdependenzen zwischen den einzelnen 'Partialentscheidungsfeldern'[13] und schafft einen Koordinationsbedarf, der durch das Controlling abgedeckt werden soll. Zielsetzung des Controllings ist die Erhöhung der Effizienz und Effektivität des Führungshandelns: „Mit der Übernahme der...Koordinationsaufgabe will das Controlling bezogen auf die Führung genau das erreichen, was die Führung bezogen auf die Ausführung zum Ziel hat..."[14]

Über den Umfang der durch das Controlling zu koordinierenden Führungsteilsysteme herrscht in der Literatur Uneinigkeit.[15] Während Horváth von der Differenzierung der Führungsteilsysteme des Unternehmens in ein Planungs- und

---

[9] Küpper (1997), S. 7 ff. und Weber (1999), S. 20 ff.

[10] Vgl. Brüggemeier (1997), S. 37.

[11] Vgl. Küpper (1997), S. 10.

[12] Vgl. Horváth (1998), S. 92 ff.

[13] Ossadnik (1998), S. 21.

[14] Weber (1999), S. 26.

[15] Vgl. dazu u.a. Horváth (1998), S. 147 sowie Wielpütz (1996), S. 35 f. und Rembor (1997), S. 13 f.

Kontrollsystem einerseits und ein Informationssystem andererseits ausgeht,[16] bezieht Küpper das Personalführungssystem sowie die Organisation mit ein.[17] Für die Einbeziehung des Personalführungssystems spricht die Berücksichtigung verhaltensorientierter Aspekte.

Um ein koordiniertes Handeln zu erreichen, ist eine Verhaltensbeeinflussung der beteiligten Personen über entsprechende Anreizsysteme notwendig. Diese personenbezogene Beeinflussung der Mitarbeiter/-innen ist Aufgabe des Personalführungssystems.[18] Die Abstimmung insbesondere der Führungsteilsysteme Planung und Kontrolle mit der Organisation ist notwendig, da deren Koordination auch durch entsprechende Organisationsstrukturen erreicht wird.[19] Die durch das Controlling zu koordinierenden Führungsteilsysteme sind in Abbildung 1 aufgeführt.

Neben der Koordination als Kernfunktion des Controllings lassen sich nach Küpper weitere Funktionen des Controllings unterscheiden, die sich aus der Koordinationsfunktion ableiten bzw. eine Spezifikation derselben darstellen.[20] Dieses ist zum einen die *Anpassungs- und Innovationsfunktion* des Controllings, die als Koordination der Unternehmensführung mit der Umwelt des Unternehmens zu verstehen ist. Dies erfolgt zum Beispiel mittels Informationsbereitstellung durch Früherkennungssysteme.

Die *Zielausrichtungsfunktion* des Controllings soll die gemeinsame Ausrichtung aller Unternehmensbereiche auf die Ziele des Unternehmens unterstützen bzw. verbessern. Die Zielausrichtung legt fest, zu welchem Zweck und zur Erreichung welcher Ziele die Koordination erfolgen soll. Ziele können neben Formalzielen auch Sachziele sein. Damit sind neben Erfolgszielen auch für die öffentliche Verwaltung relevante Ziele, wie Bedarfsdeckung oder Produktqualitätsziele mit eingeschlossen.

---

[16] Vgl. Horváth (1998), S. 110 f.

[17] Vgl. Küpper (1997), S.15.

[18] Vgl. Wielpütz (1996), S. 35.

[19] Vgl. Küpper (1987), S. 96.

[20] Vgl. Küpper (1997), S. 17 ff.

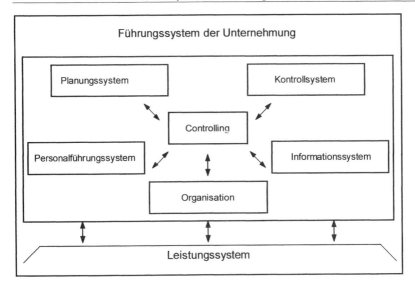

Abbildung 1: Controlling im Führungssystem der Unternehmung[21]

Die *Servicefunktion* weist auf die Unterstützungsfunktion des Controllings gegenüber der Führung hin. Übereinstimmend genannte Bestandteile der Servicefunktion sind die Bereitstellung von Methoden und Verfahren zur Ausübung der Koordinationsfunktion sowie der zur Anwendung der Verfahren notwendigen Informationen.[22] Voraussetzung dafür ist die Einrichtung und Fortentwicklung von Informationssystemen zur Bereitstellung der für die Koordinationsaktivitäten und Entscheidungsunterstützungsaufgaben notwendigen Informationen.[23]

Die Bedeutung der Servicefunktion für die Gesamtkonzeption des Controllings wird unterschiedlich bewertet und hängt von der jeweiligen Abgrenzung des Controllings zur Führung ab. Dabei ist eine Trennung des funktionalen und institutionalen Aspekts zu berücksichtigen. Küpper weist auf die notwendige Trennung von Controllingfunktion und organisatorischer Gestaltung des Controllings hin:[24] Ob die Aufgaben des Controllings durch eine Führungskraft selbst oder durch eine Stabsstelle oder eine entsprechende Controllingabteilung durchgeführt werden sollen, ist unabhängig von der Funktionsabgrenzung zu

---

[21] Aus: Küpper (1997), S. 15.

[22] Vgl. Schubert (2000), S. 32 und Küpper (1997), S. 19.

[23] Vgl. Ossadnik (1998), S. 34.

[24] Vgl. Küpper (1997), S. 19.

sehen. Funktional betrachtet wird Controlling nach der koordinationsorientierten Konzeption als eigenständige Führungsaufgabe definiert. Unter dieser Voraussetzung begründet die Servicefunktion keine eigenständige betriebswirtschaftliche Problemstellung des Controllings, trägt aber zu Spezifizierung des Koordinationsgedankens bei.[25]

2.1.2 Bereiche der Koordination

Für die weitere Bestimmung der Controllingkonzeption ist eine Abgrenzung zwischen der Koordination im Führungssystem und der Koordination im Leistungssystem notwendig. Controlling koordiniert die Führungsteilsysteme untereinander; die Abstimmung zwischen Leistungsprozessen ist Teil des Leistungssystems selbst bzw. erfolgt durch Führungsmaßnahmen.[26] In der Praxis ist die Trennung zwischen den beiden Koordinationsbereichen nicht so eindeutig möglich, da die Koordination des Führungssystems und diejenige des Leistungssystems sich gegenseitig beeinflussen.

Abgrenzungsschwierigkeiten werden besonders deutlich im Bereich der Planung:[27] So sollen mithilfe von Planungsmaßnahmen Leistungsprozesse aufeinander abgestimmt werden, gleichzeitig ist die Koordination der Planung eine typische Controllingaufgabe im Rahmen der Planung. Sieht der Planungsprozess beispielsweise die strategische Zielplanung, deren Umsetzung in eine Programmplanung und daran anschließend deren Umsetzung in eine Produkt- und Kostenplanung vor, so wird über die Abstimmung der verschiedenen Planungsebenen untereinander auch indirekt Einfluss genommen auf die inhaltliche Planung. Andererseits muss die Festlegung der Planungsebenen mit den jeweiligen Planungsgegenständen immer in Abhängigkeit von den zu koordinierenden Leistungsprozessen erfolgen. Der Planungsprozess kann somit nicht in allen Bereichen in gleicher Weise gestaltet werden, sondern die speziellen Erfordernisse der jeweiligen Leistungsprozesse müssen berücksichtigt werden. Die Problema-

---

[25] Vgl. Küpper (1997), S. 19.

[26] So gestaltet die Organisation die Beziehungen zwischen den Personen, Objekten und Arbeitsmitteln der Leistungsprozesse. Siehe Küpper (1997), S. 21. Vgl. auch Horváth (1998), S. 119.

[27] Die grundsätzliche Zuständigkeit des Controlling für Planungs*management*aufgaben und nicht für inhaltliche Aufgaben der Planung ist in den Controllingdefinitionen unbestritten. Vgl. zum Beispiel Horváth (1998), S. 193 und Schmidberger (1994), S. 115, der die Nicht-zuständigkeit des Controllings für die *materielle* Planung deutlich macht. Dass dennoch bei der Durchführung der Controllingaufgaben Abgrenzungsschwierigkeiten auftreten können, wird insbesondere bei Küpper erwähnt. Siehe Küpper (1997), S. 21. Noch weiter geht Weber, der die Aufgaben des Controllers in Bezug auf Planung, Kontrolle und Information jeweils nach prozessualen aber auch inhaltlichen Aufgaben trennt. Zu dem Bereich Planung siehe Weber (1999), S. 318 ff.

tik tritt bei einem Controlling, das sich nur auf einen bestimmten Bereich einer Organisation bezieht, besonders hervor: Im Gegensatz zu einem Zentralcontrolling steht bei dem Fachbereichscontrolling die Fachplanung stärker im Vordergrund. Fachliche Planung ist aber Teil der Koordination der Leistungsprozesse.

Dieser 'systemimmanente' Konflikt des Controllings ist insofern von Bedeutung, als er in der Praxis Anlass für wiederkehrende Abgrenzungsschwierigkeiten und die daraus folgende notwendige Klärung des Selbstverständnisses des Controllings in dem jeweiligen Kontext (Art der Organisation und Art des Produktionsprogramms) bietet. Dieses gilt möglicherweise umso mehr für ein Controlling in der öffentlichen Verwaltung, da aufgrund der speziellen Charakteristik der bedarfswirtschaftlichen Produktion die Sachzielsteuerung gleichrangige Bedeutung neben der Steuerung der Formalziele hat.[28]

Damit wird die Frage der Zieldimension des Controllings angesprochen, die ebenfalls durch die teilweise miteinander konkurrierenden Controllinglehrmeinungen nicht eindeutig beantwortet wird. Horváth betont die Ergebniszielorientierung[29] des Controllings. Die Koordinationsfunktion soll im Hinblick auf Ergebnisziele wahrgenommen werden, wobei über diese Ausrichtung indirekt auch eine Koordination der Sachziele erfolgt.[30] Für die Definition eines Controllings für die öffentliche Verwaltung scheint dagegen die vor allem von Küpper und Weber vertretene Auffassung, die Koordinationsfunktion des Controllings auf das gesamte Zielsystem einer Unternehmung anzuwenden sinnvoller, da so die gleichwertige Berücksichtigung von Formalzielen (beispielsweise die Nichtüberschreitung eines Budgets bzw. eines vorgegebenen Ausgabevolumens) und von Sachzielen (Leistungsangebot mit dem Ziel der Bedarfsdeckung) möglich ist.[31]

2.1.3 Systematisierung der Controllingaufgaben und -instrumente

Zur weiteren Kennzeichnung der Controllingkonzeption ist eine Systematisierung der Aufgaben und Instrumente des Controllings notwendig. Diese bildet gleichzeitig die Grundlage für das im Rahmen der Arbeit zu betrachtende verwaltungsspezifische Controllinginstrumentarium.

---

[28] Siehe dazu die Ausführungen auf S. 17 ff. der Arbeit.
[29] Ergebniszielorientierung ist bei Horváth als Ausprägung des Wirtschaftlichkeitsprinzips definiert. Siehe dazu Horváth (1998), S. 137 f. Ergebnisziele entsprechen damit Formalzielen.
[30] Vgl. Horváth (1998), S. 149.
[31] Vgl. Küpper (1997), S. 18 und Weber (1999), S. 26 ff.

Koordinationsaufgaben innerhalb und zwischen Führungsteilsystemen

Die Aufgaben des Controllings leiten sich aus der Koordinationsfunktion und den Führungsteilsystemen ab. Bei der Beschreibung der Aufgaben wird deutlich, dass sowohl die Koordination *innerhalb* eines Führungsteilsystems als auch *zwischen* den Führungsteilsystemen den Tätigkeitsbereich des Controllings bestimmt.[32] Dabei ist die Koordination innerhalb eines Führungsteilsystems insbesondere dann notwendig, wenn sich dort verschiedene Instrumente entwickelt haben, die eng miteinander zusammenhängen.

Koordinationsaufgaben in bezug auf die **Planung** sind die Entwicklung und Implementierung eines geeigneten Planungssystems, das die Abstimmung der Teilplanungen im Hinblick auf das Zielsystem der jeweiligen Organisation gewährleistet.[33] Zur weiteren Differenzierung der Aufgaben ist die Unterscheidung von Horváth in systembildende und systemkoppelnde Koordination hilfreich: Systembildende Koordination ist definiert als Koordination durch „...Bildung aufeinander abgestimmter formaler Systeme.."[34], systemkoppelnde Koordination ist dagegen als Koordination durch „...Abstimmungsprozesse in einem gegebenen Systemgefüge.."[35] definiert. Der Unterscheidung folgend handelt es sich bei dem Entwurf und der Einrichtung eines Planungssystems um systembildende Koordination, während das laufende Planungsmanagement, also beispielsweise die Steuerung der Termineinhaltung oder anderer Planvorgaben, der systemkoppelnden Koordination zuzurechnen ist. Die Koordination der Teilplanungen umfasst z.B. die Abstimmung von Finanz,- Investitions- und Kostenplanung sowie Produkt- und Programmplanung (Koordination der Planungsgegenstände), die Abstimmung von strategischer und operativer Planung (Koordination der Planungsebenen) sowie Abstimmung der Organisationsziele (Koordination der Planziele) untereinander.[36] Die Abstimmung der Planungsträger, also die Festlegung der Kompetenzen innerhalb der Planungsprozesse und die Koordination der Planungsprozesse (beispielsweise die zeitliche Koordination von Plänen verschiedener Hierarchieebenen durch Top-down- oder Bottom-up-Planung) ist eine Aufgabe, die sowohl das Planungssystem als auch das **Organisationssystem** betrifft.[37]

Abstimmungsbedarf innerhalb des **Kontrollsystems** besteht vor allem zwischen den verschiedenen Formen der Kontrolle. Hierbei wird zwischen Realisations-

---

[32] Vgl. Küpper (1997), S. 20 und Ossadnik (1998), S. 29.

[33] Vgl. Ossadnik (1998), S. 29 und Wielpütz (1996), S. 42.

[34] Horváth (1998), S. 120.

[35] Horváth (1998), S. 120.

[36] Vgl. Küpper (1997), S. 22.

[37] Zu den Aufgaben des Controlling im Bereich der Planung siehe Küpper (1997), S. 65 ff.

kontrolle, Planfortschrittskontrolle und Prämissenkontrolle unterschieden.[38] Während erstere nach Abschluss des Realisationsprozesses durchgeführt wird, bezieht sich die Planfortschrittskontrolle auf das Erreichen von Zwischenzielen bzw. Meilensteilen als Teil komplexer Planungen (sie bezieht sich auf die strategische Planung und dient der Überprüfung der bisherigen eingeschlagenen strategischen Richtung: Kann das Endergebnis noch erreicht werden?). Die Prämissenkontrolle beinhaltet die laufende Überprüfung der in der Planung getroffenen Annahmen bzgl. interner und externer Rahmenbedingungen.

Aufgabe des Controllings ist aber nicht nur der Aufbau eines Kontrollsystems mit verschiedenen aufeinander abgestimmten Formen der Kontrolle, sondern auch die Durchführung von Kontrolle selbst.[39] Wesentliches Instrument des Kontrollprozesses ist der Vergleich anhand von mengen-, zeit- oder wertmäßigen Kennzahlen, die Durchführung der Abweichungsanalyse und die Ableitung von Anpassungsmaßnahmen.[40] Dabei kann es sich um Soll/Ist-Vergleiche, aber auch um Zeitvergleiche oder Vergleiche im Sinne eines Benchmarking handeln.

Die Durchführung von **Soll-Ist-Vergleichen** und dazugehörigen **Abweichungsanalysen** ist zugleich zentrale Aufgabe der Koordination von Planung und Kontrolle:[41] Durch einen Bezug auf Plandaten verbindet dieses Instrument das Planungs- und Kontrollsystem. Weber unterscheidet bei der Abweichungsanalyse einen rechentechnischen und einen inhaltlichen Teil und liefert damit einen weiteren Hinweis für die teilweise schwierige Abgrenzung der Controllingaufgaben von inhaltlichen Aufgaben:[42] So geht die Controllingtätigkeit in diesem Fall über eine rein quantitative Analyse des Zahlenmaterials (z.B. Überschreitung der geplanten Kosten einer Kostenstelle oder eines Produkts) hinaus. Um eine tatsächliche Unterstützung für die jeweilige Führung zu leisten, ist eine Kenntnis der zugrundeliegenden Geschäftsvorfälle des betroffenen Leistungsbereichs und damit die direkte (also persönliche) Kommunikation mit dem Leistungsbereich notwendig. Nur unter dieser Voraussetzung kann das Controlling Vorschläge für Anpassungsmaßnahmen entwickeln.

Bei der Abstimmung von Planung und Kontrolle auf allen Ebenen der Planung (taktisch, operativ, strategisch) ist die Anpassungs- und Innovationsfunktion des Controllings zu berücksichtigen. Damit eine Organisation rechtzeitig auf Veränderungen der für sie relevanten Umweltbedingungen reagieren kann, ist antizi-

---

[38] Vgl. dazu Weber (1999), S. 169 f., Küpper (1997), S. 169 f. sowie Horváth (1998), S. 169.

[39] Zur Problematik der Abgrenzung Controlling und Kontrolle vgl. Weber (1999), S. 334 und Küpper (1997), S. 176, die darauf hinweisen, dass Controlling nicht mit Kontrolle gleichzusetzen ist, Controlling aber in jedem Fall auch Aufgaben der Kontrolle umfasst.

[40] Vgl. Küpper (1997), S. 173 f.

[41] Vgl. Horváth (1998), S. 162.

[42] Siehe dazu Weber (1999), S. 335 ff. und vgl. auch die Ausführungen auf S. 9 f. der Arbeit.

pative Steuerungsinformation (Frühindikatoren) notwendig. Diese ermöglichen eine Anpassung, die über die Reaktion auf Abweichungsanalysen hinausgeht: Die noch nicht eingetretene Abweichung muss vorzeitig erkannt und die Ursache für ihr Eintreten im voraus beseitigt werden. Es geht also darum, nicht nur auf eingetretene Veränderungen zu reagieren (Anpassungsfunktion), sondern auf künftig veränderte Umweltzustände im Vorhinein zu reagieren (Innovationsfunktion).[43]

Eine wesentliche Koordinationsaufgabe im **Informationssystem** besteht in der inhaltlichen und datentechnischen Abstimmung der verschiedenen Teilinstrumente des Rechnungswesens wie Kostenrechnung, Gewinn- und Verlustrechnung, Bilanz und Buchhaltung sowie Investitionsrechnung unter Berücksichtigung der jeweils unterschiedlichen Zwecksetzungen der einzelnen Rechnungssysteme.[44] Die Rechnungszwecke leiten sich dabei aus dem Zielsystem der jeweiligen Organisation ab (Zielausrichtungsfunktion des Controllings). Die Controllingaufgabe bezieht sich dabei nicht auf die laufende Durchführung der Systeme, sondern vielmehr auf deren Konzeption, Aufbau und Verbindung untereinander sowie auf die Auswertung der in den jeweiligen Rechnungssystemen zur Verfügung gestellten Daten.

Das Informationssystem bildet das Basissystem für alle anderen Führungsteilsysteme. Die Ausrichtung des Informationssystems auf die anderen Führungsteilsysteme, insbesondere auf das Planungs- und Kontrollsystem, erfolgt durch Ermittlung des Informationsbedarfs, durch die Gestaltung der Informationserzeugung und durch die Bereitstellung der Information in einem entsprechenden **Berichtswesen** und ist eine wesentliche Aufgabe des Controllings.[45] Damit ist das Berichtswesen ein zentrales Instrument sowohl der systembildenden Koordination (z.B. Gestaltung von Berichtssystemen) als auch der systemkoppelnden Koordination (z.B. Erarbeitung von adhoc-Berichten).[46]

Bei der Gestaltung des Berichtswesens wird deutlich, dass nicht nur eine Verknüpfung des Informationssystems mit der Planung und Kontrolle, sondern auch mit der Organisation notwendig ist, da die Aufbauorganisation und Kompetenzverteilung die Informationspflichten und -rechte innerhalb des Berichtswesens bestimmt.

Die Abstimmung des **Personalführungssystems** mit dem Planungs- und Kontrollsystem spielt für die Ausgestaltung eines verhaltensorientierten Controllings eine Rolle: Über Anreiz- und Motivationssysteme in Verbindung mit dem Planungs- und Kontrollsystem kann eine zielorientierte Steuerung der Mitarbeiter/-

---

[43] Vgl. Ossadnik (1998), S. 32 f.

[44] Vgl. Wielpütz (1996), S. 42 sowie Küpper (1997), S. 22 und S. 106.

[45] Vgl. Küpper (1997), S. 23.

[46] Vgl. Horváth (1998), S. 332.

innen einer Organisation gestaltet werden.[47] Unter dieser Voraussetzung besteht auch ein Abstimmungsbedarf zwischen der Personalführung und der Organisation, da über die Ausgestaltung der Aufbau- und Ablauforganisation das Verhalten der Mitarbeiter/-innen beeinflusst wird (so erfordert beispielsweise die dezentrale Ressourcenverantwortung eine andere Art der Personalführung als eine zentrale Steuerung der Ressourcen).

Für das Organisations- und Personalführungssystem wird somit deutlich: Im Gegensatz zu den übrigen Führungsteilsystemen hat das Controlling hier keine Koordinationsfunktion *innerhalb* der Systeme, sondern koordiniert deren Verbindung mit den anderen Führungsteilsystemen.

Isolierte und übergreifende Instrumente des Controllings

Bei der Darstellung der Instrumente des Controllings in der Literatur wird häufig darauf hingewiesen, dass das Controlling überwiegend bereits vorhandene Instrumente anderer betriebswirtschaftlicher Teildisziplinen nutzt und originäre Controllinginstrumente nicht existieren.[48] Zu einer etwas anderen Aussage gelangt man bei der Trennung der Controllinginstrumente in isolierte und übergreifende Controllinginstrumente. Für isolierte Controllinginstrumente ist die erwähnte Aussage zutreffend: Sie lassen sich eindeutig einem speziellen Führungsteilsystem zuordnen und können vom Controlling als verknüpfende Funktion zu anderen Führungsteilsystemen eingesetzt werden. Sie sind aber nicht auf die Koordination von Führungsaufgaben beschränkt, sondern vorrangig für die Koordination im Leistungssystem entwickelt worden. Es handelt sich daher nicht um spezifische Controllinginstrumente, sondern um Instrumente, die auch vom Controlling genutzt werden. So dient beispielsweise die Kostenrechnung, die eindeutig dem Führungsteilsystem Information zugeordnet ist, nur insoweit als Controllinginstrument, als sie zu Koordinationszwecken eingesetzt wird. Dies betrifft u.a. die Bereitstellung von Plan- und/oder Istkosten für die Bestimmung einer Budgetvorgabe, die Berechnung von Kennzahlen, die Durchführung von Abweichungsanalysen oder die Berechnung von Verrechnungspreisen. Die Kostenrechnung ist damit ein eher unterstützendes Instrument, während integrierte Systeme der Unternehmensrechnung sowie die Berichtssysteme unmittelbar koordinierend wirken.

Übergreifende Instrumente sind dagegen charakteristische Controllinginstrumente, da sie originär für die Lösung von Koordinationsproblemen entwickelt

---

[47] Vgl. Wielpütz (1996), S. 43. Zur Konzeption eines verhaltensorientierten Controllings siehe auch Hoffjan (1998).

[48] Siehe dazu Schubert (2000), S. 27, Brüggemeier (1997), S. 28 f. und Schmidberger (1994), S. 33.

wurden und nicht ausschließlich einem Führungsteilsystem zugeordnet werden können, sondern Komponenten mehrerer Teilsysteme enthalten. Als Beispiele, die auch für den zu betrachtenden Bereich der öffentlichen Verwaltung von Bedeutung sind, können Systeme der Budgetvorgabe und Ziel- bzw. Kennzahlensysteme angeführt werden. So enthält beispielsweise die Koordination von Führungsaktivitäten durch die **Vorgabe von Budgets** Komponenten aller Führungsteilsysteme:[49]

- Innerhalb des **Planungssystems** müssen die Art und Weise der zeitlichen Abfolge der Planungsprozesse festgelegt sowie die Planung der Ergebnisse und des entsprechenden Ressourceneinsatzes unterstützt werden.

- Die begrenzte Delegation von Entscheidungsrechten innerhalb des **Organisationssystems** ist Voraussetzung für die Steuerung durch Budgetvorgaben.

- Ergebnis**kontrollen** sind zentraler Bestandteil des Instruments.

- Eine Koppelung der Budgetvorgabe mit Anreizen in Form von Belohnungen bzw. Sanktionen als **Personalführungsinstrument** ist möglich.

- Das Rechnungswesen als Teil des **Informationssystems** liefert die Datenbasis für Planung und Kontrolle.

In ähnlicher Weise setzen **Ziel- bzw. Kennzahlensysteme** Koordinationsinstrumente verschiedener Führungsteilsysteme ein. Im Gegensatz zur Steuerung mittels Budgetvorgabe erfolgt die Steuerung hier nicht über die Beschränkung eines Handlungsrahmens durch festgelegte und in Geldeinheiten bewertete Plangrößen,[50] sondern durch die Vorgabe konkreter Ziele. Zudem kann ein Ziel- und Kennzahlensystem auch nichtmonetäre, das heißt auf die Sachzielerreichung bezogene Kennzahlen enthalten, während das Budget einen formalzielorientierten Plan darstellt.[51]

In Abbildung 2 ist eine Zuordnung von Controllinginstrumenten entsprechend der Trennung in isolierte und übergreifende Koordinationsinstrumente aufgeführt. Diese auf Küpper zurückgehende Systematisierung soll für die Zuordnung der in der Arbeit zu untersuchenden und weiterzuentwickelnden Instrumente zugrunde gelegt werden.[52]

---

[49] Vgl. Küpper (1997), S. 315 ff.
[50] Vgl. Küpper (1997), S. 294 und S. 340.
[51] Vgl. Horváth (1998), S. 225.
[52] Vgl. Küpper (1997), S. 25 ff.

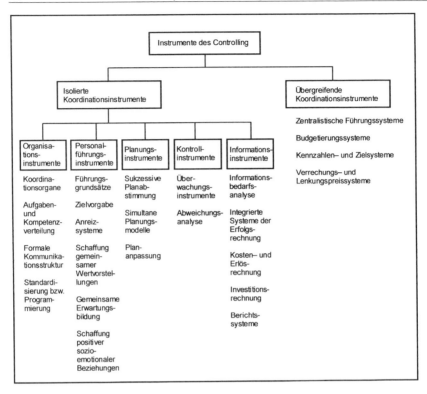

Abbildung 2: Isolierte und übergreifende Instrumente des Controllings[53]

Die im Teil 3 der Arbeit zu untersuchende Kostenrechnung ist dabei wie bereits erwähnt den isolierten Koordinationsinstrumenten zugeordnet. Von der Kostenrechnung abzugrenzen ist der Begriff des **Kostenmanagements**: Während die Aufgaben der Kostenrechnung die Erfassung und Zurechnung von Istkosten und die möglichst präzise Planung zukünftiger Kosten sowie die Kontrolle der Einhaltung der Kostenvorgaben sind, steht bei dem Kostenmanagement die aktive Gestaltung von Kosten im Vordergrund.[54] Ziel des Kostenmanagements ist die Steuerung von Kosteneinflussgrößen, um aktuelle und zukünftige Kosten nachhaltig reduzieren zu können.[55]

---

[53] Aus: Küpper (1997), S. 25.

[54] Vgl. Burger (1999), S. 9 und Mussnig (2001), S. 18.

[55] Vgl. Mussnig (2001), S. 18.

Das im Teil 3 zu betrachtende **Target Costing** stellt neben anderen Konzepten wie beispielsweise dem Life Cycle Costing oder dem Cost Benchmarking ein aktuelles Konzept des Kostenmanagements dar.[56] Offen bleibt an dieser Stelle, wie das Target Costing in die bestehende Systematik integriert werden kann. Die Frage, ob dieses Kostenmanagementkonzept ein originäres Controllinginstrument darstellt, das Komponenten mehrerer Führungsteilsysteme umfasst, muss somit im Laufe der Arbeit beantwortet werden.

2.2 Spezifika der öffentlichen (Kommunal-) Verwaltung

Im folgenden soll ein verwaltungsspezifischer Bezugsrahmen für das zu betrachtende bzw. weiterzuentwickelnde Controllinginstrumentarium der öffentlichen Verwaltung dargestellt werden. Dazu ist es notwendig, die im Hinblick auf die Zielsetzung der Arbeit relevanten Besonderheiten des Führungs- und Leistungssystems der öffentlichen Verwaltung zu untersuchen.

Zu den Besonderheiten gehören zum einen das **Zielsystem der öffentlichen Verwaltung**, auf das sich das Controlling insgesamt und speziell die Controllinginstrumente zur Verbesserung der Kosten- und Effektivitätssteuerung beziehen sollen. Die Berücksichtigung der **Spezifika der öffentlichen Leistungen** ist eine Voraussetzung dafür, die Eignung von kostenorientierten Controllinginstrumenten beurteilen und eine fachspezifische Darstellung des Target Costing-Ansatzes für die öffentliche Verwaltung entwickeln zu können. In einem späteren Teil der Arbeit soll die öffentliche Leistungserstellung zudem in verschiedenen Organisationsalternativen auf kommunaler Ebene beurteilt werden. Voraussetzung für eine Leistungserstellung in unterschiedlichen Organisationsformen bietet die Ausgestaltung der **Kommunalverwaltung als Gewährleistungsverwaltung.**

Formale Kriterien zur Beurteilung der öffentlichen Leistungserstellung hinsichtlich Effektivität und Wirtschaftlichkeit liefert das **3-Ebenenkonzept**, das die verschiedenen Bewertungskriterien im Prozessmodell der öffentlichen Leistungserstellung zeigt.

2.2.1 Das öffentliche Zielsystem

Das Zielsystem einer Organisation umfasst die Zielstruktur, also die Ordnung der Zielbeziehungen untereinander sowie die Festlegung von Zielinhalten, Ziel-

---

[56] Vgl. Coenenberg (1997), S. 449 ff., Kilger/Pampel/Vikas (2002), S. 21 und Mussnig (2001), S. 54 ff. sowie die Ausführungen auf S. 105 ff. der Arbeit.

ausmaß und zeitlichem Bezug der Ziele.[57] Besonderheiten der öffentlichen Verwaltung im Gegensatz zu erwerbswirtschaftlichen Unternehmen ergeben sich
hinsichtlich der Zielstruktur und der Zielinhalte. Der Aufbau des Zielsystems
erfolgt anhand einer Zielhierarchie, indem Oberziele durch Unterziele konkretisiert werden, wobei zwischen beiden eine Zweck-Mittel-Beziehung besteht.
Eine durchgängige Anwendung dieses Zweck-Mittel-Schemas ist aber in der
öffentlichen Verwaltung nicht in gleicher Weise möglich, da die Zielstrukturen
komplexer sind:[58] Einerseits sind einige Ziele miteinander vernetzt, so dass hori-
zontale Abhängigkeiten zwischen den Zielen bestehen. Andererseits bestehen
aufgrund der Heterogenität der Aufgabenfelder und der gleichzeitigen Budgetre-
striktionen stärkere Zielkonflikte zwischen den Zielen. Eine Möglichkeit zur
Lösung von Zielkonflikten stellt die Bildung von Zielpräferenzen zwischen den
Zielen dar. Die einzelnen Ziele erhalten eine Gewichtung, die ihre relative Bedeutung im Gesamtverbund mit den Zielen derselben Zielhierarchieebene wiedergeben. Durch die Verbindung von Zielerreichungsgraden mit Zielgewichten
wird eine Entscheidung zwischen verschiedenen Handlungsalternativen möglich.[59] Die höhere Komplexität der Zielstrukturen führt dazu, dass die Zielsys-
teme einem häufigeren Wandel unterlegen sind und oft nur fallweise an bestimmten Projekten oder Programmen ausgerichtet sind.[60]

Inhaltlich unterscheiden sich die Ziele öffentlicher Verwaltungen von erwerbswirtschaftlichen Unternehmen, da sie stets auf das Gemeinwohl bezogen sind,
während bei erwerbswirtschaftlichen Unternehmen die Gewinnerzielung bzw.
die Rentabilität als Formalziel das Oberziel des Zielsystems bildet.[61] Der Begriff
des Gemeinwohls ist dabei durch das politisch-administrative System mit Inhalten zu versehen, das heißt durch entsprechende Sachziele zu konkretisieren.[62]
Dies führt dazu, dass neben den Formalzielen die Sachziele der Verwaltung
gleichrangige Ziele des Zielsystems sind. Die Sach- bzw. Leistungsziele beziehen sich auf die von der Verwaltung erstellten Leistungen und auf die mit ihrer
Erstellung beabsichtigten Wirkungen bei dem Leistungsempfänger. Da Verwal-
tungsbetriebe in der Regel keinen Gewinn erwirtschaften dürfen, ist der Gewinn
als Formalziel für die öffentliche Verwaltung nicht relevant.[63] Stattdessen werden monetäre Ziele wie Kostendeckung, Haushaltsausgleich, Liquiditätssiche-
rung und Wirtschaftlichkeit als Formalziele genannt.[64] Dabei muss aber das Ziel

---

[57] Vgl. Seifert (1998), S. 23 und Reichmann (1993), S. 37.

[58] Siehe dazu Reichard (1987), S. 35.

[59] Vgl. Brede (1989), Sp. 1873.

[60] Vgl. Reichard (1987), S. 35.

[61] Vgl. Brede (2001), S. 15.

[62] Vgl. Brecht (1999), S. 169.

[63] Vgl. Seifert (1998), S. 24 f.

[64] Vgl. u.a. Promberger (1995), S. 166 ff. und Seifert (1998), S. 24 ff.

der Wirtschaftlichkeit so konkretisiert werden, dass auch das Oberziel der Gemeinwohlorientierung berücksichtigt wird. Dies geschieht durch Verwendung eines für die öffentliche Verwaltung geltenden erweiterten Wirtschaftlichkeitsbegriffs, der die Effektivität mit einschließt.[65]

Zur Zieldefinition gehört auch die Festlegung des angestrebten Ausmaßes der Zielerreichung.[66] Die Ziele müssen demnach so formuliert werden, dass eine möglichst objektive Bestimmung des Handlungserfolges vorgenommen bzw. der Zielerreichungsgrad gemessen werden kann.[67] Die Messbarkeit der Sachzielerreichung ist vor allem bei qualitativen Leistungswirkungszielen - im Gegensatz zu quantitativen Leistungszielen, die z.b. über Produktbezugsgrößen (= Output) gemessen werden können - problematisch. Als Lösung bietet sich die Verwendung von Indikatoren an, also von ersatzweise messbaren Hilfsgrößen, mit denen die Zielgrößen, die sich der direkten oder genauen Messung entziehen, indirekt und mit verminderter Abbildungsgenauigkeit gemessen werden können.[68] Die Indikatoren dienen der Festlegung von Zielerreichungsvorgaben und nehmen bei der Messung der Zielerreichung bestimmte Ausprägungen an. In der Regel müssen zur Messung der Zielerreichung mehrere Indikatoren herangezogen werden.

Aufgrund der Gemeinwohlorientierung der öffentlichen Verwaltung ist die Zielbildungsautonomie wesentlich geringer als in der Privatwirtschaft. Stattdessen ist das Zielsystem dominiert durch Zielauflagen von außen. Der Zielbildungsprozess, an dem verschiedene Einflussträger wie Bürger, Parteien, Parlament und Regierung teilnehmen, vollzieht sich über mehrere Stufen.[69]

Insgesamt haben Ziele insbesondere unterhalb der politischen Ebene, also in der Verwaltung, eine höhere Bedeutung: Die notwendige Konkretisierung der Ziele durch ihre Aufspaltung in Subziele und ihre Operationalisierung durch Indikatoren entspricht nicht immer der spezifischen politischen Rationalität, die nicht unbedingt zur klaren Zielformulierung tendiert.[70] Als Steuerungsinstrument eignen sie sich insbesondere für Bereiche, die nicht konditional programmiert sind, in denen also die Leistungserstellung nicht durch Recht und Gesetz eindeutig

---

[65] So geht Schmidberger von einem Wirtschaftlichkeitsprinzip aus, "...das den Effizienz- und den Effektivitätsaspekt beinhaltet und damit sowohl Formal- als auch Sachziele umschließt." Vgl. Schmidberger (1994), S. 29. Siehe dazu ausführlicher das auf S. 26 ff. der Arbeit dargestellte 3-E-Konzept.

[66] Vgl. Reichmann (1993), S. 37.

[67] Vgl. Brede (1989), Sp. 1870.

[68] Vgl. dazu Haiber (1997), S. 400, Schmidberger (1994), S. 296 und Brede (1989), Sp. 1871.

[69] Siehe dazu Reichard (1987), S. 36 ff.

[70] Vgl. Brecht (1999), S. 169 f.

vorbestimmt ist, sondern ein bestimmter Zielbildungs- und Handlungsspielraum besteht.[71]

2.2.2 Charakteristika von öffentlichen Leistungen

Die von der öffentlichen Verwaltung erstellten Leistungen weisen bestimmte Eigenschaften aus, die sich insbesondere aus ihrem Dienstleistungscharakter und aus ihrer unterschiedlichen Komplexität ergeben und die sich auf den verwaltungsspezifischen Produktionsprozess und die Ausgestaltung der Steuerungs- und Kontrollinstrumente auswirken.

Dienstleistungscharakter

Bei der Güterart der von der öffentlichen Verwaltung erstellten Leistungen handelt es sich überwiegend um Dienstleistungen.[72] Als wesentliche Charakteristika von Dienstleistungen wird deren Immaterialität und die in der Regel notwendige Existenz eines externen Faktors zu der Erstellung der Dienstleistungen genannt.[73] Die Immaterialität führt dazu, dass die von dem Kunden wahrgenommene Qualität eine höhere Bedeutung als die technische Qualität der Produkte bekommt: Der Kunde kann nur den von dem erstellten Produkt gestifteten Nutzen, nicht aber ein physisches Produkt bewerten. Eine Qualitätsbewertung vor Absatz des Produkts ist nicht möglich.[74] Zudem sind die Leistungen aufgrund ihrer Immaterialität nicht lagerfähig.[75]

---

[71] Vgl. Reichard (1987), S. 34.

[72] Vgl. dazu Buchholtz (2000), S. 21 und Schmidberger (1994), S. 11. Die Dienstleistung kann dabei auch die Zahlung eines bestimmten Geldbetrags an den Leistungsempfänger, wie z.b. Transfers als Teil von Sozialhilfeleistungen, beinhalten. Vgl. Gornas (1992), S. 48.

[73] Vgl. dazu u.a. Haiber (1997), S. 102 ff., Gornas (1992), S. 42 ff und Herbert/Goebel (1998), S. 92. Dabei ist das Charakteristikum der Immaterialität durchaus strittig. Zu der hierzu in der betriebswirtschaftlichen Literatur geführten Diskussion siehe Niemand (1996), S. 7, der zu dem Ergebnis kommt, dass Dienstleistungsergebnisse sowohl in immaterieller als auch in materieller Form (Beispiel Autoreparatur) vorliegen können. Anders dagegen bei Schmidberger, der die Immaterialität als konstitutives Merkmal der Dienstleistung bezeichnet und davon ausgeht, dass zur Verbreitung der Leistung zwar in einigen Fällen ein materielles Trägermedium (Beispiel Personalausweis) notwendig ist, die Leistung selbst (in diesem Fall eine Ordnungsleistung) damit aber nicht zur Sachleistung wird. Vgl. dazu Schmidberger (1994), S. 245.

[74] Vgl. Haiber (1997), S. 203. Siehe auch Maleri (1994), S. 130.

[75] Vgl. Schubert (2000), S. 24. In der Regel können Dienstleistungen nicht auf Vorrat gehalten werden. Eine Ausnahme ist beispielsweise die Zwischenspeicherung von Dienstleistungen auf materiellen Trägermedien. Vgl. Niemand (1996), S. 10.

Die Produktion der Leistung ist nicht ohne das Einbringen eines externen Objektes (z.B. Passbild zur Erstellung eines Ausweises oder Bauantrag zur Erteilung einer Baugenehmigung) bzw. der Person des Leistungsempfängers selbst möglich. Bei letzteren handelt es sich um personenbezogene Dienstleistungen[76], also beispielsweise um die Inanspruchnahme von Leistungen der Gesundheitsvorsorge oder von Beratungs- und Betreuungsleistungen der Jugendhilfe, deren Erstellung die Anwesenheit und Mitwirkung der leistungsempfangenden Personen voraussetzt.

Das notwendige Einbringen eines externen Faktors und die fehlende Lagerfähigkeit einer Dienstleistung führen zu einer Aufspaltung des Leistungserstellungsprozesses in die Phase der Leistungsbereitstellung (Vorkombination) und die Phase der Leistungsabgabe (Endkombination): Ergebnis der Leistungsbereitstellung ist ein Leistungsangebot, also beispielsweise das Angebot an Plätzen in Kindertageseinrichtungen oder das Angebot an Volkshochschulkursen, in das ausschließlich innerbetriebliche Faktoren eingehen (potentialorientierte Sichtweise der Dienstleistungsproduktion).[77] Die Phase der tatsächlichen Leistungserstellung und der Leistungsabgabe, also die Betreuung der Kinder oder die Durchführung der Kurse, finden zeitgleich statt: Unter Einbringung des externen Faktors wird die Dienstleistung erstellt (prozessorientierte Sichtweise der Dienstleistungsproduktion).[78] Problematisch dabei ist die fehlende Disponierbarkeit des externen Faktors, die dazu führt, dass die Dienstleistung nur in dem Moment der tatsächlichen Nachfrage produziert werden kann. Die potential- und prozessorientierte Sichtweise der Dienstleistung ist außerdem um die ergebnisorientierte Sichtweise der Dienstleistung zu ergänzen, bei der die mit der Dienstleistung verbundene Wirkung beim Kunden im Vordergrund steht.[79]

Durch die Zweistufigkeit des Produktionsprozesses entstehen unabhängig von der tatsächlichen Inanspruchnahme bereits hohe Kosten (Personal, Gebäude) für die Leistungsbereitstellung, die aufgrund der fehlenden Anpassungsmechanis-

---

[76] Teilweise wird auch der Begriff der bilateral personalbezogenen Dienstleistungen angeführt, der neben dem externen Faktor des Leistungsempfängers die Anwesenheits- bzw. Arbeitszeit der Mitarbeiter/-innen als dominanten Produktionsfaktor betont. Siehe dazu Schubert (2000), S. 24.

[77] Nach der potentialorientierten Sichtweise bildet diese Phase ein wesentliches Merkmal von Dienstleistungen. Siehe dazu Niemand (1996), S. 8 und Haiber (1997), S. 106.

[78] Vgl. Buchholtz (2000), S. 44 und Seelos (1998), S. 108 f., der diesen Sachverhalt speziell für die Produktion von Krankenhausleistungen beschreibt, sowie Niemand (1996), S. 9 f. und Haiber (1997), S. 107 f. zur prozessorientierten Definition der Dienstleistung.

[79] Entsprechend der bei Haiber und Niemand dargestellten Vorgehensweise werden die potential-, - prozess- und ergebnisorientierte Definition von Dienstleistungen nicht als unterschiedliche Sichtweisen, sondern als verschiedenen Phasen der Dienstleistungsproduktion verstanden. Vgl. dazu Haiber (1997), S. 110 f. und Niemand (1996) S. 10 f.

men der Dienstleistungsproduktion (s.o. keine Vorratshaltung möglich) im Falle der nichtausgelasteten Kapazitäten fast alle mittelfristig remanent sind.[80]

Unterschiedliche Standardisierbarkeit

Das Leistungsspektrum der öffentlichen Verwaltung ist insgesamt durch starke Heterogenität gekennzeichnet. Aus den aufgezeigten Eigenschaften der Dienstleistungen ergeben sich weitere Differenzierungsmöglichkeiten, die für die Art der anzuwendenden Controllinginstrumente von Bedeutung sind. So geht mit der Personenbezogenheit der Dienstleistungen in der Regel eine geringere Standardisierbarkeit der Leistungen einher.[81] Schmidberger unterscheidet nicht standardisierbare, eher interaktive personenbezogene Leistungen von standardisierbaren eher kontaktarmen Leistungen.[82] Standardisierbare Leistungsarten sind konditional programmiert, das heißt die Leistungserstellung ist durch Gesetze und Verfahrensvorschriften relativ genau vorgegeben. Demgegenüber ist bei nicht standardisierten Leistungen der Ermessensspielraum bei der Leistungserstellung höher. Die Prozessabläufe sind nicht vorgeschrieben bzw. variieren. Gornas differenziert in ähnlicher Weise zwischen total programmierbaren, bedingt programmierbaren und nicht programmierbaren Prozessen.[83] Total programmierbare Prozesse zeichnen sich dadurch aus, dass die Arbeitsfolgen eindeutig und vorhersehbar sind, während nicht programmierbare Prozesse Ermessensentscheidungen erfordern. Für bedingt programmierbare und nicht programmierbare Prozesse lässt sich keine lineare Beziehung zwischen Einsatz von Faktormengen und Outputmengen ermitteln.[84] Ein bestimmter gleichbleibender Input (gemessen beispielweise in Personalstunden der Beratung) kann eine unterschiedliche Anzahl von Outputs (z.B. Zahl der abgeschlossenen Beratungen oder Fälle) erzeugen bzw. derselbe Output (Erstellung einer Baugenehmigung) kann mit unterschiedlichem Input (Zahl der Bearbeitungsstunden) erstellt werden.

---

[80] Vgl. Herbert/Goebel (1998), S. 93 und Haiber (1997), S. 106.

[81] Dabei gilt allerdings: Personenbezogene Leistungen sind überwiegend nicht standardisierbar, aber nicht alle nichtstandardisierbaren Leistungen sind automatisch personenbezogen. (Bsp.: komplexe Erstellung einer Baugenehmigung, Bearbeitung von Widersprüchen).

[82] Siehe Schmidberger (1994), S. 252 f.

[83] Siehe dazu Gornas (1992), S. 52 ff.

[84] Daraus folgt Gornas, dass für derartige Prozesse gar keine Leistungsmessung erfolgen kann und auch keine Sollkosten ermittelt werden können. Siehe dazu Gornas (1992), S. 193 ff. und S. 224 ff.

Die Differenzierung der Leistungen hinsichtlich ihres Komplexitätsgrades und des Grades der Einbeziehung des Leistungsempfängers hat Auswirkungen auf die Kostenplanung und -kontrolle sowie auf die Leistungsmessung[85] und ist notwendige Voraussetzung für eine typenspezifische Ausgestaltung des Controllinginstrumentariums.

Fehlende Marktgängigkeit

Im Unterschied zu privaten Gütern und Dienstleistungen erfolgt das Angebot und die Nachfrage von öffentlichen Leistungen nicht über den Markt, sondern die Koordination von Angebot und Nachfrage erfolgt in diesem Fall durch den Staat.

Eine Begründung für die staatliche Aktivität liefert die Theorie der öffentlichen Güter.[86] Diese unterscheidet **öffentliche Güter**, die sich durch Nicht-Rivalität im Konsum und durch Nicht-Ausschließbarkeit vom Konsum auszeichnen: Im Gegensatz zu privaten Gütern kann ein öffentliches Gut von unbegrenzt vielen Konsumenten gleichzeitig konsumiert werden, ohne dass die Nutzung durch einen Konsumenten den Nutzen der übrigen Konsumenten beeinträchtigt (Nicht-Rivalität).[87] Für ein öffentliches Gut gilt außerdem, dass es aus technischen oder ökonomischen Gründen unmöglich ist, potentielle Nachfrager vom Nutzen eines Gutes auszuschließen (Nicht-Ausschließbarkeit). Bei den so definierten Gütern handelt es sich um reine öffentliche Güter (Kollektivgüter). In der Realität liegen häufig eher "unvollkommene öffentliche Güter" vor, bei denen sich durch unterschiedliche Nutzungsmöglichkeiten spezifische Verteilungswirkungen ergeben (Beispiel: geografische Nähe zu einer öffentlichen Einrichtung). Daneben liegen Mischgüter vor, wenn der Konsum ab einer bestimmten Höhe der Nutzerzahl rivalisiert, seine Qualität also mit zunehmender Benutzerzahl abnimmt. (Beispiel: Schülerzahlen einer Schulklasse).[88]

Von den öffentlichen Gütern zu unterscheiden sind **meritorische Güter**. Deren Bereitstellung durch den Markt ist aufgrund von vorhandenen Ausschlussmöglichkeiten zwar durchaus möglich, sie würde aber zu gesellschaftspolitisch unerwünschten Ergebnissen führen, da eine aus staatlicher Sicht unzureichende Menge des Gutes angeboten bzw. nachgefragt werden würde. Als Gründe für

---

[85] Vgl. dazu insbesondere die Ausführungen auf S. 76 ff. der Arbeit.

[86] Siehe dazu u.a. Zimmermann/Henke (1994), S. 42 ff. und Nowotny (1999), S. 36 ff. In der finanzwissenschaftlichen Literatur ist teilweise strittig, ob die Theorie als Erklärungsansatz für staatliche Aktivität ausreichend ist. Vgl. Zimmermann/Henke (1994), S. 49.

[87] Hierbei handelt es sich um das konstituierende Merkmal öffentlicher Güter. Vgl. Zimmermann/Henke (1994), S. 46 und Musgrave/Musgrave/Kullmer (1984), S. 62 f.

[88] Vgl. zu der Konzeption der öffentlichen Güter insbesondere Nowotny (1999), S. 36 ff.

den staatlichen Eingriff in die individuelle Konsumwahl werden verzerrte Präferenzen, fehlende oder falsche Informationen oder irrationale Entscheidungen der Bürger genannt.[89] Die so definierten meritorischen Güter umfassen einen wesentlichen Teil der staatlichen Aktivität, dennoch ist das Konzept nicht unumstritten.[90]

Festzuhalten bleibt, dass aufgrund der aufgezeigten Eigenschaften der von der öffentlichen Verwaltung bereitgestellten Leistungen der Marktmechanismus nicht einsetzen kann bzw. im Fall der meritorischen Güter nicht einsetzen soll und eine Entscheidung über Art und Umfang der öffentlichen Leistungen durch die Politik (Vertretungskörperschaft = Parlament) getroffen werden muss.

2.2.3 Die Kommunalverwaltung als Gewährleistungs- und Steuerungseinheit

Die Notwendigkeit einer Festlegung des Angebotes an öffentlichen Leistungen durch die Politik hat keinesfalls zwingend zur Folge, dass die Leistungserstellung selbst durch die öffentliche Verwaltung erfolgen muss.[91] Damit stellt sich die Frage, in welcher Form die Aufgabenerfüllung erfolgen soll, das heißt welche institutionellen Alternativen zur Wahl stehen, wenn die Leistungsprozesse auf ihre Leistungstiefe hin untersucht werden. Eine Antwort darauf liefert das **Modell der Gewährleistungsverwaltung**,[92] das von abgestuften Verantwortungskategorien und zwar der Gewährleistungsverantwortung, der Finanzierungsverantwortung und der Vollzugsverantwortung ausgeht und im folgenden kurz skizziert wird.

Geht man von einer Kommunalverwaltung aus, so lassen sich deren Aufgaben in Pflichtaufgaben, freiwillige Aufgaben und Hilfs- bzw. Annexaufgaben unterteilen. Gewährleistungsverantwortung bedeutet in diesem Zusammenhang die Sicherstellung, dass "...die gesetzlich vorgegebenen bzw. politisch gewollten Leistungen nach bestimmten rechtlichen, fachlichen und ökonomischen Standards an die Leistungsempfänger (Bürger, Unternehmen, Gemeinschaft) erbracht werden."[93] Finanzierungsverantwortung betrifft die Finanzierung der Leistungserbringung und der dazu notwendigen Investitionen, die Vollzugsver-

---

[89] Vgl. Brümmerhoff (1988), S. 93.

[90] Das Konzept widerspricht vor allem dann dem individualistischen Ansatz der Wohlfahrtstheorie, wenn „...in die individuellen Präferenzen einfach deswegen eingegriffen wird, weil die [politischen] Entscheidungsträger ihre eigenen Präferenzen für besser halten ...". Brümmerhoff (1988), S. 94,

[91] Vgl. Nowotny (1999), S. 41.

[92] Siehe zum folgenden Naschold u.a. (1996), S. 101 ff. und Reichard (1998b), S. 121 ff.

[93] Reichard (1998b), S. 124.

antwortung bezieht sich auf die Leistungserstellung selbst. Grundgedanke der abgestuften Verantwortungskategorien ist, dass nicht alle Leistungen, die gewährleistet werden, auch von der Kommunalverwaltung selbst finanziert und erstellt werden müssen. Dieses bezieht sich auf alle drei Aufgabenkategorien, für die jeweils zu prüfen ist, welches das beste institutionelle Arrangement ist, das die vorgegebenen Qualitäts-, Kosten- und Zeitstandards für die Leistungserstellung bestmöglich erfüllt.

Für den weiteren Verlauf der Arbeit sind nicht die alternativen Finanzierungsformen, sondern die Möglichkeit der Wahl unterschiedlicher Organisationsformen der Leistungserstellung von Interesse. So steht neben der Produktion durch die Verwaltung selbst je nach Art der erstellten Leistungen vor allem auch die Leistungserstellung durch privatwirtschaftlich-kommerzielle Organisationen oder private Nonprofit-Organisationen zur Auswahl. Dabei können bestimmte Leistungen durchaus in verschiedenen Organisationsalternativen erstellt werden. Unter Effizienzgesichtspunkten ist ein Wettbewerb zwischen verschiedenen Leistungsanbietern auf jeden Fall zu befürworten.[94]

Konsequenz des Gewährleistungsmodells ist eine Zweiteilung der jeweiligen Verwaltungsinstitution in einen Auftraggeber- und einen Auftragnehmerbereich. Der Auftraggeberbereich umfasst den politisch-administrativen Steuerungskern, also Vertretungskörperschaft und Verwaltungsführung (Leistungsfinanzierer), der die Leistungsziele und Programme festlegt, das Budget zur Verfügung stellt und Zielerfüllung sowie Budgeteinhaltung überwacht. Zum Auftraggeberbereich gehört außerdem die Vergabeabteilung (Leistungskäufer), die Programme in Produkte umsetzt und Kontrakte mit internen und externen Anbietern abschließt und über deren Einhaltung an Verwaltungsführung und Politik berichtet. Die internen und externen Anbieter bilden den Auftragnehmerbereich (Leistungserbringer)[95] und können jeweils interne und externe Leistungen anbieten.

Mit der Ausgestaltung der Kommunalverwaltung als Gewährleistungsverwaltung ist eine Voraussetzung dafür erfüllt, dass verschiedene alternative Organisationsformen der Leistungserstellung hinsichtlich Zielerreichung und Wirtschaftlichkeit verglichen werden können.

2.2.4 Das 3-Ebenenkonzept

Entsprechend der unter Gliederungspunkt 2.1 dargestellten Konzeption ist es Aufgabe des Controllings, das Führungsgesamtsystem bei der Erreichung der Organisationsziele durch Koordinationsleistungen zu unterstützen. Um geeig-

---

[94] Vgl. Naschold u.a. (1996), S. 122 f.

[95] Zu den Begriffen Leistungsfinanzierer, Leistungskäufer und Leistungserbringer siehe Schedler/Proeller (2000), S. 83 ff.

nete Controllinginstrumente für die öffentliche Verwaltung bestimmen zu können, ist es demnach notwendig, die Organisationsziele der öffentlichen Verwaltung als indirekte Ziele des Controllings zu definieren.[96] Um den Koordinationsbedarf innerhalb des Verwaltungsführungssystems zu bestimmen, muss zugleich der politisch-administrative Steuerungsprozess beschrieben werden. Mit dem **3-Ebenenkonzept** wird im folgenden ein verwaltungsspezifischer Bezugsrahmen dargestellt, mit dessen Hilfe der Managementprozess in der öffentlichen Verwaltung mit seinen einzelnen Prozessschritten erfasst werden kann und eine Bewertung der Zielerreichung auf den verschiedenen Prozessebenen möglich ist.

Im Anschluss daran wird das Bewertungskriterium der **Qualität der Leistungserstellung** gesondert betrachtet und dessen notwendige Integration in das 3-Ebenenkonzept verdeutlicht.

2.2.4.1 Prozessmodell und Bewertungskriterien

Prozessmodell

Basis der folgenden Ausführungen bildet das in Anlehnung an Buschor von Budäus und Buchholtz entwickelte 3-Ebenenkonzept (3-E-Konzept)[97] mit den Bewertungskriterien Effektivität, Effizienz und Kosteneffizienz, das auf ein im angloamerikanischen Raum entwickeltes Modell mit den Kriterien Effectiveness, Efficiency und Economy zurückgeht.[98] Buschor erweitert das Modell zum 4-Ebenenkonzept, indem er zusätzlich die Ebene der Ordnungsmäßigkeit aufnimmt.[99]

In Abbildung 3 ist zunächst der politisch-administrative Produktionsprozess dargestellt, der ausgehend von den politisch festgelegten Zielen die einzelnen Prozessschritte, also den zur Zielerreichung notwendigen Input, die durchzuführenden Leistungsprozesse, den erstellten Output und den damit bewirkten Outcome sowie die Bewertungskriterien zeigt.

Die **Ziele** bilden den Ausgangspunkt und Handlungsrahmen für den gesamten Prozess und sind gleichzeitig die Basis für die Messung der Zielerreichung, also

---

[96] Vgl. Budäus/Buchholtz (1997), S. 323.

[97] Vgl. Budäus/Buchholtz (1997), S. 332 und Budäus (1994), S. 59.

[98] Vgl. Buschor/Lüder (1994), S. 182. Zu einer Synopse der verschiedenen aus der Programmevaluation, Auditierung und dem Performance Management stammenden Ansätze zu Prozessmodellen und Bewertungskriterien vgl. Buchholtz (2000), S.42.

[99] Vgl. Buschor (1993), S. 238 und Schedler/Proeller (2000), S. 189.

der Effektivität (Definition siehe unten).[100] Die Ziele umfassen das gesamte kommunale Sachzielsystem, dagegen handelt es sich bei den Bewertungskriterien, das heißt auch der Effektivität, um die Formalziele der Verwaltung.[101] Der Zusammenhang zwischen Formal- und Sachzielen ist ebenfalls in Abbildung 3 verdeutlicht.

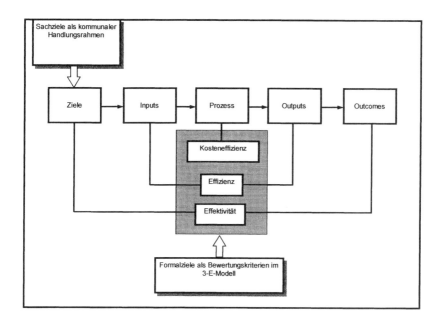

Abbildung 3: Sach- und Formalziele im 3-E-Konzept[102]

Der **Input**, also der Ressourcen- bzw. Faktoreinsatz,[103] wird als monetäre Größe (Kosten) oder als nichtmonetäre Größe (z.b. Personalstunden oder Materialeinsatzmengen) angegeben.[104] In der öffentlichen Verwaltung dominiert eindeutig der Produktionsfaktor Arbeit und an zweiter Stelle sind sogenannte dauerhafte Sachgüter, also Gebäude und Anlagegüter zu nennen.[105] Damit haben

---

[100] Vgl. Buchholtz (2000), S. 43.

[101] Vgl. die Ausführungen auf S. 17 ff. der Arbeit.

[102] Eigene Darstellung in Anlehnung an Budäus/Buchholtz (1997), S. 329 und 332.

[103] Vgl. Nullmeier (1998), S. 315.

[104] Vgl. Buchholtz (2000), S. 44.

[105] Vgl. Gornas (1992), S. 46 f.

Potentialfaktoren, also Produktionsfaktoren, die Nutzungspotentiale für mehrere Perioden darstellen, eine weitaus größere Bedeutung als Produktionsfaktoren, die im Produktionsprozess sofort verbraucht werden.[106] Der eigentliche Produktions**prozess,** also die Kombination der Produktionsfaktoren teilt sich, wie bereits unter Gliederungspunkt 2.2.2 erläutert,[107] in den Prozess der Vorkombination und Endkombination auf. Analog entsteht im Ergebnis eine Bereitschaftsleistung und nach Kombination mit dem externen Faktor eine End- bzw. Produktionsleistung, also der **Output.**[108] Bei dem Output handelt es sich um das Ergebnis des Verwaltungshandelns, also der erbrachten Leistung. Die Leistungen bzw. Produkte werden bisher mengenmäßig mittels der entsprechend festgelegten Bezugsgrößen erfasst (Beispiele: Anzahl der erteilten Baugenehmigungen, Anzahl Betreuungs-/Beratungsstunden, bearbeitete Fälle etc.). Eine monetäre Bewertung der Leistungen ist aufgrund der Nichtmarktgängigkeit der Produkte und der fehlenden Entgelte für Produkte bzw. deren Angebot zu administrierten Preisen in der Regel nicht möglich. Neben der Leistung, die an den Bürger abgegeben wird, also dem externen Produkt, sind interne Produkte zu unterscheiden, die als Vorleistungen in externe Produkte derselben oder anderer Verwaltungen eingehen. Die Vorleistungen sind wie die Bereitschaftsleistung Ergebnis der Vorkombination.[109]

Der **Outcome** bezeichnet die mit einer Leistung oder mehreren Leistungen erzielte Wirkung bei dem Leistungsempfänger und der Gesellschaft insgesamt.[110] Schedler unterscheidet zusätzlich die Einwirkung (Impact), also die Wirkung des Verwaltungshandelns, so wie sie subjektiv durch die Leistungsempfänger empfunden wird.[111] Der Outcome bezieht sich bei dieser Unterscheidung auf die politischen Ziele, während der Impact die Wirkung in Bezug auf die Bedürfnisse der Kunden misst. Dieser Unterscheidung liegt eine Trennung von individuellen Zielen der Leistungsnutzer einerseits und gesamtgesellschaftlich orientierten Zielsetzungen insgesamt zugrunde.

---

[106] Bei letzteren handelt es sich um Roh-, Hilfs- und Betriebsstoffe, die für die Dienstleistungsproduktion von sehr viel geringerer Bedeutung sind. Siehe dazu Schubert (2000), S. 39.

[107] Vgl. S. 20 ff. der Arbeit.

[108] Vgl. Schmidberger (1994), S. 246.

[109] Siehe dazu auch Schubert (2000), S. 62 ff., der zwischen Vorleistungen und veredelten (nutzungsbereiten) Leistungspotentialen unterscheidet, die beide als Ergebnis der Vorkombination entstehen.

[110] Vgl. Nullmeier (1998), S. 315 und Buchholtz (2000), S. 45.

[111] Siehe dazu Schedler/Proeller (2000), S. 190 f. und S. 197 f. In ähnlicher Weise unterscheidet auch Buchholtz zwischen subjektivem und objektivem Outcome. Vgl. Buchholtz (2000), S. 45.

Demgegenüber definiert Haiber den Outcome als Wirkung der erbrachten Leistung auf den Empfänger bzw. als „...Konkretisierung des öffentlichen Interesses im Einzelfall."[112] Sinnvoller erscheint die Vorgehensweise von Haiber, der zwar die Wirkung beim Leistungsempfänger herausstellt, gleichzeitig an anderer Stelle aber deutlich macht, dass die Kundenwünsche nicht alleiniger ausschlaggebender Faktor für die öffentliche Leistungserstellung sind, sondern diese „politisch fokussiert und gefiltert"[113] werden. Eine derartige Filterfunktion setzt auch bei der Wirkungsmessung ein, die anhand subjektiver und objektiver Indikatoren erfolgt. Objektive Indikatoren sind durch wertungsneutrales kardinales Messen ermittelbar, sie sind von der subjektiven Wahrnehmung unabhängig und intersubjektiv nachprüfbar (das heißt, mehrere Fachleute kommen zu übereinstimmenden quantitativen Ergebnissen).[114] Subjektive Messungen, z.B. Kundenzufriedenheit sind notwendig, um das Leistungsprogramm so gut wie möglich am Bedarf auszurichten. Diese subjektiven Wertausprägungen müssen um Vorurteile, Befangenheiten, überhöhte Erwartungen bereinigt werden.[115]

So definiert stehen subjektive Kundenwünsche nicht im Gegensatz zum Gemeinwohl, sondern Bedarfsbestimmung und Wirkungsmessung gehen zunächst von individuellen Kundenwünschen aus, die dann aber eine gesellschaftspolitische Filterfunktion durchlaufen. Der Outcome wird somit in der vorliegenden Arbeit als Wirkung der öffentlichen Leistungserstellung bezeichnet, die sowohl mittels subjektiver als auch objektiver Indikatoren gemessen werden kann.

Bewertungskriterien

Auf Basis des Prozessmodells werden relationale Kriterien genannt, die als Bewertungsmaßstab für das Verhältnis der einzelnen Prozessebenen des gesamten Produktionsprozesses der öffentlichen Verwaltung untereinander dienen (vgl. ebenfalls Abbildung 3).

Die **Effektivität** gibt durch das Verhältnis von Outcome zur Zielvorgabe an, inwieweit das Verwaltungshandeln zur Zielerreichung beigetragen hat und stellt damit einen Soll/Ist-Vergleich dar. Die Messung der Effektivität setzt voraus, dass Ziele möglichst operational definiert werden und dass zu den jeweiligen Zielen entsprechende Indikatoren definiert werden, mit deren Hilfe eine indirekte Messung der Zielerreichung möglich wird.[116] Abweichend davon wird Ef-

---

[112] Haiber (1997), S. 118
[113] Haiber (1997), S. 398
[114] Vgl. Haiber (1997), S. 409.
[115] Vgl. Haiber (1997), S. 410.
[116] Vgl. die Ausführungen auf S. 17 ff. der Arbeit.

fektivität auch als **Wirksamkeit**, also als Verhältnis von Output zu Outcome definiert (Outputeffektivität).[117] Die Output-Effektivität dient als Maßstab dafür, mit welchen Leistungen welche Wirkungen erzielt werden.

Darüber hinaus lässt sich der Outcome auch im Verhältnis zum Input messen (Kosteneffektivität).[118] Die **Kosteneffektivität** gibt das Verhältnis von Aufwand und Wirkung unter Vernachlässigung des Leistungsniveaus staatlicher Aktivität, also des Output an.[119]

Im Gegensatz zur Effektivität stellen Effizienz und Kosteneffizienz zielunabhängige Kriterien dar. Die (betriebswirtschaftliche) **Effizienz**[120] umfasst die mengenmäßige Wirtschaftlichkeit (Produktivität), also das Verhältnis von mengenmäßigem Ertrag und mengenmäßigem Einsatz von Produktionsfaktoren, und die wertmäßige Effizienz, die das Verhältnis von in Geldeinheiten bewerteten Faktoreinsatzmengen und Outputmengen bestimmt.[121] Die Erfassung der wertmäßigen Effizienz ist aufgrund der Problematik der Preisbestimmung für die öffentlichen Leistungen problematisch. In den Fällen, wo sich Einnahmen, also Gebühren oder Beiträge direkt den definierten Leistungen zurechnen lassen, liegt nur eine Hilfsgröße vor, da diese keinen monetär bewerteten Output, sondern administrierte Preise darstellen. Auch die Verwendung des Kriteriums der mengenmäßigen Effizienz, also die Durchführung von Produktivitätsmessungen, erfolgt in der Verwaltungspraxis relativ selten. Bisher wird der Input häufig wertmäßig, der Output dagegen mengenmäßig erfasst.

Die **Kosteneffizienz** bzw. Kostenwirtschaftlichkeit leitet sich aus der Interpretation der Wirtschaftlichkeit nach dem Minimalprinzip ab: Bei einem gegebenen Output soll der Prozess der Leistungserstellung zu geringstmöglichen Kosten erfolgen.[122] Die Messung der Kosteneffizienz erfolgt mittels des Quotienten aus Ist-Kosten und Soll-Kosten (= minimale Kosten). Auch aus dem Zeitvergleich sowie aus dem Verhältnis von Kosten derselben Produkte und Prozesse vergleichbarer Verwaltungseinheiten können Aussagen über die Kostenwirtschaftlichkeit der Leistungserstellung abgeleitet werden.

---

[117] Vgl. Nullmeier (1998), S. 317 und Buchholtz (2000), S. 46 f.

[118] Vgl. Buchholtz (2000), S. 46 f. und Promberger (1995), S. 26 f.

[119] Vgl. Nullmeier (1998), S. 318, der begrifflich allerdings von der Outcome-Effizienz spricht und die ökonomische und finanzpolitische Bedeutung dieses Kriteriums betont.

[120] Im Unterschied zum Begriff der volkswirtschaftlichen Effizienz, der definiert ist als Quotient aus sozialen Kosten und sozialem Nutzen und unter Einbeziehung von negativen und positiven externen Effekten gesamtwirtschaftliche Wirkungen abbildet. Vgl. Schmidberger (1994), S. 124.

[121] Vgl. Seifert (1998), S. 42.

[122] Vgl. Seifert (1998), S. 43.

Mit dem Prozessmodell und den Bewertungskriterien bietet das 3-E-Konzept einen konzeptionellen Rahmen für die Beurteilung des Handelns der Verantwortlichen im politisch-administrativen Prozess. Bezogen auf die verschiedenen Ebenen der Formalziele Effektivität, Effizienz und Kosteneffizienz lassen sich die Verantwortlichkeiten in dem politisch-administrativen Managementprozess grob aufzeigen: Während für die Formulierung von Effektivitätszielen überwiegend die Politik aber auch die Verwaltungsführung verantwortlich ist, stellt die Effizienzebene, also die Festlegung von Maßnahmen (= Produkte) und entsprechender Budgets die eigentliche Schnittstelle von Verwaltung und Politik dar. Für die Sicherstellung einer kosteneffizienten Produkterstellung auf der Ebene der Leistungsprozesse ist weitgehend die Verwaltung zuständig.[123]

Dagegen sind es vor allem zwei Problembereiche, die bisher ungelöst bleiben:[124] Zum einen ist es durchaus möglich, dass die aufgeführten Formalziele in einen Zielkonflikt zueinander geraten. Dies gilt vor allem für die Bewertungskriterien Effektivität und Effizienz: Eine Erhöhung der Effizienz des Verwaltungshandelns führt nicht automatisch zu einer Erhöhung der Effektivität bzw. kann sogar zu Lasten der Effektivität erfolgen.[125] Die Gefahr besteht vor allem dann, wenn neben Leistungs- also Output-Zielen keine Outcome-Ziele definiert werden bzw. Wirkungsziele zwar definiert aber nicht mit Leistungszielen verbunden werden. Mit anderen Worten: Die definierten Leistungen (Produkte) benötigen ein entsprechendes übergeordnetes Zielsystem, das (politisch) definierte Wirkungsziele enthält und diesen jeweils Produktalternativen als Maßnahmen zur Zielerreichung zuweist. Damit schließt sich die zweite bereits mehrfach genannte und bisher unzureichend gelöste Problematik an: Diese Wirkungsziele müssen definiert und ihre Erreichung mittels Indikatoren messbar gemacht werden.

Neben den aufgeführten Bewertungskriterien werden als Nebenbedingungen die Rechtmäßigkeit und Qualität der Leistungserstellung genannt.[126] Die Einhaltung von Recht und Gesetz als grundsätzlich im Leistungserstellungsprozess zu erfüllende Anforderung ist unstrittig. Dagegen erfordert die Berücksichtigung des

---

[123] Vgl. Budäus (2000), S. 74.

[124] Auf die Kritik an dem 3-E-Modell von Mädler/Schedler, die zu der Entwicklung des WoV (=wirkungsorientierte Verwaltungsführung)-Steuerungsprozesses geführt hat, wird an dieser Stelle nicht eingegangen. Die unterschiedliche Darstellung des Prozessmodells führt zu teilweise abweichenden Begrifflichkeiten der Bewertungskriterien, was in der Darstellung zu Verwirrung führen könnte. Siehe zu den Kritikpunkten und dem Modell insbesondere Schedler/Proeller (2000), S. 190 f. und Haldemann (1998), S. 197 f. sowie ausführlich zu den Bewertungskriterien Schedler (1995), S. 70 ff.

[125] Hierzu gibt es unzählige Beispiele aus der Praxis. So sagen beispielsweise niedrigere Kosten pro Sozialhilfefall noch nichts darüber aus, ob die Zahl der Sozialhilfeempfänger langfristig gesenkt wird. Siehe dazu auch Nullmeier (1998), S. 321. Auf die Problematik wird auf S. 98 ff. der Arbeit eingegangen.

[126] Vgl. Brecht (1999), S. 41 und Budäus/Buchholtz (1997), S. 330 ff.

Faktors Qualität der Leistungserstellung zunächst eine genauere Definition des Begriffs Qualität.

2.2.4.2 Qualitätsbegriff

Um das 3-E-Konzept als konzeptionellen Ausgangspunkt für die Darstellung und Weiterentwicklung eines verwaltungsspezifischen Controllinginstrumentariums nutzen zu können, ist die Integration des Bewertungskriteriums Qualität zwingend notwendig. Dabei reicht es nicht aus, die Einhaltung von Qualitätsstandards bei der Erreichung der Formalziele als Rahmenbedingung zu formulieren. Der Qualität der öffentlichen Leistungserstellung kommt vielmehr aufgrund bereits genannter Charakteristika der öffentlichen Leistungen besondere Bedeutung zu:

-   Aufgrund der Immaterialität von Dienstleistungen bekommt die vom Kunden wahrgenommene Qualität, also die Nutzenstiftung der Dienstleistung für den Kunden eine höhere Bedeutung als bei Sachgütern.

-   Ein Marktpreis existiert für die öffentlichen Leistungen aufgrund ihrer Eigenschaften als öffentliche bzw. meritorische Güter nicht.[127] Damit entfällt für die Kunden die Möglichkeit über ihre Zahlungsbereitschaft den für sie durch die Leistung entstehenden Nutzen auszudrücken, eine Bewertung der Qualität erfolgt somit nicht.

Die Qualität einer Dienstleistung kann allgemein definiert werden als die Gesamtheit von Merkmalen und Eigenschaften einer Einheit, die dazu geeignet sind, festgelegte und vorausgesetzte Erfordernisse zu erfüllen.[128] Die relevanten Merkmale sowie die Beurteilung ihrer Ausprägungen ist abhängig von den jeweiligen Anspruchgruppen, das Qualitätsniveau lässt sich also nicht absolut bestimmen.[129] Analog der Phasen des Dienstleistungsprozesses[130] lässt sich die Qualität differenzieren in die Struktur- bzw. Potentialqualität, die Prozessqualität und die Ergebnisqualität.[131]

---

[127] Vgl. die Aufführungen auf S. 20 ff. der Arbeit.

[128] Vgl. Schubert (2000), S. 82 und Broekmate/Dahrendorf/Dunker (2001), S. 36.

[129] Vgl. Schubert (2000), S. 82 f.

[130] Siehe dazu die Aufführungen auf S. 20 ff. der Arbeit.

[131] Bei dieser Art der Systematisierung der Dienstleistungsqualität handelt es sich um einen ereignisorientierten Ansatz zurückgehend auf das Qualitätsmodell von Donebian, das die Interaktion zwischen Leistungsanbieter und Leistungsempfänger betont. Siehe zur Beschreibung dieses Qualitätsmodells insbesondere Schubert (2000), S. 85 ff., Haiber (1997), S. 405 ff., Brecht (1999), S. 222 f. und Seifert (1998), S. 205. Einen anderen Schwerpunkt setzt der merkmalsorientierte Ansatz (Gap-Modell), der davon ausgeht, dass sich die Dienstleistungsqualität über die vom Kunden individuell wahrgenommenen Merk-

Die **Struktur- bzw. Potentialqualität** bezieht sich auf die Anforderungen an die personellen, räumlichen und organisatorischen Ausgangs- bzw. Rahmenbedingungen. Dies betrifft unter anderem die personelle Ausstattung und Qualifikation, organisatorische Regelungen (z.b. Öffnungszeiten, Ämterstruktur), räumliche Ausgestaltung und Ausstattung mit Betriebsmitteln. Die Potentialqualität kann sich nicht nur auf die Anbieterseite, sondern - was für personenbezogene Leistungen von Bedeutung ist - auch auf die Nachfragerseite beziehen. Eine Potentialqualität der Nachfrager beschreibt dann die Fähigkeit und Bereitschaft des Nachfragers, also des externen Objektes, zur Mitwirkung im Produktionsprozess.[132]

Die **Prozessdimension** betrachtet die Qualität der einzelnen Aktivitäten des Produktionsprozesses sowie die Interaktion zwischen Leistungsanbieter und - empfänger während des Prozesses. Sie beinhaltet damit Aspekte wie Schnelligkeit und Fehleranfälligkeit der Bearbeitung, Freundlichkeit und Flexibilität im Umgang mit dem Kunden und Art und Weise der Einbringung der Kundenwünsche, also der Partizipation des Kunden.

Die **Ergebnisqualität** bezieht sich auf die Qualität der erstellten Leistung und zwar auf ihre Nutzenstiftung beim Empfänger und auf ihre erzielte Wirkung. Sie umfasst sowohl objektive Merkmale, die tatsächlich beim Leistungsempfänger (gilt nur für personenbezogene Dienstleistungen) erreichte Veränderungen bzw. gesamtgesellschaftliche Wirkungen insgesamt ausdrücken als auch subjektive Merkmale, mit denen die Zufriedenheit der Kunden ausgedrückt wird. Damit drückt die Ergebnisqualität die Effektivität der Leistungserstellung aus.

Auf der Grundlage dieser Definition bezieht sich die Ergebnisqualität eindeutig auch auf den Outcome. Diese Zuordnung ist in der Literatur umstritten. So sprechen einige Autoren von der Ergebnisqualität, die sich auf den Output bezieht und berücksichtigen die Wirkungsebene unter Qualitätsaspekten nicht.[133] Andere Autoren, deren Auffassung hier gefolgt werden soll, beziehen dagegen die Ergebnisqualität auf den Output und den Outcome:[134] Die Ergebnisqualität umfasst einerseits das prozessuale Endergebnis und andererseits die eigentlich damit bezweckte Wirkung, also ihre Folgequalität. Zwischen Output- und Outcomequalität wird dabei ein Ursache-/Wirkungszusammenhang angenommen:

---

male der Dienstleistung bestimmt. Vgl. Haiber (1997), S. 401. Indem das Modell Abweichungen zwischen Kundenerwartungen und Kundenwahrnehmungen aufzeigt, bietet es Ansatzpunkte für die Verbesserung der Qualität. Da die Dienstleistungsqualität in dem Modell auf den Aspekt der Servicequalität beschränkt wird, erscheint die Verwendung des ereignisorientierten Ansatzes geeigneter. Vgl. Brecht (1999), S. 221.

[132] Vgl. Haiber (1997), S. 406.

[133] So z.B. Brecht (1999), S. 222 f. und Buchholtz (2000), S. 230.

[134] Vgl. Haiber (1997), S. 407, Schubert (2000), S. 92 ff. und Broekmate/Dahrendorf/Dunker (2001), S. 38.

Ein bestimmter mengen-, zeit- oder wertmäßig erfasster Output führt zu der Erzielung einer bestimmten Leistungswirkung.[135]

Das dargestellte Modell der Qualitätsdimensionen ergänzt die aufgeführten Bewertungskriterien des Prozessmodells um die Merkmale der Struktur- und Prozessqualität und ist bezogen auf die Outcome-Ebene mit dem Bewertungskriterium Effektivität gleichzusetzen.[136] Durch die Definition von Struktur- und Prozessqualität wird deutlich, dass die Qualität der Leistungserstellung nicht nur von den Ergebnissen, sondern auch von der Qualität der Interaktionsprozesse und den strukturellen Ausgangsbedingungen bestimmt ist.[137] Gleichzeitig kann keine vollständige Kausalität zwischen den einzelnen Qualitätsdimensionen in dem Sinne angenommen werden, dass beispielsweise eine Erfüllung hoher Qualitätsstandards bei den Rahmenbedingungen in jedem Fall zu einer höheren Prozessqualität führt.[138]

2.3 Controlling im verwaltungsspezifischen Bezugsrahmen

2.3.1 Controllingdefinition für die öffentliche Verwaltung

Im folgenden sollen die Controllingkonzeption und der verwaltungsspezifische Bezugsrahmen zusammengeführt werden. Auf Basis der dargestellten koordinationsorientierten Controllingkonzeption wird folgende allgemeine Definition zugrunde gelegt: Controlling

- stellt ein Subsystem der Führung sozialer Systeme dar;[139]

- koordiniert das Führungsgesamtsystem zur Sicherstellung einer zielgerichteten Lenkung, indem es systembildende und systemkoppelnde Aufgaben in und zwischen den Führungsteilsystemen wahrnimmt;[140]

---

[135] Vgl. Haiber (1997), S. 425. Siehe auch Schubert (2000), S. 93, der die Outputqualität als die zur Erreichung einer angestrebten Wirkung notwendigen und zweckmäßigen Leistungsmenge bezeichnet.

[136] Diese Sichtweise weicht - wie bereits bei der Definition des Outcome auf S. 26 ff. der Arbeit deutlich gemacht - von der Unterscheidung einer politischen Wirksamkeit und einem subjektiv zu messenden Impact der Leistungserstellung ab. Würde man dieser Unterscheidung folgen, so wäre die Ergebnisqualität nicht mit der Effektivität gleichzusetzen. Siehe dazu auch Buchholtz (2000), S. 231.

[137] Vgl. Schubert (2000), S. 85.

[138] Vgl. Jordan/Reismann (1998), S. 19.

[139] Vgl. Schmidberger (1994), S. 31.

[140] Vgl. Weber (1991), S. 33.

Die Koordination bezieht sich schwerpunktmäßig auf die Teilsysteme Planung, Kontrolle und Information, umfasst aber auch die Koordination mit den Teilsystemen Personalführung und Organisation.[141]

Die Definition wird in Bezug auf die öffentliche Verwaltung folgendermaßen ergänzt:

- Controlling unterstützt die Führung auf allen Ebenen des politisch-administrativen Steuerungsprozesses im Hinblick auf die Sicherung bzw. Steigerung von Effektivität und Effizienz der Leistungserstellung.[142]

Grundsätzlich Aufgabe eines Verwaltungscontrollings ist es, sowohl der politischen Führung als auch der Verwaltungsführung die Auswirkungen von möglichen Entscheidungsalternativen auf Effizienz und Effektivität der öffentlichen Leistungserstellung *im Vorhinein* aufzuzeigen, über die Auswirkungen *bereits getroffener* Entscheidungen auf Effizienz und Effektivität zu informieren und bei festgestelltem Handlungsbedarf mögliche Gegensteuerungsmaßnahmen aufzuzeigen.[143] Bezogen auf eine Kommunalverwaltung bezieht sich der Koordinations- und Informationsbedarf des Controllings dabei sowohl auf die unmittelbare Leistungserstellung innerhalb eines Berichtsjahres (operatives Controlling) als auch auf die langfristige Erhaltung und Entwicklung der Erfolgspotentiale einer Kommunalverwaltung, um deren Zukunftsfähigkeit zu sichern (strategisches Controlling).[144]

Aufgrund der dargestellten Besonderheiten der öffentlichen Verwaltung – vor allem aufgrund der gleichwertigen Bedeutung von Sachzielen neben Formalzielen, der fehlenden Gewinnzielorientierung und der weitgehend fehlenden Marktgängigkeit der öffentlichen Leistungen – steht für ein Verwaltungscontrolling die sachliche Erfolgskontrolle stärker im Vordergrund als für ein Controlling in einem privatwirtschaftlichen Unternehmen. „Verwaltungscontrolling bedeutet demnach, Wirkungen, Zielgruppen und Leistungen neben Geschäftsprozessen, Finanzen und Ressourcen in den Blick zu nehmen und systematisch Transparenz

---

[141] Vgl. Weber (1991), S. 33 und Budäus (1994), S. 65 f., der auch die Koordinationsaufgabe des Controlling mit den Führungsfunktionen Personalführung und Organisation betont sowie Palupski, der bei der Controllingdefinition zusätzlich noch die Steuerung nennt, die Planung und Kontrolle verbindet bzw. die sich aus dem Zusammenwirken von Planungs- und Kontrollinformationen ergibt. Siehe dazu Palupski (1998), S. 10 ff. und S. 37 sowie auch Schmidberger (1994), S. 110.

[142] Vgl. Promberger (1995), S. 17 und Palupski (1998), S. 37. Siehe dazu auch die Controlling-Definition der KGSt (1994), S. 16 f., bei der die Unterstützungsfunktion des Controllings in allen Phasen des Managementprozesses betont wird.

[143] Vgl. Promberger (1995), S. 18.

[144] Vgl. Schubert (2000), S. 27 f. und Brüggemeier (1997), S. 44.

über geplante, realisierte und prognostizierte Entwicklungen dieser Steuerungsgrößen herzustellen."[145]

Mit dieser Darstellung des verwaltungsspezifischen Controllingansatzes ist das Controlling für die öffentliche Verwaltung in funktionaler Hinsicht charakterisiert. Ein Controllingkonzept umfasst neben funktionalen auch instrumentale und institutionale Aspekte und ist zudem nur in Bezug auf einen bestimmten Kontext möglich.[146] Da der Inhalt der vorliegenden Arbeit die Erweiterung des verwaltungsspezifischen Controlling*instrumentariums* und nicht die Entwicklung eines Controllingkonzeptes für die öffentliche Verwaltung ist, erscheint eine funktionale und instrumentale Betrachtung des Controllingbegriffs ausreichend. Die organisatorische Ausgestaltung des Controllings selbst wird dagegen im weiteren Verlauf der Arbeit nur am Rande betrachtet und daher bei der verwaltungsspezifischen Kennzeichnung des Controllings nicht berücksichtigt.[147] Der Controllingbegriff ist nun anhand der zu betrachtenden Instrumente weiter zu spezifizieren.

2.3.2 Überblick über die verwaltungsspezifischen Controllinginstrumente und Schwerpunktsetzung für den weiteren Verlauf der Arbeit

Bei dem folgenden Überblick über die zur Verfügung stehenden Instrumente eines Verwaltungscontrollings soll die unter Gliederungspunkt 2.1.3 dargestellte Systematisierung der Instrumente berücksichtigt werden. Im nächsten Schritt ist dann eine Schwerpunktsetzung bei der Betrachtung der Controllinginstrumente vorzunehmen, die sich aus der Zielsetzung der Arbeit ergibt.

In der Literatur zur Entwicklung eines Verwaltungscontrollings werden die Instrumente vielfach entsprechend den Führungsteilsystemen Planung, Kontrolle und Information eingeteilt.[148] Weniger Beachtung finden dagegen bisher Instru-

---

[145] Pook/Tebbe (2002), S. 42.

[146] Vgl. Schmidberger (1994), S. 33, Schubert (2000), S. 27 und Seidenschwarz (1992), S. 39.

[147] Gleichwohl hat auch die ablauf- und aufbauorganisatorische Ausgestaltung des Controllings Auswirkungen auf die Wirksamkeit der Instrumente. Siehe zu diesem Thema Brüggemeier (1997), insbesondere S. 270 ff.

[148] So bei u.a. Schmidberger (1994), Hoffjan (1998), Palupski (1998), S. 14 und Seidenschwarz (1992). Dagegen geht Haiber nicht vom Führungsprozess, sondern vom dienstleistungsspezifischen Produktionsprozess aus: So umfasst ein potentialorientiertes Controlling Aufgaben des Personal- und Investitionscontrolling. Dem prozessorientierten Controlling werden Instrumente wie Kostenrechnung, Prozesskostenrechnung, Geschäftsprozessoptimierung zugeordnet, während der Schwerpunkt der ergebnisorientierten Sichtweise eine output- und outcomeorientierte Indikatorenrechnung bildet. Vgl. Haiber (1997), insb. S. 101 ff.

mente, die auf die Führungsfunktionen Personalführung und Organisation bezogen sind.[149]

Dem Planungssystem zuzurechnende Controllinginstrumente sind vor allem die Zielplanung, also die Planung der Sachziele für die einzelnen Politikfelder, die Maßnahmenplanung auf Ebene der Programme und Produkte und die entsprechende Ressourcenplanung bzw. Budgetierung. Insbesondere bei der Zielplanung und der Maßnahmenplanung hat das Controlling dabei eine Koordinations- und Informationsfunktion und stellt methodische Unterstützung zur Verfügung, übernimmt aber nicht die Festlegung der Zielinhalte selbst.

Wesentliche Controllinginstrumente im Kontrollsystem stellen die laufende Kontrolle der Budgeteinhaltung durch Abweichungsanalysen, die Durchführung von Kennzahlenvergleichen (z.b. in Bezug auf Produktstückkosten) und Zielerreichungskontrollen in Bezug auf die definierten Effektivitätsziele dar.

Bei dem Informationssystem ist zwischen der Informationsbedarfsermittlung, der Gestaltung des Berichtswesens (Informationsaufbereitung und -bereitstellung) und den zugrunde liegenden Datenquellen (Informationsbeschaffung) zu unterscheiden.[150] Wesentlicher Bestandteil des Verwaltungscontrollings ist der Aufbau eines Berichtswesens, das für die verschiedenen Führungsebenen der Kommunalverwaltung (Rat/Kreistag, Verwaltungsführung und Leitung der einzelnen Organisationseinheiten) adressatengerechte Informationen in Bezug auf die definierten Bewertungskriterien zur Verfügung stellt. Als wichtigste Datenquellen für ein Verwaltungscontrolling werden die Kostenrechnung, die Leistungsrechnung und die Indikatorenrechnung genannt, die das Leistungs- bzw. Ausführungssystem wert-, mengen-, und qualitätsmäßig abbilden sollen.[151] Eine outputorientierte Leistungsrechung bildet dabei das Gegenstück zu einer inputorientierten Kostenrechnung und erfasst alle Leistungen in Zeit- und Mengengrößen.[152] Aufgabe einer sachzielorientierten Indikatorenrechnung ist dagegen die Abbildung der erreichten Leistungswirkung. Der Begriff der sachzielorientierten Indikatorenrechnung bezieht sich dabei auf die Abbildung der Ergebnisqualität der öffentlichen Leistungen und zwar vorrangig, soweit dies möglich ist, auf die beim Bürger bzw. bestimmten Zielgruppen geplanten und tatsächlich erreichten Leistungswirkungen (Outcome).[153] Daten der Leistungsrechnung können teilweise als Basis für die Bildung von sachzielorientierten Indikatoren

---

[149] Diese werden erwähnt u.a. bei Budäus (1994), S. 69 und mit konkreten Beispielen bei Palupski (1998), S. 14.

[150] Siehe zu den Phasen des Informationsprozesses Horváth (1998), S. 425 f.

[151] Vgl. Schubert (2000), S. 231.

[152] Vgl. Schmidberger (1994), S. 247.

[153] Vgl. Schmidberger (1994), S. 155 f. sowie zu dem in der Arbeit verwendeten Begriff der Ergebnisqualität insbesondere die Ausführungen auf S. 32 ff. der Arbeit.

herangezogen werden, in der Regel ist eine Effektivitätsmessung auf Basis der Daten der Leistungsrechnung aber nicht möglich.[154]

Weitere Datenquellen für das Controlling sind bürger- und fachbezogene Daten wie beispielsweise die Kommunalstatistik, Ergebnisse von Bürgerbefragungen oder Informationen aus der Fachplanung der einzelnen Politikbereiche, wie beispielsweise der Jugendhilfeplanung oder der Sozialplanung, die als Informationsgrundlagen bei der Unterstützung der Zielplanung und der laufenden Berichterstattung durch das Controlling genutzt werden.[155]

Unter Berücksichtigung der unter Gliederungspunkt 2.1.3 vorgenommenen Definition von isolierten und übergreifenden Controllinginstrumenten können die Budgetierung und die zielbezogene Indikatorenrechnung nicht mehr eindeutig einem Führungsteilsystem zugeordnet werden, sondern sie sind vielmehr als übergreifende Koordinationsinstrumente zu betrachten.

Der Budgetierung bzw. dem System der Budgetvorgabe kommt dabei eine Verknüpfungsfunktion in zweifacher Hinsicht zu:

- Sie enthält Planungs- und Kontrollelemente und verbindet damit die Phasen des Managementprozesses. Außerdem enthält ein System der Budgetvorgabe organisatorische Elemente (eine entsprechende Delegation von Ressourcenverantwortung ist notwendig) und kann auch personalführungsspezifische Elemente (Verbindung der Budgetvorgabe mit positiven oder negativen personenbezogen Anreizen) miteinschließen.[156]

- Soweit es sich um eine outputorientierte Budgetierung handelt (z.B. produkt- oder produktgruppenorientierte Budgetierung), greift diese zur Bereitstellung von Plan- und Kontrolldaten sowohl auf Daten der Kosten- als auch der Leistungsrechnung zu. Damit ist zwar noch keine Verbindung zwischen formal- und sachzielbezogener Planung hergestellt, aber eine notwendige Voraussetzung dafür geschaffen.

---

[154] Vgl. Schmidberger (1994), S. 270. Einige Autoren ordnen die Leistungsrechnung, also die mengenmäßige Erfassung der Verwaltungsprodukte der Indikatorenrechnung zu. So Hoffjan (1998), S. 288 ff. und Haiber, der davon ausgeht, dass die abgegebene Leistungsmenge als Indikator einer sachzielbezogenen Ergebnisqualität dienen kann, unter der Voraussetzung, „...daß das Leistungsprogramm...in seiner qualitativen Ausrichtung grundsätzlich der öffentlichen Bedarfsstruktur entspricht...". Haiber (1997), S. 427.

[155] Vgl. Pook/Tebbe (2002), S. 102 und KGSt (1994), S. 53.

[156] Siehe Seite 10 ff. der Arbeit.

Eine sachzielbezogene Indikatorenrechnung enthält ebenfalls Elemente mehrerer Führungsteilsysteme:[157]

- Die Indikatoren können, soweit entsprechende Sollmesswerte bestimmt werden, als Zielvorgabe dienen und werden damit Teil des Planungssystems.

- Unter dieser Voraussetzung lässt sich mithilfe der Indikatoren die Zielerreichung bestimmen, so dass eine Abweichungsanalyse möglich ist.

- Um das Indikatorensystem als Steuerungsinstrument zu nutzen, ist eine Entscheidungsdelegation entsprechend der Organisationsstruktur notwendig. Nur so entsteht für die Verantwortlichen ein Handlungsspielraum, der die Beeinflussung der Zielerreichung ermöglicht.

- Die Ergebnisse der Zielerreichung können für eine organisations- oder personenbezogene Leistungsbeurteilung genutzt werden.

- Die Art und Weise der Führung hat Auswirkungen auf die Gestaltung der entsprechenden Zielvereinbarungen - also auf die Frage, in welchem Umfang der zu steuernde Bereich an der Zielfestlegung partizipieren kann - und Auswirkungen auf die Gestaltung des Kontrollsystems (stärkere Eigen- oder Fremdkontrolle).

Der Aspekt der Partizipation bei Zielfestlegung und -kontrolle weist daraufhin, dass nicht nur eine Koordination zwischen den Führungsteilsystemen, sondern auch eine Koordination der Führungsteilsysteme mit dem *Umsystem* der öffentlichen Verwaltung notwendig ist: Nicht nur verwaltungsinterne Anspruchgruppen (Mitarbeiter/-innen, Fachverantwortliche), sondern auch externe Anspruchgruppen (Bürger, Experten) müssen bei der Zielfindung und -kontrolle miteinbezogen werden.

Auf Basis der unter Gliederungspunkt 1 dargestellten Zielsetzung der Arbeit, also der Weiterentwicklung des Controllinginstrumentariums für die öffentliche Verwaltung im Hinblick auf eine Verbindung von Kosten- und Effektivitätssteuerung, soll im weiteren Verlauf der Arbeit vor allem die **Kostenrechnung** und die **sachzielbezogene Indikatorenrechnung** betrachtet werden. Ausgangspunkt ist die Untersuchung der Kostenrechnung im Hinblick auf den Stand der zugrunde liegenden Konzeption, den Umsetzungsstand in der Praxis sowie Defizite und Weiterentwicklungsbedarf (*Kapitel 3*). Bei der Ist-Analyse des Controllinginstrumentariums der Verwaltung steht somit das kostenorientierte Controlling im Vordergrund. Die Ausgestaltung einer Indikatorenrechnung wird dagegen als Bestandteil eines verwaltungsspezifischen Zielkostenmanagements dargestellt (*Kapitel 4*). Dies entspricht dem gegenwärtigen Umsetzungsstand in der Verwaltung, bei dem sich die Entwicklung der Indikatorenrechnung noch im

---

[157] Vgl. Schmidberger (1994), S. 296 und Küpper (1997), S. 340 ff.

Stadium der konzeptionellen Entwicklung befindet, während die Kostenrechnung vielfach schon Bestandteil des Controllinginstrumentariums ist oder zumindest kurz vor der Einführung steht.

Die **Budgetierung** ist als Controllinginstrument ebenfalls in die Betrachtungen miteinzubeziehen. Dabei steht aber nicht die Weiterentwicklung (Kostenrechnung) bzw. Ausgestaltung (Indikatorenrechnung) des Instruments im Vordergrund. Vielmehr sind die wesentlichen Bestandteile der ergebnisorientierten Budgetierung bei der Entwicklung des Zielkostenmanagements für die öffentliche Verwaltung als Rahmenbedingungen, an denen ein Instrument zur Verbindung von Kosten- und Effektivitätssteuerung ausgerichtet werden muss, zu berücksichtigen.

Nach der Darstellung des theoretischen Bezugsrahmens für die Entwicklung eines Kostenmanagementansatzes kann im folgenden Kapitel nunmehr die Ausgestaltung der Kostenrechnung in den der bundesdeutschen Verwaltungsreform zugrundeliegenden Konzeptionen und deren Umsetzung in der Praxis ausführlich dargestellt und im Hinblick auf die Erfüllung der grundlegenden Zielsetzungen des Neuen Steuerungsmodells kritisch bewertet werden.

3 Die Kostenrechnung als kostenorientiertes Controllinginstrument im Neuen Steuerungsmodell

Ziel der folgenden Darstellung ist die Beschreibung der gegenwärtigen Ausgestaltung des kostenorientierten Controllinginstrumentariums, um auf Basis der festgestellten Defizite und des Weiterentwicklungsbedarfs einen Kostenmanagementansatz zu entwickeln, der die Anforderungen an eine verbesserte Steuerung erfüllt.

Als grundsätzliche Rahmenbedingungen des Controllings werden zunächst die wesentlichen Bestandteile des Neuen Steuerungsmodells erörtert. Nach Darstellung der Zielsetzung der Kostenrechnung in der öffentlichen Verwaltung werden dann die Elemente des neuen kommunalen Rechnungswesens als spezifische Rahmenbedingungen für die Kostenrechnung erläutert. Hauptteil dieses Kapitels bildet die Beschreibung der Komponenten und Systeme der Kostenrechnung sowie die kritische Beurteilung der Kostenrechnung im Hinblick auf die definierten Rechnungszwecke, die Verwendbarkeit der Daten im politischen und administrativen Steuerungsprozess und die Funktion der Kostenrechnung als Controllinginstrument im Neuen Steuerungsmodell.

3.1 Das Neue Steuerungsmodell als Ausgangspunkt für die Ausgestaltung der Controllinginstrumente

Mit der neuen Steuerungsphilosophie ist Controlling erstmals ein integraler Bestandteil eines Modernisierungskonzepts für die öffentliche Verwaltung geworden. Die veränderte Art und Weise der Steuerung der Leistungserstellung, die Aufgabe des Führungssystems ist, hat Auswirkungen auf den Koordinationsbedarf zwischen den einzelnen Führungsteilsystemen und erfordert entsprechend ausgestaltete Koordinations- bzw. Controllinginstrumente. Um diese beschreiben zu können, müssen demnach zunächst die wesentlichen Elemente des Neuen Steuerungsmodells kurz skizziert werden.

3.1.1 Dezentralisierung von Fach- und Ressourcenverantwortung

Die Dezentralisierung von Fach- und Ressourcenverantwortung zielt auf eine veränderte Aufgabenverteilung sowohl zwischen Politik und Verwaltung als auch zwischen Verwaltung und leistungserbringenden Organisationseinheiten ab, die mit dem in Gliederungspunkt 2.2.3 beschriebenen Auftraggeber-/Auftragnehmermodell bereits angedeutet wurde.[158]

Ausgangspunkt eines geänderten Rollenverständnisses von Politik und Verwaltung ist die Kritik an einer unzureichenden Verantwortungs- und Aufgabenabgrenzung zwischen beiden:[159] Die Politik soll nicht mit Detailfragen des Alltagsgeschäfts, sondern mit strategischer Steuerung befasst sein. Gleichzeitig sollen „...politische Fragen [nicht] in den eigentlichen Leistungserstellungsprozess hineingetragen werden".[160] Eine größere Übereinstimmung von Aufgaben, Kompetenzen und Verantwortlichkeiten auf allen Ebenen des politisch-administrativen Leistungserstellungsprozesses soll zu einer Verbesserung von Effizienz und Effektivität der öffentlichen Leistungserstellung führen. Dazu ist es sowohl für die Politik als auch für die Verwaltungsführung notwendig, Verantwortlichkeiten für die Leistungserstellung und für den notwendigen Ressourceneinsatz in bestimmten Umfang auf darunter liegende Hierarchieebenen zu delegieren.

Geht man von den bereits erwähnten Ebenen der Leistungsfinanzierer, Leistungskäufer und Leistungserbringer aus, so sieht die Aufgabenverteilung folgendermaßen aus:[161]

Die Politik als Ebene der Leistungsfinanzierer, das heißt bezogen auf die Kommunalverwaltung der Rat bzw. Kreistag, plant die Leistungsziele und Programme, stellt der Verwaltung im Rahmen von mit der Verwaltungsführung abzuschließenden Kontrakten ein entsprechendes Budget zur Verfügung und überwacht die Zielerreichung mithilfe geeigneter Controllinginstrumente (Abweichungsanalyse und Berichtswesen) bzw. wird durch ein institutionalisiertes Controlling bei der Kontrolle der Zielerreichung unterstützt.

Der Verwaltungsführung, also der Ebene der Leistungskäufer, die wie die Vertretungskörperschaft zum Auftraggeberbereich gehört, obliegt die Steuerung der Verwaltung und die Erfüllung der abgeschlossenen Kontrakte. Hierzu setzt die jeweilige Fachbereichs- bzw. Ressortleitung die politischen Programme in Fachleistungen (= Produkte) um und schließt wiederum – in ihrer Eigenschaft als Vergabeabteilung – Kontrakte mit den Auftragnehmern, also den verwal-

---

[158] Vgl. S. 24 f. der Arbeit.

[159] Vgl. KGSt (1996), S. 16 f.

[160] Seifert (1998), S. 96. Diese Forderung wirkt allerdings etwas unrealistisch, da die politische Tagesordnung, das heißt das Reagieren auf konkret geäußerte Bürgeranliegen bzw. eine veränderte gesellschaftspolitische Situation (bspw. ein erhöhter Bedarf an innerer Sicherheit) die Leistungserstellung immer in kurzfristiger und unvorhersehener Weise beeinflussen kann.

[161] Vgl. zur Aufgabenverteilung KGSt (1996a), S. 9 f., KGSt (1996), S. 10 und Schedler/ Proeller (2000), S. 96 f.

tungseigenen Fach- und Serviceeinheiten und/oder externen Anbietern ab, die jeweils die eigentliche Leistungserstellung durchführen.

Die Delegation von Fachverantwortung erfordert eine gleichzeitige Delegation von Ressourcenverantwortung. Nur wenn die Fachbereiche den Einsatz der in den Kontrakten zugewiesenen finanziellen und personellen Ressourcen sowie der notwendigen Sachmittel eigenverantwortlich planen und steuern können, entsteht ausreichend Handlungsspielraum, um überhaupt Managementverantwortung auf dieser Ebene wahrnehmen zu können.[162]

Die Dezentralisierung von Ressourcen führt zu einer veränderten organisatorischen Zuordnung der Querschnittsfunktionen, die bisher in zentralen Querschnittsämtern angesiedelt waren. Der Umfang der Integration von Querschnittsfunktionen vor allem aus den Bereichen Personalwirtschaft, Organisation, Haushaltsmittelbewirtschaftung und IT-Service muss jeweils danach entschieden werden, inwieweit die Vorteile bzw. Nachteile dezentraler bzw. zentraler Steuerung überwiegen.[163]

Mit der Dezentralisierung von Fach- und Ressourcenverantwortung sind bestimmte Zielsetzungen verbunden, die sich auf alle am öffentlichen Leistungserstellungsprozess beteiligten Anspruchsgruppen beziehen:[164]

- Durch flache Hierarchien und kurze Entscheidungswege sollen eine ganzheitliche Vorgangsbearbeitung und transparente Zuständigkeiten zu einer bürgerfreundlicheren Verwaltungsorganisation führen.

- Mit der Dezentralisierung von Verantwortung bis auf Mitarbeiterebene entstehen für die Mitarbeiter/-innen Entscheidungsspielräume, die eine notwendige flexible Bearbeitung von Kundenwünschen ermöglichen (weniger konditional programmierte Leistungen) und zu einer höheren Motivation der Mitarbeiter/-innen führen.

---

[162] Vgl. Seifert (1998), S. 98.

[163] Vgl. Schedler/Proeller (2000), S. 101 ff. Die Frage, wie weit zentrale Serviceaufgaben dezentralisiert werden können, ist in der Praxis nur sehr schwer zu beantworten. Ein Beispiel, an dem dies besonders deutlich wird, ist die Beschaffung und Betreuung der IT-Ausstattung: Einerseits kann die dezentrale Beschaffung von Computern und entsprechender Software die Entscheidungswege erheblich verkürzen. Das für die Wartung der IT-Geräte erforderliche Know-how ist dagegen oft nur an zentraler Stelle vorhanden. Hinzu kommen bestimmte abteilungsübergreifende Standardisierungserfordernisse, deren Realisierung häufig nur zentral gesteuert werden kann. Im Rahmen von Service-Zielvereinbarungen (vgl. nachfolgenden Gliederungspunkt) kann die Aufgabe der Beschaffung und Betreuung der IT-Ausstattung allerdings an eine zentrale Serviceeinheiten delegiert werden, während die entsprechende Ressourcenverantwortung bei dem Fachbereich verbleibt.

[164] Vgl. auch Berlin (1995), S. 1 ff.

- Die mit dezentraler Ressourcenverantwortung notwendigerweise einhergehenden haushaltsrechtlichen Flexibilisierungen schaffen finanziellen Entscheidungsspielraum und Anreize für wirtschaftliches Handeln auf Managementebene.

- Die Trennung von Gewährleistungs- und Vollzugsverantwortung soll dazu führen, dass sich die Leistungskäufer zwischen Eigen- und Fremderstellung entscheiden können und somit eine Art Wettbewerbssituation entsteht. Der mit einer marktlichen Konkurrenzsituation einhergehende Effizienz- und Effektivitätszuwachs ist im Interesse der Bürger in ihrer Rolle als Leistungsfinanzierer und als Kunden.

- Die Entlastung der Politik von in der Vergangenheit als notwendig betrachteten kurzfristigen Eingriffen in das alltägliche Verwaltungshandeln ermöglicht eine verstärkte strategische Steuerung durch die Politik.

Mit der Verantwortungsdelegation auf der Ebene der Politik und der Verwaltungsführung untrennbar verbunden sind die Berichtspflichten zum Stand der Zielerreichung: Die Verwaltungsführung bzw. die Fachbereiche erhalten Fach- und Ressourcenverantwortung und sind im Gegenzug zu einer regelmäßigen, ergebnisbezogenen und adressatengerechten Berichterstattung verpflichtet. Art, Umfang und Qualität der in Eigenverantwortung zu erbringenden Leistungen und die dafür zugewiesenen Ressourcen sind in den Kontrakten, die gleichzeitig Vereinbarungen zum Berichtswesen umfassen, festgelegt.[165] Die Steuerung über Kontrakte bzw. Zielvereinbarungen (Kontraktmanagement) ist damit integraler Bestandteil der neuen Steuerungsphilosophie.

3.1.2 Kontraktmanagement als Instrument der ergebnisorientierten Steuerung

Ein Kontrakt stellt eine verbindliche Vereinbarung zwischen Auftraggeber und Auftragnehmer über bestimmte in einem festgelegten Zeitraum zu erbringende Leistungen dar.[166]

Kontrakte werden sowohl zwischen Leistungsfinanzierern und Leistungskäufern als auch zwischen Leistungskäufern und Leistungsanbietern abgeschlossen.

---

[165] Vgl. KGSt (1996), S. 23.

[166] Vgl. Rembor (1997), S. 10 zur Definition des Kontraktmanagements und KGSt (1996), S. 20 ebenfalls zur Definition sowie zu dem rechtlichen Charakter der Kontrakte zwischen Politik und Verwaltungsführung: Kontrakte werden durch Kreistags-/Ratsbeschlüsse in Kraft gesetzt und können durch entsprechende Beschlüsse wieder aufgehoben bzw. angepasst werden.

Schedler/Proeller unterscheiden bei den Bestandteilen des Kontraktmanagements zwischen dem Globalbudget als politischen Auftrag an die Verwaltungsführung, dem Vergabeauftrag an die Fachbereichs- bzw. Ressortleitungen und den Kontrakten bzw. Leistungsvereinbarungen, die zwischen der Verwaltungsführung und den Leistungserbringern abgeschlossen werden, also den eigentlichen Produkterstellungsaufträgen.[167] Winter unterscheidet in Anlehnung an die KGSt in ähnlicher Weise zwischen politischen Zielvereinbarungen, Management-Zielvereinbarungen und Verwaltungs-Zielvereinbarungen.[168] Die zusätzliche Unterscheidung von Service-Vereinbarungen (die bei Schedler Teil der Produktzielvereinbarungen sind) bezieht sich auf Vorleistungen (interne Produkte), die bei hierarchisch gleichgeordneten Organisationseinheiten oder bei verwaltungsexternen Anbietern in Auftrag gegeben werden können und in die Erstellung der Endleistung (externes Produkt) eingehen.

Das **Globalbudget** stellt als ergebnisorientierter Haushaltsplan den Hauptkontrakt zwischen Politik und Verwaltungsführung dar.[169] Der ergebnisorientierte Haushaltsplan soll die für eine strategische Steuerung notwendigen Informationen in möglichst verdichteter Form enthalten. Als Aggregationsebene wird mehrfach die Ebene der Produktgruppe vorgeschlagen.[170] Entsprechend müssen pro Produktgruppe Angaben zu Kosten, Erlösen (soweit vorhanden), Leistungsmengen und den mit der Produktgruppe erzielten Wirkungen erfolgen. Zu der Konzeption einer Steuerung auf Basis eines Produktgruppenbudgets sowie zu deren Einsatz in der Praxis liegen bisher aus dem bundesdeutschen Raum wenige Erfahrungen vor.[171] Ungeklärt im Zusammenhang mit der Definition eines ergebnisorientierten Haushalts sind unter anderem folgende Punkte:

- Ist eine Aggregation auf Produktgruppenebene überhaupt möglich? Voraussetzung für eine Aggregation ist neben der Angabe von Kosten auch die Ermittlung von Leistungsmengen auf Produktgruppenebene. Die Aggregation von Leistungsmengen kann aber, da Produkte einer Produkt-

---

[167] Vgl. Schedler/Proeller (2000), S. 137 ff.

[168] Vgl. Winter (1998), S. 196 ff.

[169] Vgl. Fischer (2001), S. 212. In ähnlicher Weise bezeichnen Schedler/Proeller (2000), S. 137, das Produktgruppenbudget, das eine Form eines ergebnisorientierten Haushaltsplans darstellt, als „...die hierarchisch höchste formell festgehaltene Vereinbarungsebene im politisch-administrativen System.".

[170] Vgl. Bals (1999), S. 22 und Schedler/Proeller (2000), S. 137. An anderer Stelle werden dagegen wirkungsbezogene Produktbündel als Aggregationsebene der Leistungen im Kontrakt zwischen Politik und Verwaltungsführung angeführt. Vgl. Rembor (1997), S. 151.

[171] Vgl. Rembor (1997), S. 128.

gruppe häufig mit sehr unterschiedlichen Bezugsgrößen (= Zähleinheiten) definiert sind, durchaus problematisch sein.[172]

- Können die Wirkungsziele immer eindeutig den Produktgruppen zugeordnet werden? [173]

- Können Wirkungsziele überhaupt so operationalisiert werden, dass sie Teil eines Haushaltsplans werden können?[174]

Mit Verabschiedung des ergebnisorientierten Budgets geht ein **Vergabe- bzw. Beschaffungsauftrag** von der Verwaltungsführung insgesamt an die einzelnen Fachbereichs- bzw. Ressortleitungen.[175] Der Vergabeauftrag stellt somit eine Aufteilung des Budgets auf die einzelnen Fachbereiche dar. Dabei muss das nur implizit im Globalbudget enthaltene Budget für interne Dienstleistungen, also für interne Produkte aus den Querschnittsbereichen, ebenfalls durch die Verwaltungsführung in Auftrag gegeben werden.[176] Die einzelnen Fachbereichs- bzw. Ressortleitungen als Teil der Verwaltungsführung müssen 'ihren' Teil des Budgets in konkrete Produkterstellungsaufträge umwandeln.[177]

Die **Produkterstellungsaufträge** werden als Zielvereinbarungen zwischen Fachbereichsleitungen und internen bzw. externen Anbietern abgeschlossen und

---

[172] Hauser, Furch & Partner machen in ihrer detaillierten Analyse zu dem in Berlin implementierten betriebswirtschaftlichen Instrumentarium darauf aufmerksam und fordern eine Ergänzung des entwickelten Berliner Produktkatalogs um Mengendaten auf Produktgruppen- und -bereichsebene. Vgl. Hauser/Furch (1998), S. 7. Eine Abbildung der kommunalen Leistungen im Haushaltsplan nach Produktgruppen wird beispielsweise von Bals vorgeschlagen. Vgl. dazu Bals (1999), S. 19 und Bals/Hack (2002), S. 75 ff. und S. 107. Bei Winter (2000), S. 104 findet sich dagegen die Aussage, dass die Produkthierarchie eines Produktkatalogs „...nicht mit verbindlichen Mengendaten unterlegbar..." sei.

[173] Siehe dazu die Kritik von Winter, der statt einer politischen Steuerung über Produktgruppen eine Steuerung mit Programmen vorschlägt, denen die einzelnen Produkte fallweise entsprechend der jeweiligen Zielsetzung von Produkt und Programm zugeordnet werden. Vgl. Winter (2000), S. 101 – 109.

[174] Diese Frage weist auf die bereits mehrfach erwähnte Problematik der Bestimmung von Wirkungszielen und Indikatoren hin. Nach Ansicht von Lüder sprechen die Probleme der Outcome-Messung und die seiner Auffassung nach nicht eindeutig zu bestimmende Beziehung zwischen Leistungen und Wirkungszielen dagegen, die Zielvorgaben auf Outcome-Ebene in den Haushaltsplan aufzunehmen. Vgl. Lüder (2001), S. 89.

[175] Vgl. Schedler/Proeller (2000), S. 136.

[176] Hierbei handelt es sich um eine Aufgabe, die typischerweise – das heißt in Anlehnung in die Vorgehensweise in erwerbswirtschaftlichen Unternehmen – an das Controlling bzw. für die Verwaltung an den Steuerungsdienst, der als neu geschaffene Organisationseinheit im Neuen Steuerungsmodell die zentralen Controllingaufgaben übernimmt, delegiert werden sollte.

[177] Vgl. Schedler/Proeller (2000), S. 139.

enthalten Angaben zu Leistungszielen auf Produktebene, also zu Menge, Qualität, Kosten und Erlösen pro Produkt. Darüber hinaus können die Zielvereinbarungen insbesondere, wenn es sich um verwaltungsinterne Leistungsersteller handelt, weitere Angaben zur Personal- und Sachausstattung beinhalten.[178] Notwendiger Bestandteil sind Regelungen zur Art und Weise der Berichterstattung, zu den Änderungsmöglichkeiten insbesondere, was die unterjährige Änderung von Planungsprämissen betrifft,[179] sowie zum Haushaltsausgleich, das heißt zu der Verteilung von Fehlbeträgen bzw. Überschüssen zum Ende des Haushaltsjahres. Damit die Vereinbarungen zum Haushaltsausgleich ihre Anreizwirkung entfalten können, muss zunächst unterschieden werden, welcher Teil des Fehlbetrags/Überschusses auf die eigenverantwortliche Steuerung in der jeweiligen Verwaltungseinheit zurückzuführen ist ('managementbedingte Mehr- oder Mindereinnahmen'[180]).

Die auf diese Weise als verwaltungsinternes Steuerungsinstrument definierten Zielvereinbarungen weisen einen höheren Realisierungsstand als das politische Kontraktmanagement aus. So gibt es beispielsweise im Rahmen des Berliner Verwaltungsreformprojektes detaillierte Vorstellungen zur Gestaltung einer Zielvereinbarung sowie Erfahrungen mit deren Anwendung in der Praxis.[181] Eine von der Verwaltung entwickelte Mustergliederung für eine Zielvereinbarung[182] enthält unter anderem Angaben zu den fachpolitischen Zielen, den zu erstellenden Produkten, dem dafür zur Verfügung gestellten Budget und dem Berichtswesen. Außerdem sind Regelungen zur Flexibilisierung der Haushaltswirtschaft und zur Ressourcenverwendung sowie zur Übertragung von Kompetenzen aus den Querschnittsbereichen enthalten.

Haushaltsrechtliche Neuerungen betreffen vor allem erweiterte Regelungen zu Übertragbarkeit von nicht verausgabten Mitteln in das folgende Haushaltsjahr (Ausnahme von dem Prinzip der zeitlichen Spezialität und der Jährlichkeit)[183]

---

[178] Vgl. Engelniederhammer u.a. (1999), S. 21 sowie Rembor (1997), S. 129.

[179] Dies betrifft zum Beispiel die Änderung zugrundegelegter Prämissen, die sich auf die geplante Leistungsmenge beziehen.

[180] Vgl. zu dem Begriff Senatsverwaltung für Inneres des Landes Berlin (1997), S. 20.

[181] Siehe dazu beispielsweise den Leitfaden für den Abschluss von Zielvereinbarungen von der Senatsverwaltung für Inneres des Landes Berlin (1997). Das Berliner Konzept sieht einen Abschluss von Zielvereinbarungen zwischen Verwaltungsführung und den Leistungs- und Verantwortungszentren vor, was etwas anderes als der direkte Abschluss von Leistungsvereinbarungen mit den Leistungserstellern ist. Letztendlich handelt es sich hier aber auch um Produkterstellungsaufträge, die noch durch spezifische Leistungsvereinbarungen mit nachgeordneten Einrichtungen oder externen Anbietern konkretisiert bzw. ergänzt werden müssen.

[182] Vgl. Senatsverwaltung für Inneres des Landes Berlin (1997), S. 15.

[183] Vgl. Winter (1998), S. 42.

sowie zu der Deckungsfähigkeit, also der Möglichkeit, die veranschlagten Ausgaben eines Titels aufgrund von Einsparungen bei anderen Titeln zu überschreiten (Ausnahme von dem Budgetprinzip der sachlichen Bindung).[184]

Ebenso wie die mit der Aufstellung von Globalbudgets verbundene Vergröberung der Titelstruktur des Haushaltsplanes stellen die genannten Regelungen Anreizinstrumente für eine effizientere Mittelbewirtschaftung dar. Zusammen mit der Dezentralisierung der Fach- und Ressourcenverantwortung bedeuten sie aber auch eine Schwächung der Steuerungsfunktion des Budgets aus parlamentarischer Sicht, da die Kontrollmöglichkeiten des Parlaments in Bezug auf den Vollzug des Haushaltsplans verringert werden.[185] Damit wird die Notwendigkeit der Aufnahme von Ergebnisvorgaben in den Haushaltsplan um so deutlicher: Um eine "systematische Aushöhlung des parlamentarischen Budgetrechts"[186] zu vermeiden, muss an die Stelle titelgenauer Steuerung eine ergebnisorientierte Steuerung treten.

Zusammenfassend kann folgendes zum Stand des Konzepts der Zielvereinbarungen festgehalten werden:

- Die konzeptionellen Überlegungen weisen auf den verschiedenen Vereinbarungsebenen einen unterschiedlichen Stand auf und scheinen auch in der Praxis unterschiedlich schwer umsetzbar zu sein. Insbesondere die Voraussetzungen für den Einsatz von politischen Kontrakten sind vor allem, was die notwendige Aggregation der Produkte und die Verbindung der Produkte mit einem politischen Zielsystem betrifft, noch nicht ausreichend erfüllt.

- Die fehlende Konkretisierung der Ergebnisorientierung wirkt sich auch auf die unterhalb der Ebene der politischen Kontrakte abzuschließenden Zielvereinbarungen aus: Notwendig ist der Aufbau eines durchgängigen Zielsystems, bei dem politische Ziele auf der darunterliegenden Ebene durch fachliche Ziele konkretisiert und diese wiederum mit der Ebene der einzelnen zur Zielerfüllung notwendigen Produkte verbunden werden.

- In Bezug auf die mit der ergebnisorientierten Steuerung anfallenden Controllingaufgaben wird deutlich, dass als Voraussetzung für ein Funktionieren des Kontraktmanagements insbesondere die Ermittlung der jeweiligen Budgets auf Kosten- (und nicht auf kameraler) Basis, also die Verbindung der Kostenrechnung mit dem Budgetierungssystem und die Implementation eines entsprechenden Berichtswesens notwendig sind.

---

[184] Vgl. Winter (1998), S. 47 f.
[185] Vgl. Lüder (2001), S. 14.
[186] Winter (2000), S. 102.

3.1.3 Integration von Markt- und Wettbewerbsorientierung

Ein weiteres Strukturelement des Neuen Steuerungsmodells ist die Integration des Markt- bzw. Wettbewerbsgedankens in möglichst alle Bereiche der öffentlichen Leistungserstellung. Die Einführung von Wettbewerbselementen soll dabei sowohl interne Vorleistungen der Verwaltung als auch alle Leistungen, die direkt an die Bürger als Kunden abgegeben werden, betreffen.

Grundsätzlich kann zwischen folgenden Wettbewerbsformen bzw. Wettbewerbssurrogaten unterschieden werden:[187]

- nicht-marktlicher Wettbewerb, bei dem vor allem durch Leistungsvergleiche und Benchmarking Anreize zur Aufdeckung von unzureichender Effizienz oder Effektivität der Leistungserstellung geschaffen werden sollen. Leistungsvergleiche und Benchmarking, das als Ergebnis des Vergleichs den besten Leistungsanbieter zum Vorbild und Maßstab erhebt,[188] werden in der deutschen Kommunalverwaltung vor allem in kommunalen Vergleichsringen, wie dem IKO-Netz der KGSt oder dem interkommunalen Vergleichsring der Bertelsmann-Stiftung, durchgeführt.[189]

- quasi-marktlicher Wettbewerb, bei denen Verwaltungen desselben Gemeinwesens (beispielsweise Bezirke innerhalb Berlins) miteinander konkurrieren. Mittels Servicevereinbarungen werden interne Dienstleistungen zwischen Organisationseinheiten einer Verwaltungsbehörde ausgetauscht, so dass eine Art verwaltungsinterner Markt geschaffen wird.

- marktlicher Wettbewerb, bei dem kommunale und nicht-staatliche Produzenten um Kunden konkurrieren. Schedler nennt als mögliche Formen die Ausschreibung und das Contracting Out.[190] Wesentlich ist, dass der Auftraggeber neben Kostenstandards für die zu erstellenden Leistungen auch Qualitätsstandards vorgibt.

Nicht alle öffentlichen Dienstleistungen eigenen sich gleichermaßen für die Produktion unter wettbewerbsähnlichen Bedingungen. So eignen sich Produkte der Leistungsverwaltung eher als Produkte der Ordnungs- oder Planungsverwaltung, da bei letzteren eine Trennung von Gewährleistungs- und Vollzugsverantwortung nicht in gleicher Weise möglich ist. Geht man von den ökonomischen

---

[187] Vgl. Wegener (2002), S.12, Reichard (1998), S. 307 ff. und Schedler/Proeller (2000), S. 166 ff.

[188] Vgl. Brede (2001), S. 66.

[189] Vgl. Reichard (2002), S. 65.

[190] Vgl. Schedler/Proeller (2000), S. 172 ff.

Eigenschaften der öffentlichen Leistungen aus,[191] so bieten sich für eine Produktion unter Wettbewerbsbedingungen insbesondere Vorleistungen an, also interne Dienstleistungen wie Personalsachbearbeitung, IT-Service, Raumverwaltung, bei denen es sich um marktfähige Güter handelt. Die Einführung von Wettbewerb kann hier bedeuten, dass Verträge mit externen privaten Anbietern zur Erstellung der Leistungen oder Verträge mit anderen Verwaltungen (quasi-marktlicher Wettbewerb nach Schedler) abgeschlossen werden. Die Einführung des Wettbewerbs kann dabei auch stufenweise erfolgen. Beispielhaft deutlich wird dies an dem Berliner Konzept zur Einführung der Service-Einheiten:[192]

Mit Einführung der dezentralen Fach- und Ressourcenverantwortung werden sogenannte Service-Einheiten gebildet, die als neu gebildete Organisationseinheiten Querschnittsaufgaben aus den Bereichen Personal, Organisation, IuK-Betreuung etc. übernehmen und diese als interne Produkte an die Leistungs- und Verantwortungszentren (LuV), das heißt an Organisationseinheiten mit Ressourcen- und Produktverantwortung weitergeben. Die Service-Einheiten werden nur mittels Beauftragung (Abschluss einer Zielvereinbarung) durch die LuV tätig, denen für die Inanspruchnahme der Leistungen ein entsprechendes Budget zugewiesen werden muss. In einer ersten Phase besteht ein Abnahmezwang für die LuV, die von den Service-Einheiten angebotenen Leistungen tatsächlich in Anspruch zu nehmen. In der darauf folgenden Phase besteht für die LuV die Möglichkeit, die angebotenen Leistungen selbst zu erstellen oder von anderen Behörden, die diese Leistungen zu einem besseren Preis-Leistungs-Verhältnis anbieten, zu beziehen (quasi-marktlicher Wettbewerb). Erst in der dritten Phase, in der die Leistungen auch von externen Anbietern erworben werden können, erfolgt der Übergang zu einem marktlichen Wettbewerb.

Voraussetzung für die Umsetzung dieses Konzeptbausteins sind neben der tatsächlichen Dezentralisierung der Fach- und Ressourcenverantwortung und der Einrichtung eines Kontraktmanagements haushaltsrechtliche Änderungen, die eine Aufnahme eines Budgets für interne Leistungen in die Teilhaushalte ermöglichen. Daneben erfordert die Verrechnung von internen Leistungen sowie die Berechnung eines Budgets für interne Leistungen den Aufbau der internen Leistungsverrechnung als Teil der Kostenrechnung. In der Praxis sind diese Voraussetzungen nur teilweise bzw. gar nicht erfüllt. Zudem bestehen erhebliche Widerstände, die behördeninternen Serviceleister einer marktlichen Konkurrenzsituation auszusetzen,[193] so dass eine vollständige Umsetzung des Konzepts zweifelhaft ist. Dennoch ist durch die mengen- und kostenmäßige Erfassung der

---

[191] Vgl. dazu S. 20 ff. der Arbeit.

[192] Vgl. Berlin (1995a), S. 71 ff.

[193] Diese Widerstände sind vor allem auf den drohenden Machtverlust für bisher zentralisierte Querschnittsbereiche sowie auf den möglichen Abbau von Arbeitsplätzen bei dauerhafter Auftragsvergabe an Externe zurückzuführen.

internen Leistungen ein erster Schritt in Richtung Wettbewerb getan, da durch die innerbehördlichen Vergleichsmöglichkeiten Hinweise auf mögliche Ineffizienzen offen gelegt werden und die entsprechenden Service-Einheiten zunehmend unter Druck geraten, Maßnahmen zur Realisierung von Produktivitätssteigerungen zu entwickeln.

Das Konzept der Service-Einheiten zeigt, dass die Einführung von Wettbewerbselementen an die Umsetzung der anderen Elemente des Neuen Steuerungsmodells gebunden ist. Dies gilt auch für die ergebnisorientierte Steuerung: Sowohl der Vergleich kommunaler Leistungen mit anderen internen oder externen Leistungsanbietern als auch die Produktion unter Wettbewerbsbedingungen setzt die Definition und Vorgabe von operationalisierten Wirkungszielen und von Qualitätszielen für Prozesse und Ressourcenausstattung voraus.

Dies wird auch in den Zielen der Einführung wettbewerbsähnlicher Strukturen deutlich:[194]

- Die Effizienz der Produktion der öffentlichen Leistungen soll erhöht werden, indem die Produktionsfaktoren in ihre produktivste Verwendungsmöglichkeit gelenkt werden.

- Die Produktion soll an den Kundenpräferenzen ausgerichtet werden. Damit ist also dem Ziel einer stärkeren Bürgerorientierung explizit Rechnung getragen.

- Die notwendige Flexibilität der Verwaltung in einem dynamischen Umfeld soll sichergestellt werden: Die Schaffung von Konkurrenzsituationen zwingt zu entsprechender Anpassung an sich ändernde Rahmenbedingungen.

Die verstärkte Einführung marktähnlicher Strukturen stellt einen wesentlichen Aspekt der notwendigen Weiterentwicklung des Neuen Steuerungsmodells dar.[195] Entsprechend hat das Thema der Markt- und Wettbewerbsstärkung der Kommunalverwaltungen in jüngerer Zeit einen höheren Stellenwert in der Diskussion um die Verwaltungsmodernisierung in Deutschland bekommen.[196]

---

[194] Vgl. dazu Winter (1998) S. 191.

[195] Vgl. Reichard (2001), S. 22.

[196] Ein wichtiges Beispiel ist das aktuelle vom Kommunalwissenschaftlichen Institut der Universität Potsdam durchgeführte und von der Hans-Böckler-Stiftung geförderte Forschungsprojekt „Konkurrieren statt Privatisieren", das sich mit Wettbewerbsstrategien für spezielle Dienstleistungsbereiche (Informationstechnologie, Grünflächen, Gebäudereinigung, Post/Druckerei) der Kommunalverwaltungen befasst. Vgl. dazu Andersen u.a. (2003), S. 3.

3.1.4 Zwischenfazit: Auswirkungen auf die Ausgestaltung der Controllinginstrumente

Die Bedeutung des Controllings als integraler Bestandteil des neuen Steuerungsmodells ist unstrittig. Die Dezentralisierung von Fach- und Ressourcenverantwortung über Zielvereinbarungen erfordert den Einsatz von Controllinginstrumenten wie die Durchführung von Soll-Ist-Abweichungsanalysen im Rahmen der Zielerreichungskontrolle oder den Aufbau eines entsprechenden Berichtswesens, das die verschiedenen Verantwortungsebenen entsprechend informiert.

Die veränderte Steuerungsphilosophie hat Auswirkungen auf den Koordinationsbedarf innerhalb und zwischen den einzelnen Führungsteilsystemen der Verwaltungen. Aus folgenden Beispielen wird deutlich, dass dies sowohl das Planungs-, Kontroll- und Informationssystem als auch Organisation und Personalführung betrifft:

- Die Dezentralisierung von Fach- und Ressourcenverantwortung führt zu einer veränderten Kompetenzaufteilung bei der Planung und Kontrolle: Beispielsweise erfolgt die Detailplanung der Produktkosten auf dezentraler Ebene. Ebenso wird die Kontrolle der Zielerreichung auf Produktebene standardmäßig auf dezentraler Ebene erfolgen.

- Mit der Steuerung über Kontrakte bzw. Zielvereinbarungen ändert sich der Ablauf von Planungsprozessen: Die Steuerung erfolgt nicht hierarchisch, sondern dem Abschluss von Zielvereinbarungen gehen in der Regel Verhandlungen voraus. Der zukünftige Planungsprozess weist sowohl Komponenten einer Top-Down-Planung als auch einer Bottom-up-Planung auf.[197] So müssen zur Aufstellung des Globalbudgets die Vorgabe von Zielen durch die Politik sowie die Planung der Kosten durch die Verwaltung miteinander in Einklang gebracht werden.[198]

- Eine Steuerung über Zielvorgaben und Budgets führt zu veränderten Kontrollformen. Neben vergangenheitsorientierter Kontrolle erfolgt auch eine Prämissenfortschrittskontrolle in dem Sinne, dass Budget- und/oder Zielvorgaben aufgrund veränderter Umweltzustände gegebenenfalls angepasst werden müssen.[199] Damit erhalten gleichzeitig Verhaltenskontrollen größere Bedeutung:[200] Werden die Auswirkungen veränderter Rahmenbedingungen berücksichtigt, so lässt sich feststellen, inwieweit das Ergebnis auf

---

[197] Vgl. Schedler/Proeller (2000), S. 136.

[198] Vgl. Winter (1998), S. 178.

[199] Vgl. Küpper (1997), S. 292, 316 und 342.

[200] Vgl. Küpper (1997), S. 169.

das Handeln des jeweiligen Ergebnisverantwortlichen zurückzuführen ist (siehe oben: managementbedingte Mehr- und Mindereinnahmen).

- Die Veränderungen des Organisationssystems durch Dezentralisierung der Fachverantwortung und neue Zuordnung von Querschnittsfunktionen machen eine Abstimmung mit dem Personalführungssystem notwendig, um mit entsprechenden Maßnahmen gewährleisten zu können, dass Führungskräfte und Mitarbeiter/-innen die Verantwortung wahrnehmen können. Diese umfassen u.a. die Verbesserung der Personalführungs- und Managementkompetenz von Führungskräften, die Veränderung der Führungsgrundsätze und die Einführung von Anreizinstrumenten, deren Ausgestaltung wiederum vom Planungs- und Kontrollsystem abhängig ist (wenn beispielsweise Kontrollergebnisse zur Leistungsbeurteilung herangezogen werden).

- Aufgrund der veränderten Rollenverteilung zwischen Politik und Verwaltungsführung sowie zwischen Verwaltungsführung und Fachbereichen muss der Informationsbedarf der Verantwortlichen ermittelt werden. Mit den neuen Kompetenzen ändern sich dabei auch Informationsrechte und -pflichten.

- Die ergebnisorientierte Steuerung erfordert den Aufbau zusätzlicher Informationssysteme (Kostenrechnung, Leistungsrechnung, Indikatorenrechnung), deren Abstimmung mit bereits bestehenden Informationssystemen sowie die Anpassung bereits bestehender Informationssysteme (Haushaltswesen) an die Erfordernisse der veränderten Steuerung.

3.2 Die Kostenrechnung als Koordinationsinstrument des Controllings

Die Kostenrechnung ist im Neuen Steuerungsmodell ein zentraler Bestandteil des Informationssystems für die politische und administrative Steuerung. Bevor der Aufbau und die Auswertungsmöglichkeiten der Kostenrechnung dargestellt werden, ist zunächst eine Darstellung der Zielsetzungen dieses Controllinginstrumentes notwendig. Dies erfolgt ausgehend von der allgemeinen Zielsetzung der Kostenrechnung, um dann die Rechnungszwecke der Kostenrechnung in der öffentlichen Verwaltung und sich daraus ergebende Aufgabenschwerpunkte darzustellen.

3.2.1 Zielsetzung der Kostenrechnung in der öffentlichen Verwaltung

Allgemeine Rechnungszwecke der Kostenrechnung

Die wichtigsten Rechnungsziele der Kostenrechnung sind die Dokumentation und wertmäßige Abbildung des betrieblichen Leistungserstellungsprozesses sowie die Bereitstellung von Informationen für die Planung, Steuerung und Kontrolle des betrieblichen Leistungserstellungsprozesses.[201] Entsprechend dieser Zielsetzung stellt die Kostenrechnung entscheidungsorientierte Informationen für Aufgaben wie Preiskalkulation, Beurteilung von Handlungsalternativen im Rahmen der Planung oder Kontrolle der Wirtschaftlichkeit zur Verfügung.

In der Phase der Durchsetzung von Plänen gewinnt zusätzlich die Steuerungsfunktion der Kostenrechnung an Bedeutung. Schweitzer/Küpper unterscheiden zwischen der Steuerung der Planrealisation einerseits und der Steuerung des Entscheidungsverhaltens der Mitarbeiter/-innen (Verhaltensbeeinflussung) andererseits.[202] Bei der Steuerung bzw. der „zielorientierten Lenkung von Prozessen der Planrealisation"[203] werden Kosteninformationen für die Planung, Durchsetzung, Kontrolle und Sicherung der Leistungserstellung bereitgestellt (beispielsweise Informationen zu Planabweichungen, zur Ursachenanalyse und zu möglichen Anpassungsmaßnahmen). Dabei wird die Annahme zugrunde gelegt, dass die Handlungsträger (in Bezug auf die Kostenrechnung: Kostenstellenverantwortliche und Mitarbeiter/-innen) im Sinne der Unternehmensziele handeln.

Im Unterschied dazu wird bei der Steuerung des Entscheidungsverhaltens davon ausgegangen,

- dass Kostenstellenverantwortliche und Mitarbeiter/-innen individuelle möglicherweise von den Unternehmenszielen abweichende Ziele haben und somit deren Verhaltensbeeinflussung notwendig ist und

- dass das Verhalten dieser Handlungsträger von ihrem individuellen Informationsstand abhängig ist, sich also durch (Kostenrechnungs-)Informationen beeinflussen lässt.[204]

Demnach müssen die Informationen so gestaltet werden, dass sie eine verhaltensbeeinflussende Wirkung haben. Hierfür werden vor allem Vorgabe- und Kontrollinformationen aus der Kostenrechnung abgeleitet. Mittels (Kosten-)

---

[201] Vgl. Haberstock (1998), S. 3, Schweitzer/Küpper (1995), S. 38 und Schmidt (1998), S. 17.

[202] Vgl. Schweitzer/Küpper (1995), S. 4 f. Diese Unterscheidung der unterschiedlichen Steuerungsfunktionen bezieht sich nicht nur auf die Kostenrechnung, sondern auf die Unternehmensrechnung insgesamt.

[203] Schweitzer/Küpper (1995), S. 5.

[204] Vgl. Schweitzer/Küpper (1995), S. 44 ff.

Zielvorgaben, unterstützenden Informationen und entsprechenden Kontrollen soll das individuelle Verhalten von Entscheidungs- und Handlungsträgern beeinflusst werden.[205] Damit erhält die Kostenrechnung neben ihrer Entscheidungsunterstützungsfunktion zusätzlich eine Verhaltenssteuerungsfunktion.[206]

Die Verhaltenssteuerungsfunktion ist eng mit den Planungs- und Kontrollaufgaben der Kostenrechnung verbunden. Der verhaltensbezogene Aspekt der Planung und der Kontrolle wird in dem Vorgabecharakter von Planwerten und deren Kontrolle durch die Ermittlung von Abweichungen deutlich:[207] Indem Wertausprägungen für die zu erzielenden Leistungen vorgegeben werden, wird bereits eine Beeinflussung des Verhaltens der Mitarbeiter/-innen vorgenommen (Leistungsanreizfunktion). Durch den Vergleich der Sollwerte mit den Istwerten erfolgt eine Verhaltensbewertung (Leistungsbewertungsfunktion). Verstärkt wird die Verhaltensbeeinflussung durch die Koppelung der Zielerreichung an Anreize bzw. Sanktionen (Gratifikationsfunktion). Bemessungsgrundlage sind hierbei die im Rahmen der Kontrolle bereitgestellten Kostendaten.

Positiv auf die Beeinflussung der Mitarbeiter/-innen im Sinne der Zielsetzung des Unternehmens kann sich auch die Beteiligung an der Ermittlung der (Plan-)Vorgabewerte auswirken. Damit wird deutlich, dass sowohl die Höhe der Vorgaben selbst als auch die Art und Weise ihrer Ermittlung und Festlegung das Verhalten der am Leistungserstellungsprozess beteiligten Mitarbeiter/-innen beeinflussen kann.[208]

Auch wenn eine eindeutige Zuordnung von Kostenrechnungsaufgaben zu der jeweiligen Steuerungsfunktion nicht immer möglich ist, erscheint die vorgenommene Unterscheidung dennoch hilfreich, um an späterer Stelle die Steuerungswirkungen der Kostenrechnung in ihrer gegenwärtigen Form differenzierter beurteilen zu können. Das gleiche gilt für die Abgrenzung der Funktionen Planung und Kontrolle einerseits und Steuerung andererseits: Die Funktionen und die entsprechende Aufgabenzuordnung sind nicht überschneidungsfrei, ihre

---

[205] Vgl. Mussnig (1996), S. 11 f. und Stoll (1997), S. 18.

[206] Vgl. Stoll (1997), S. 16 f. und Wielpütz (1996), S. 195 ff. Die Berücksichtigung der verhaltenssteuernden Funktion der Kostenrechnung bzw. des Rechnungswesens insgesamt ist Inhalt der verhaltensorientierten Rechnungswesenforschung (Behavioral Accounting), die 'das Verhalten der im Rechnungswesen unmittelbar tätigen Personen sowie die Verhaltenswirkungen des Rechnungswesens als Informations- und Steuerungsinstrument des Unternehmensgeschehens' erforscht (Hoffjan (1998), S. 82). Siehe dazu insbesondere Hoffjan (1998), S. 82 ff. und Wielpütz (1996), S. 197 ff.

[207] Vgl. Wielpütz (1996), S. 198 f. und Stoll (1997), S. 10 ff. und S. 145.

[208] Vgl. Wielpütz (1996), S. 199.

Unterscheidung aber für eine differenzierte Bewertung der Kostenrechnung hinsichtlich der Erfüllung der Rechnungsziele notwendig.[209]

Rechnungszwecke und Aufgabenschwerpunkte der Kostenrechnung in der öffentlichen Verwaltung

Die Rechnungsziele der Kostenrechnung in der öffentlichen Verwaltung stimmen grundsätzlich mit denjenigen der Kostenrechnung in erwerbswirtschaftlichen Unternehmen überein. Für die Kostenrechnung in der öffentlichen Verwaltung werden überwiegend die Zwecke Wirtschaftlichkeitskontrolle (Kontrollfunktion), Bereitstellung von Kosteninformation für Gebührenkalkulation bzw. Entgeltbemessung (Dokumentationsfunktion) und Bereitstellung von entscheidungsunterstützender Kosteninformation für Planung, zielorientierte Steuerung und Einzelentscheidungen (Planungs- und Steuerungsfunktion) genannt.[210] Der Aspekt der Verhaltensbeeinflussung findet explizit bei Seifert eine Erwähnung als bedeutsamer Rechnungszweck der Kostenrechnung in der öffentlichen Verwaltung.[211]

Aus den genannten Rechnungszwecken der Kostenrechnung ergeben sich entsprechende Aufgabenschwerpunkte. Die **Planungsfunktion der Kostenrechnung** umfasst zum einen die Bereitstellung von Kosteninformationen zur Unterstützung mittel- und langfristiger Entscheidungen bezogen auf[212]

- die Beschaffung der im Leistungserstellungsprozess eingesetzten Wirtschaftsgüter (beispielweise Kostenvergleich alternativer Anlagegüter oder Entscheidung über Anmietung fremder Gebäude versus Eigennutzung eigener Gebäude),

- die Leistungserstellung (Entscheidung Eigenerstellung oder Fremdbezug bzw. Privatisierung von Teilleistungen),

- die Leistungsabgabe, also den Absatz der Leistungen (Auswirkung der Entgelthöhe auf den Kostendeckungsgrad als Informationsbasis für Entscheidungen über das Leistungsprogramm).

Die Kosteninformationen sind außerdem bei der ergebnisorientierten Steuerung Datengrundlage für die Aufstellung des Haushaltsplans.[213] Dies betrifft die

---

[209] Vgl. dazu die Ausführungen auf S. 98 ff. der Arbeit.

[210] Vgl. Brede (2001), S. 200, Gerhards (2001), S. 16 f. und Seifert (1998), S. 47 ff.

[211] Vgl. Seifert (1998), S. 49.

[212] Vgl. Schmidberger (1994), S. 272 und Seifert (1998), S. 47.

[213] Vgl Klümper/Zimmermann (2002), S. 6.

mittelfristige (Finanz-)Planung, für die zukünftig ebenfalls ein Ausweis von Kosten und Leistungen vorgesehen werden sollte,[214] die jährliche Budgetplanung (Datenbereitstellung für das Globalbudget und die Fachbereichsbudgets) sowie die Vorgabe von Plan- bzw. Sollkosten für die unterjährige Soll-/-Ist-Abweichungsanalyse.[215] Als Datengrundlage für die Aufstellung des Haushaltsplanes sind die Kosteninformationen vor allem Entscheidungsgrundlage: Die dargestellten Istkosten sind zunächst eine Grundlage für die Ermittlung von Plankosten. Die prognostizierten (Plan-)Kosten sind Grundlage für die Entscheidung zwischen verschiedenen Handlungsoptionen bzw. alternativen Produktionsprogrammen.[216] Nach Verabschiedung des Haushaltsplans werden aus den verabschiedeten Plankosten Budgetvorgaben und damit Kosteninformationen mit verhaltenssteuernder Wirkung.

Im engen Zusammenhang mit dem verhaltenssteuernden Effekt der Kostenplanung steht die **Kontrollfunktion der Kostenrechnung**. Die von der Kostenrechnung bereitgestellten Daten werden dabei sowohl für die laufende Kontrolle der Kostenwirtschaftlichkeit (Kostenstellenkosten und Produktstückkosten) als auch der Effizienz der Leistungserstellung (Kostendeckungsgrad) genutzt. Die Kontrolle wird anhand von Soll-/Ist-Vergleichen, Zeitvergleichen und Betriebsvergleichen durchgeführt[217] und bezieht sich auf Kostenstellen- und Prozesskosten sowie auf Kostenträgerkosten.

Die im Rahmen der Kontrolle zur Verfügung gestellte Kosteninformation beeinflusst das Verhalten der Kostenstellenverantwortlichen und Mitarbeiter/-innen in zweifacher Hinsicht:[218] Zum einen werden die Kontrollinformationen zur Leistungsbewertung und damit als Grundlage für den Einsatz von Anreizen und Sanktionen herangezogen. Zum anderen führt Ausweis von Kostenstellen-, Prozess- und Kostenträgerkosten zu einem verstärkten Kostenbewusstsein bei den an der Leistungserstellung beteiligten Mitarbeiter/-innen. Dieser Effekt setzt sich bei der laufenden Kontrolle vor allem durch Betriebsvergleiche, also Vergleiche mit anderen Verwaltungen fort.

Die Kontrollfunktion der Kostenrechnung umfasst auch die Ableitung von Handlungsmaßnahmen zur Verbesserung der Wirtschaftlichkeit der Leistungserstellung. Diese wiederum setzen eine genaue Kostenanalyse voraus, um so Kostenschwerpunkte sowie Vorschläge für mögliche Effizienzverbesserungen ermitteln zu können. Die Informationen zu den Kosten müssen in möglichst transparenter Weise zur Verfügung gestellt werden. Dies heißt für die Ausge-

---

[214] Vgl. Lüder (2001), S. 89.

[215] Vgl. Seifert (1998), S. 47.

[216] Vgl. Schweitzer/Küpper (1995), S. 42 f.

[217] Vgl. Schweitzer/Küpper (1995), S. 47 f. und Seifert (1998), S. 50 f.

[218] Vgl. Seifert (1998), S. 49.

staltung der Kostenrechnung, dass neben der Trennung in fixe und variable Kosten auch die Aufspaltung in Bereitschafts- und Leistungskosten möglich sein sollte.[219] Außerdem sollte die zeitliche Bindungsdauer der Kostenarten als Information in der Kostenartenrechnung mitgeführt werden.[220] Diese Anforderungen gelten auch für die Planungsfunktion der Kostenrechnung, da durch höhere Kostentransparenz die Entscheidungsgrundlage im Planungsprozess verbessert wird.

Zu der **Dokumentationsfunktion der Kostenrechnung** in der öffentlichen Verwaltung wird vor allem die Bereitstellung von Informationen für die Entgeltbemessung gezählt.[221] Im Vordergrund steht dabei der Nachweis kostendeckender Gebühren oder die Rechtfertigung politischer festgelegter Preise, also eine vergangheitsorientierte Dokumentation im Sinne einer Rechnungslegung.[222]

Für die weitere Darstellung der Kostenrechnung können folgende Ergebnisse festgehalten werden:

- In der Praxis gewinnen mit Einführung des Neuen Steuerungsmodells die Planungs-, Steuerungs- und Kontrollfunktion der Kostenrechnung gegenüber der in der Vergangenheit dominierenden Dokumentationsfunktion zunehmend an Bedeutung. Dies entspricht einer Entwicklung der traditionellen Kostenrechnung hin zu einem zukunftsorientierten Kostenmanagement.[223]

- Die Rechnungszwecke der Informationsbereitstellung für Planung, Kontrolle und (Verhaltens-)Steuerung machen die Funktion der Kostenrechnung als Controllinginstrument deutlich: Die Kostenrechnung als Teilsystem des Führungsinformationssystems stellt Daten für die Nutzung durch andere Führungsteilsysteme zur Verfügung und unterstützt damit die Koordinationsfunktion des Controllings.

- Umgekehrt ist der Aufbau der Kostenrechnung und die Integration der Kostenrechnung in das Informationssystem unmittelbare Controllingaufgabe. Demzufolge erfordert die Darstellung der Kostenrechnung in ihrer

---

[219] Vgl. Seifert (1998), S. 106.

[220] Vgl. Seifert (1998), S. 106.

[221] Vgl. Seifert (1998), S. 51 ff., Gerhards (2001), S. 17, Brede (2001), S. 200 und Schmidberger (1994), S. 271 f. Die Bestandsbewertung von Halb- und Fertigerzeugnissen spielt in der öffentlichen Verwaltung aufgrund des überwiegenden Dienstleistungscharakters der Produkte und der nicht anzuwendenden handels- und steuerrechtlichen Vorschriften keine Rolle. Vgl. Schmidberger (1994), S. 274.

[222] Vgl. Seifert (1998), S. 53 und Schmidberger (1994), S. 271.

[223] Vgl. Mussnig (1996), S. 10 und Seifert (1998), S. 53.

derzeitigen konzeptionellen Ausgestaltung für die bundesdeutsche Kommunalverwaltung zunächst eine Gesamtbetrachtung des öffentlichen Haushalts- und Rechnungswesens, um

• die Herkunft der kostenrechnerischen Daten aufzuzeigen und

• den Abstimmungs- und Koordinationsbedarf zwischen der Kostenrechnung und weiteren Systemen des Rechnungswesens deutlich zu machen, der eine wesentliche Aufgabe des Controllings darstellt.[224]

3.2.2 Kostenrechnung als Teil des öffentlichen Rechnungswesens

3.2.2.1 Neues kommunales Haushalts- und Rechnungswesen

Der Begriff des neuen kommunalen Haushalts- und Rechnungswesens bezeichnet ein output- und ressourcenorientiertes Haushalts- und Rechnungswesen, das als Komponenten ein integriertes finanzielles Rechnungswesen mit Finanz-, Vermögens- und Ergebnisrechnung (Drei-Komponenten-Rechnungssystem), eine mit dem finanziellen Rechnungswesen verbundene Kostenrechnung und eine auf das finanzielle Rechnungswesen und die Kostenrechnung abgestimmte outputorientierte Haushaltsplanung umfasst.[225] Die Entwicklung des modernisierten Haushalts- und Rechnungswesens geht wesentlich auf die von Lüder in einem Modellprojekt mit der Stadt Wiesloch erarbeiteten konzeptionellen Grundlagen für ein Neues Kommunales Rechnungswesen (Speyerer Verfahren) sowie auf das von der KGSt entwickelte Ressourcenverbrauchskonzept zurück.[226] Auf kommunaler Ebene existieren mittlerweile eine Vielzahl von Projekten zur Einführung des neuen kommunalen Haushalts- und Rechnungswesens. Vorreiter ist das Land Nordrhein-Westfalen, das nach Abschluss eines Modellprojektes zum Neuen Kommunalen Finanzmanagement mit sieben Modellkommunen die landesweite Umsetzung der Reform des kommunalen Haushalts- und Rechnungswesens plant.[227]

Mit dem neuen Haushalts- und Rechnungswesen soll die bisherige Kameralistik so umgestaltet bzw. sogar weitestgehend ersetzt werden, dass sie den Erfordernissen des Neuen Steuerungsmodells gerecht wird. In der zukünftigen Ergebnisrechnung und in dem zukünftigen Haushaltsplan müssen die für eine ergebnisorientierte Steuerung notwendigen Informationen zu Leistungen und dafür aufgewendeten bzw. aufzuwendenden Ressourcen enthalten sein. Der Haushalts-

---

[224] Vgl. dazu S. 10 ff. der Arbeit.

[225] Vgl. Lüder (2001), S. 36 f.

[226] Siehe dazu Lüder (1996) sowie KGSt (1995).

[227] Vgl. Häfner (2003), S. 24 ff. und Behrens (2003), S. 29.

plan im neuen kommunalen Haushalts- und Rechnungswesen stellt das „Planungsäquivalent"[228] zu der Ergebnis- und Finanzrechnung dar und umfasst dementsprechend einen Ergebnishaushalt und einen Finanzhaushalt.[229]

Die Reform des Haushalts- und Rechnungswesens bedeutet zum einen eine Abkehr von der bisherigen Inputorientierung, also dem ausschließlichen Ausweis von Ausgaben ohne gleichzeitige Angabe von Informationen über die damit erstellten Verwaltungsleistungen. Zum anderen wird das bisher zugrunde liegende Geldverbrauchskonzept durch das Ressourcenverbrauchskonzept abgelöst. Insbesondere müssen folgende Anforderungen an ein neues Haushalts- und Rechnungswesen erfüllt werden:

- Kosten und Leistungen müssen ausgewiesen werden, um eine Beurteilung der Effizienz des Verwaltungshandelns zu ermöglichen. So lange keine Information darüber vorhanden ist, welche Leistungen mit dem im Haushaltplan veranschlagten Mitteleinsatz erstellt werden sollen, besteht kein Anreiz für einen wirtschaftlichen Ressourceneinsatz.[230]

- Der Ausweis von Leistungen und deren Verbindung mit dem dafür notwendigen Ressourceneinsatz ist Grundlage einer ergebnisorientierten Planung und Kontrolle und Voraussetzung für die Delegation von Fach- und Ressourcenverantwortung.

- Durch eine Verknüpfung von güterwirtschaftlichem und finanzwirtschaftlichem Bereich sollen bisherige dysfunktionale Verhaltensweisen abgebaut werden:[231] Statt Einnahmen und Ausgaben miteinander zu verbinden (sinkende Ausgaben durch wirtschaftlichen Einsatz von Ressourcen führen bei gleichbleibendem Leistungsniveau zu sinkenden Einnahmen bei der Finanzmittelzuweisung) wird die Ressourcenzuweisung an das geplante Leistungsniveau gebunden. Die positive Anreizwirkung wird verstärkt durch haushaltsrechtliche Regelungen, die z. B. bei unterplanmäßigem Ressourcenverbrauch und gleichbleibendem Leistungsniveau einen (teilweisen) Verbleib der eingesparten Ressourcen in der jeweiligen Organisationseinheit ermöglichen.[232]

- Mit der Abkehr vom Geldverbrauchskonzept und dem zusätzlichen Ausweis von nicht ausgabengleichem Ressourcenverbrauch wird dem Prinzip der intergenerativen bzw. dem noch strengeren Prinzip der interperiodi-

---

[228] Lüder (2001), S. 69.

[229] Eine Planbilanz bzw. Planvermögensrechnung ist dagegen nicht zwingend notwendig. Vgl. Lüder (2001), S. 69.

[230] Vgl. Lüder (2001), S. 10.

[231] Vgl. Budäus (1997), S. 92.

[232] Vgl. dazu S. 44 ff. der Arbeit.

schen Gerechtigkeit Rechnung getragen.[233] Um die Finanzierung des Ressourcenverbrauchs nicht auf zukünftige Generationen zu verlagern und die Erhaltung der Vermögenssubstanz der Verwaltung zu sichern, muss der gesamte Ressourcenverbrauch einer Periode, also auch Abschreibungen sowie Rückstellungen für Ausgaben in zukünftigen Perioden (Pensionsrückstellungen, Aufwandsrückstellungen) durch Erträge der laufenden Periode gedeckt sein.[234]

- Um Parlament und Bürger ausreichend über die finanzielle Situation einer Gebietskörperschaft informieren zu können, ist ein bisher nicht existierender vollständiger Ausweis von Vermögen und Schulden in einer Vermögensrechnung erforderlich.

Die aus der Dezentralisierung der Fach- und Ressourcenverantwortung resultierende Neugliederung der Verwaltung sollte zudem im Haushaltplan abgebildet werden (organische Haushaltgliederung). Dies bedeutet, dass die bisher nach haushaltsrechtlichen Gliederungsvorschriften Einzelpläne und Abschnitte umfassende Haushaltsgliederung durch eine Gliederung nach Organisationseinheiten, also nach Leistungs- und Verantwortungszentren, internen Dienstleistern sowie auf aggregierter Ebene nach Fachbereichen ersetzt werden muss.[235]

3.2.2.2 Anbindung der Kostenrechnung an das neue finanzielle Rechnungswesen

Die drei Komponenten des finanziellen Rechnungswesens sind die Ergebnisrechnung, die den Nettoressourcenverbrauch bzw. die Reinvermögensänderung ausweist, die Vermögensrechnung, die den Bestand an Bruttovermögen, Schulden und Reinvermögen zeigt und die Finanzrechnung, die über die Änderung des Zahlungsmittelbestandes Auskunft gibt.[236] Im Gegensatz zur Kameralistik gibt es also eine zusätzliche Rechnung, die Ergebnisrechnung, die als zentrale Rechnung fungiert und eine Vermögensrechnung, die vorher nur in Teilen vorhanden war. Die drei Rechnungen sind durch Salden miteinander verbunden:[237] Der Saldo der Ergebnisrechnung stimmt mit der Änderung des Saldos der Ver-

---

[233] Vgl. Lüder (2001), S. 36.

[234] Vgl. Bals/Reichard (2000), S. 216 und 221 sowie Lüder (2001), S. 36: Dies umfasst aber ausschließlich den ordentlichen, also regelmäßig auftretenden, planbaren Aufwand und Ertrag.

[235] Vgl. Bals (1999), S. 18 f. sowie Innenministerium des Landes Nordrhein-Westfalen (1999), S. 21 ff.

[236] Vgl. Lüder (1996), S. 4 ff.

[237] Vgl. Lüder (1999), S. 11 f. und Reichard (1987), S. 286.

mögensrechnung zwischen zwei aufeinander folgenden Bilanzstichtagen überein. Der Liquiditätssaldo der Finanzrechnung findet sich als entsprechende Änderung des Bestandes an liquiden Mitteln in der Vermögensrechnung wieder.

Doppik versus erweiterte Kameralistik

Wird die doppelte Buchführung als Buchungssystem zugrundegelegt, sind die drei Rechnungssysteme auch buchungstechnisch miteinander verbunden. Die Daten der Kostenrechnung können – soweit es sich um aufwandsgleiche Kosten handelt – unmittelbar aus der Ergebnisrechnung (ordentlicher Aufwand) übernommen werden.[238] Abweichungen zwischen ordentlichem Aufwand und Kosten betreffen insbesondere periodenfremden ordentlichen Aufwand, der abgegrenzt werden muss, sowie Anderskosten und Zusatzkosten, die zusätzlich erfasst werden müssen.[239] Anderskosten, also Kosten, denen Aufwand in anderer Höhe gegenübersteht, sind vor allem kalkulatorische Abschreibungen, die auf Basis des Wiederbeschaffungswertes berechnet werden, im Gegensatz zu Abschreibungen auf den Anschaffungswert bei der Aufwandsberechnung[240] sowie Durchschnittskosten als Wertansatz für Personalkosten im Gegensatz zu den tatsächlichen Personalaufwendungen.[241] Als Zusatzkosten, also als Kosten, denen kein Aufwand gegenübersteht, fallen in der öffentlichen Verwaltung kalkulatorische Zinsen auf das Eigenkapital an. Diese stellen Opportunitätskosten dar, die durch den Zinsentgang bei Bindung des Kapitals im Anlagevermögen der öffentlichen Verwaltung entstehen.[242]

Als Besonderheit des öffentlichen Rechnungswesens weist die Ergebnisrechnung zudem Erträge und Aufwendungen aus, die auf einseitigen Ansprüchen von bzw. gegenüber Dritten beruhen (Transferaufwendungen und Transfererträge).[243] Diese Positionen sind nach Durchführung von Abgrenzungsrechnungen ebenfalls in die Kosten (-und Erlösrechnung) zu übernehmen.

Alternativ besteht auch die Möglichkeit, die Kostenrechnung mithilfe der erweiterten Kameralistik an das finanzielle Rechnungswesen anzubinden. Hierbei werden die kostenrechnerischen Buchungsmerkmale (Angabe von Kostenart, Kostenstelle und Kostenträger) additiv mit den kameralistischen Buchungsmerk-

---

[238] Vgl. Lüder (2001), S. 60.

[239] Zur Definition von Anders- und Zusatzkosten siehe Haberstock (1998), S. 23 f. sowie Gabele/Fischer (1992), S. 27 ff.

[240] Zur Diskussion des Wertansatzes von Abschreibungen in der Ergebnisrechnung vgl. weiter unten.

[241] Vgl. Gabele/Fischer (1992), S. 28 und Lüder (2001), S. 60 f.

[242] Vgl. Bals/Hack (2002), S. 81 und Lüder (2001), S. 62.

[243] Vgl. Lüder (1999), S. 13.

malen (Haushalt und Titel) verknüpft, es erfolgt aber kein systematischer Buchungsverbund von Erfolgs- und Bestandskonten, der nur bei der doppelten Buchführung gewährleistet ist. Ausgehend von den in der Kameralistik erfassten Ausgaben muss eine Abgrenzung des neutralen Aufwandes (außerordentlich, periodenfremd und betriebsfremd, wobei letzterer in der öffentlichen Verwaltung fast überhaupt nicht vorkommt) vorgenommen werden. Für den Ausweis des vollständigen Ressourcenverbrauchs der Verwaltung ist zudem die laufende Erfassung des Anlagevermögens und die entsprechende Berechnung von kalkulatorischen Abschreibungen und Zinsen in einer Anlagenbuchhaltung notwendig, die buchungstechnisch nicht mit der Haushaltsrechnung verbunden ist.

In Theorie und Praxis besteht inzwischen weitgehend Einigkeit darüber, dass die Vorteile einer Reform des Haushalts- und Rechnungswesens auf Basis der Doppik gegenüber einer Reform auf Basis einer erweiterten Kameralistik überwiegen.[244] Ein wesentlicher Nachteil der erweiterten Kameralistik ist die Notwendigkeit von zusätzlichen Nebenrechnungen (neben der Anlagenbuchhaltung auch Lagerrechnung und zeitliche Abgrenzungsrechnung) zur Ermittlung der nicht ausgabengleichen Kosten.[245] Der fehlende automatische Buchungsverbund verursacht zusätzlichen Arbeitsaufwand und führt zu erhöhter Fehleranfälligkeit und erschwerter Fehlersuche. Ein weiterer Nachteil ist die fehlende Möglichkeit, ausgegliederte kaufmännisch rechnende Einheiten der Verwaltung in einen Konzernabschluss miteinbeziehen zu können. Durch die Verwendung von unterschiedlichen Rechnungssystemen kann kein vollständiges Bild der finanziellen Lage der Kommunalverwaltung gewonnen werden.[246]

Als entscheidender Nachteil erweist sich aber die Tatsache, dass die Haushaltsplanung weiterhin auf dem kameralistischen Rechnungsstoff basiert. Eine Budgetierung auf Kostenrechnungsbasis ist zwar möglich, erfordert aber einen erheblichen rechen- und datentechnischen Aufwand. Für die Haushaltsplanaufstellung müssen Kostenrechnungsdaten zunächst in kameralistische Daten überführt werden, um dann nach Festlegung der Budgetzuweisungen für die Fachbereiche wieder in Kostenrechnungsdaten "umgerechnet" zu werden. Der Haushaltsplan kann damit nicht die ihm zugedachte Funktion im System der ergebnisorientierten Steuerung übernehmen, da er weiterhin ausgabenorientiert ist.

Im Gegensatz dazu basiert im neuen öffentlichen Haushalts- und Rechnungswesen der Rechnungsstoff des Haushaltsplans genauso wie die Verbundrechnung

---

[244] Vgl. Budäus (2000), S. 68 und Bals/Reichard (2000), S. 10 f. Zu einer ausführlichen Diskussion Doppik versus Kameralistik siehe Diemer (1996), S. 194 ff. Zur Einführung der Doppik in der Praxis werden mehrere Pilotprojekte auf kommunaler Ebene durchgeführt. Vgl. dazu Innenministerium des Landes Nordrhein-Westfalen (1999), S. 61 f. und Kommunalwissenschaftliches Institut der Universität Potsdam (2002), S. 1 ff.

[245] Vgl. Lüder (2001), S. 14 f.

[246] Vgl. KGSt (1995), S. 12, Lüder (2001), S. 15 und Gerhards (2001), S. 25 f.

des finanziellen Rechnungswesens auf dem Ressourcenverbrauchskonzept. Der neue Haushaltsplan umfasst einen Ergebnishaushalt, der das geplante Ressourcenaufkommen und den geplanten Ressourcenverbrauch ausweist und einen Finanzhaushalt, der die geplanten nicht ergebniswirksamen Zahlungen umfasst. Der Ergebnishaushalt enthält damit gegenüber dem kameralistischen (Finanz-) Haushalt nunmehr auch Planwerte für nicht ausgabengleiche Positionen wie beispielsweise Abschreibungen. Nur so kann der Haushaltsplan seiner doppelten Steuerungsfunktion gerecht werden: Für die externe Steuerung durch die Politik, also Budgetverabschiedung und Budgetvollzugskontrolle durch das Parlament (den Kreistag), werden entscheidungsrelevante Informationen zur Verfügung gestellt. Für die verwaltungsinterne Steuerung werden entscheidungsrelevante und verhaltensbeeinflussende Informationen zur Verfügung gestellt, indem durch den Ausweis von Ressourcenverbrauch und Ressourcenaufkommen ein Anreiz zu kostenbewusstem Handeln geben wird. Auf diese Weise kann der Haushaltsplan als ergebnisorientiertes Planungs- und Kontrollinstrument für Politik und Verwaltungsführung eingesetzt werden.

Insgesamt erweist sich somit der Einsatz der Doppik geeigneter als die erweiterte Kameralistik, da auf diese Weise von Anfang an eine Erfassung der ergebnis- und vermögenswirksamen Transaktionen nach den Prinzipien des neuen kommunalen Rechnungswesens gewährleistet ist.

Abgrenzung von Kostenrechnung und Ergebnisrechnung im neuen kommunalen Rechnungswesen

Mit der Entscheidung für die Doppik stellt sich die Frage, inwieweit der Rechnungsstoff der Ergebnisrechnung des Haushalts und der Kostenrechnung voneinander abweichen sollen, ob also die Bewertung des Ressourcenverbrauchs und des Ressourcenaufkommens im neuen Haushalt nach den Grundsätzen des deutschen Handelsrechts oder nach den betriebswirtschaftlichen Grundsätzen der Kostenrechung bewertet werden soll. Diese unterschiedliche Bewertung geht auf die in der Privatwirtschaft vorgenommene Trennung von internem (Kostenrechnung) und externem Rechnungswesen (kaufmännischer Gewinn- und Verlustrechung) zurück, die allerdings für die öffentliche Verwaltung nicht in gleicher Weise erforderlich ist.[247] Darüber hinaus sollten statt dem zunehmend in Kritik stehenden deutschen Handelsrecht vielmehr internationale Rechnungslegungsstandards - also Generally Accepted Accounting Principles (GAAP) und International Accounting Standards (IAS) sowie International Public Sector Accounting Standards (IPSAS) - berücksichtigt werden, die eine größere Überein-

---

[247] Vgl. Bals/Hack (2002), S. 95.

stimmung mit den Bewertungsregeln des Ressourcenverbrauchskonzept aufweisen.[248]

Mögliche Unterschiede zwischen Ergebnisrechnung und Kostenrechnung im kommunalen Rechnungswesen sind vor allem bei der Bewertungsgrundlage zur Berechnung von Abschreibungen, der Berücksichtigung von Eigenkapitalzinsen und bei dem Ausweis von Kosten und Erträgen aus der internen Leistungsverrechnung zu berücksichtigen. Dabei werden vor allem folgende mögliche Bewertungs- und Ansatzregeln für die genannten Positionen aufgeführt:

- **Bewertung des Anlagevermögens:** Für die Finanzbuchhaltung in der Privatwirtschaft ist ein Ansatz nach Anschaffungs- bzw. Herstellkosten entsprechend handelsrechtlicher Vorschriften vorgeschrieben.[249] Um in der Kostenrechnung die tatsächliche Wertminderung durch Abnutzung der Anlagegegenstände wiederzugeben, werden stattdessen Zeitwerte (Tageswerte oder Wiederbeschaffungswerte) zugrundegelegt. Zur Bewertung des Anlagevermögens im neuen kommunalen Haushalts- und Rechnungswesen liegen unterschiedliche Auffassungen vor: So empfiehlt u.a. die KGSt eine Bewertung des Anlagevermögens auf der Basis von Zeitwerten, um eine einheitliche Bewertung in allen Teilen des Rechnungswesens zu gewährleisten.[250] Dagegen wird der höhere Aufwand, der mit der Ermittlung von Wiederbeschaffungswerten für das gesamte Verwaltungsvermögen verbunden ist, häufig als Argument für die Verwendung von Anschaffungswerten aufgeführt.[251] An anderer Stelle wird eine unterschiedliche Bewertung von realisierbarem Vermögens einerseits und Verwaltungsvermögens andererseits vorgeschlagen:[252] Während das für öffentliche Zwecke nicht mehr benötigte realisierbare Vermögen zu Tageswerten bewertet werden sollte, reicht für das Verwaltungsvermögen eine Bewertung zu Anschaffungswerten aus.

- **kalkulatorische Zinsen auf das Eigenkapital:** Strittig ist ebenfalls, ob die in der Kostenrechnung berücksichtigten kalkulatorischen Zinsen auf das Eigenkapital ebenfalls in der Ergebnisrechnung ausgewiesen werden sollen. Lüder schlägt die Veranschlagung von Eigenkapitalzinsen aus-

---

[248] Vgl. Bals/Hack (2002), S. 86 und S. 95 f.

[249] Vgl. Gerhards (2001), S. 108.

[250] Vgl. Kommunalwissenschaftliches Institut der Universität Potsdam (2002), S. 8 und Kommunalwissenschaftliches Institut der Universität Potsdam (2002a), S. 11 sowie Bals/Reichard (2000), S. 17.

[251] Vgl. Kommunalwissenschaftliches Institut der Universität Potsdam (2002), S. 10. So hat man sich beispielsweise im Rahmen der Einführung der Kostenrechnung in der Berliner Verwaltung für den Ansatz von Anschaffungskosten entschieden. Siehe dazu Berlin (1995b), Anlage 4, S. 5 f.

[252] Vgl. Lüder (1996), S. 41 f. und Bals/Hack (2002), S. 87.

schließlich auf das realisierbare Vermögen vor, da im Fall der Zinsbe-rechnung auf das Verwaltungsvermögen nicht von tatsächlicher alternati-ver Ressourcenverwendung ausgegangen werden kann.[253] Dagegen spricht, dass kalkulatorische Zinsen neben Abschreibungen und Instand-haltungskosten Bestandteile für die Berechnung von kalkulatorischen Mieten sein können, welche wiederum den Vergleich der Gebäudekosten bei Eigen- oder Fremdnutzung ermöglichen. Dieser Vergleich sollte auch für das Verwaltungsvermögen möglich sein, da auch für diesen Teil des Vermögens alternative Nutzungen oder sogar Veräußerungen in Betracht gezogen werden können.[254] Die KGSt spricht sich für einen Ausweis von Eigenkapitalzinsen auf das gesamte in den einzelnen Aufgabenbereichen gebundene Kapital aus, um für die jeweiligen Budgetbereiche die Kapi-talnutzungskosten aufzuzeigen.[255] Auf der Ebene des Gesamthaushaltes kann dagegen der Ausweis von Fremdkapitalzinsen als ausreichend be-trachtet werden.[256]

- **Ausweis der Leistungsverrechnung:** Da mit dem Ausweis der Kosten und Erlöse aus der internen Leistungsverrechnung ein erheblicher vor al-lem verhaltenssteuernder Effekt verbunden ist, sollten diese nicht nur in der Kostenrechnung, sondern auch in den Budgets der Teilhaushalte, also der einzelnen Fachbereiche und der Leistungs- und Verantwortungszent-ren sowie Serviceeinheiten ausgewiesen werden.[257] Ein Ausweis im Ge-samthaushalt ist dagegen nicht sinnvoll, da der konsolidierte Ausweis der Leistungsverrechnung keine zusätzlichen steuerungsrelevanten Informati-onen liefert.

Insgesamt wird deutlich, dass von einer weitgehenden Annäherung des Rech-nungsstoffes von Kostenrechnung und Ergebnisrechnung ausgegangen werden kann: Sowohl für die interne Leistungsverrechnung als auch für die kalkulatori-schen Zinsen wird empfohlen, dass diese in den Teilhaushalten ausgewiesen werden. Bei der Bewertung des Anlagevermögens wird möglicherweise von den handelsrechtlichen Vorschriften abgewichen. Unwahrscheinlich ist aber eine jeweils für die Kostenrechnung und die Ergebnisrechung unterschiedliche Be-wertung. Im Ergebnis würde die Angleichung des Rechnungsstoffes dazu füh-

---

[253] Vgl. Lüder (2001), S. 62.

[254] Vgl. KGSt (1995), S. 28.

[255] Vgl. Kommunalwissenschaftliches Institut der Universität Potsdam (2002a), S. 12.

[256] Vgl. Kommunalwissenschaftliches Institut der Universität Potsdam (2002), S. 11.

[257] Vgl. Lüder (2001), S. 82 f. und Kommunalwissenschaftliches Institut der Universität Potsdam (2002a), S. 14.

ren, dass sich die Kosten- und Ergebnisrechnung nur noch auf der Ebene des Gesamthaushaltes unterscheiden.

Für das weitere Vorgehen können somit folgende Zwischenergebnisse fest-gehalten werden:

- Durch die Anbindung der Kostenrechnung an das finanzielle Rechnungs-wesen können im Ergebnis Sachkosten, kalkulatorische Kosten und Transferkosten mit den genannten Einschränkungen (Abgrenzungsbedarf, eventuelles Abweichen zwischen Abschreibungen in der Ergebnis- und der Kostenrechnung) direkt in die Kostenartenrechnung übernommen werden. Damit ist die Datenherkunft der Primärkosten der Kostenrech-nung mit Ausnahme der Personalkosten bestimmt.[258]

- Im neuen kommunalen Rechnungswesen unterscheiden sich Kosten- und Ergebnisrechnung vor allem auf der Ebene des Gesamthaushalts: Der Rechnungsstoff der Ergebnisrechnung ist auf der Ebene des Gesamthaus-halts sowohl Informationsbasis für Entscheidungen durch die Politik als auch durch die Verwaltungsführung insgesamt. Erst auf disaggregierter Ebene ist es für die interne Verwaltungssteuerung sinnvoll, zusätzliche, speziell kostenrechnerische Inhalte aufzunehmen. Auf der Ebene der Teilhaushalte unterscheiden sich Kosten- und Ergebnisrechnung damit nicht wesentlich in ihrer Funktion als Datenlieferant für die Haushalts-planaufstellung und Budgetermittlung für die einzelnen Fachbereiche und darunterliegenden Organisationseinheiten.

- Die Kostenrechnung erfüllt aber darüber hinausgehend weitere Steue-rungs- und Kontrollfunktionen, die diesen Teil des Rechnungswesens zu einem wesentlichen Steuerungsinstrument vor allem für die Kostenstel-lenverantwortlichen machen und die eine differenzierte Darstellung des Ressourcenverbrauchs erfordern, als dies in der Ergebnisrechnung mög-lich ist .

3.2.3 Konzeptionelle Ausgestaltung der Kostenrechnung in der öffentlichen Verwaltung

Thema der folgenden Ausführungen ist die konzeptionelle Ausgestaltung der Kostenrechnung in der öffentlichen Verwaltung. Neben den verschiedenen Komponenten der Kostenrechnung, also der Kostenarten-, -stellen- und -träger-rechnung, und der damit verbundenen Auswertungsmöglichkeiten werden vor allem die unterschiedlichen Systeme der Kostenrechnung und deren Vor- und

---

[258] Siehe zur Ermittlung der Personalkosten S. 68 ff. der Arbeit.

Nachteile dargestellt. Im Vordergrund der Betrachtungen steht die Frage, inwieweit die Kostenrechnung führungssystemrelevante Informationen zur Verfügung stellt, also zur Koordination der Führungsteilsysteme untereinander beiträgt und damit Politik und Verwaltungsführung bei der Steuerung des Leistungssystems unterstützt.

3.2.3.1 Komponenten der Kostenrechnung

Kostenartenrechnung

Die Gliederung der Kostenarten im Kostenartenplan erfolgt in der öffentlichen Verwaltung in der Regel nach der Art der verbrauchten Produktionsfaktoren.[259] Entsprechend können als Kostenartenbereiche die Personalkosten, Sachkosten, kalkulatorische Kosten und Transferkosten als Kostenartenbereiche für die Primärkosten unterschieden werden.[260] Die Sekundärkosten stellen den Verbrauch innerbetrieblich bereitgestellter Leistungen dar[261] und sollten aus Gründen der Kostenkontrolle ebenfalls in der Kostenartenrechnung aufgeführt werden. Die Differenzierung der Sekundärkosten ergibt sich aus den unterschiedlichen Arten der Leistungsverrechnung.[262]

Durch die im neuen kommunalen Rechnungswesen vorgesehene Anbindung der Kostenrechnung an das finanzielle Rechnungswesen können wie bereits erwähnt Sachkosten, kalkulatorische Kosten und Transferkosten nach den eventuell erforderlichen Abgrenzungen direkt in die Kostenartenrechnung übernommen werden. Datengrundlage der Personalkosten sind dagegen häufig nicht die tatsächlich in der Lohn- und Gehaltsabrechnung gebuchten Personalaufwendungen, sondern Durchschnittskostensätze pro Besoldungs- bzw. Vergütungsgruppe. Hier werden also statt Istkosten Normalkosten zugrunde gelegt, um eine bessere Datengrundlage für Kostenvergleiche zu schaffen.[263]

Bei der Unterteilung der Kostenartenbereiche in Kostenartengruppen und einzelne Kostenarten sind die Grundsätze der Kostenartenrechnung, also Vollständigkeit, eindeutige Abgrenzung der Kostenarten voneinander, Einheitlichkeit aber andererseits auch die Wirtschaftlichkeit des Erfassungsaufwands zu be-

---

[259] Vgl. Gerhards (2001), S. 99 ff.

[260] Diese Kostenartenbereiche finden sich beispielsweise in dem Kosten- und Ertragsartenplan des Kostenrechnungskonzepts der Berliner Verwaltung, siehe Berlin (1995b), Anlage 3.

[261] Vgl. Haberstock (1998), S. 59.

[262] Vgl. dazu weiter unten die Ausführungen zur Leistungsverrechnung.

[263] Vgl. Lüder (2001), S. 60 f.

rücksichtigen.[264] Gleichzeitig sind bei der Festlegung des Kostenartenplans Anforderungen aus Controllingsicht zu berücksichtigen. So bestimmt der Differenzierungsgrad der Kostenarten die Aggregationsmöglichkeiten bei der Ableitung von Kostenstrukturkennzahlen im Berichtswesen.[265] Auf der Grundlage von Zeitvergleichen können Aussagen über die Entwicklung des Kostenanfalls bei einzelnen oder aggregierten Kostenarten gemacht werden.[266] Diese Auswertungsmöglichkeiten stellen einen Einstieg in die Kostenanalyse dar, Aussagen über die Kostenwirtschaftlichkeit sind aber erst in der Kostenstellenrechnung möglich.

Kostenstellenrechnung

Zentrale Aufgaben der Kostenstellenrechnung sind die Planung und Kontrolle der Kostenstellenkosten und die Ermittlung von Kalkulationssätzen für die Weiterverrechnung von Gemeinkosten auf die Kostenträger. Die Kostenstellenrechnung ist damit einerseits ein eigenständiges Controllinginstrument zur Wirtschaftlichkeitssteuerung innerhalb der Kostenstelle und andererseits Voraussetzung zur Durchführung der Kostenträgerrechnung.

In den Kostenstellen, also den Orten der Kostenentstehung bzw. -verursachung erfolgt erstmals eine Zuordnung der Kosten zu Entscheidungsträgern.[267] Der Kostenstellenleiter muss die in den Kostenstellen zusammengefassten Kosten beeinflussen, das heißt planen und steuern können, Kostenabweichungen verantworten sowie entsprechende Maßnahmen zur Verbesserung der Kostenwirtschaftlichkeit entwickeln und umsetzen. Demzufolge sollten die Kostenstellen selbstständige Verantwortungsbereiche sein.[268] Bezogen auf die Kommunalverwaltung bedeutet dies, dass der Kostenstellenplan die mit der Dezentralisierung der Fach- und Ressourcenverantwortung eingerichtete Organisationsstruktur abbilden sollte, um die Kostenstellenleitung mit den notwendigen Kompetenzen zur Wahrnehmung der genannten Aufgaben auszustatten. Daraus ergibt sich aber auch eine notwendige Übereinstimmung zwischen dem Kostenstellenplan und dem Gliederungsschema für die unterste Ebene der Budgetierung.[269] Die

---

[264] Vgl. Haberstock (1998), 61 f. Dabei steht der Grundsatz der Wirtschaftlichkeit vor allem im Widerspruch zu dem Grundsatz der Eindeutigkeit und Einheitlichkeit: Je detaillierter die Kostenartengliederung ist, desto höher ist der Erfassungsaufwand.

[265] Vgl. Haiber (1997), S. 315.

[266] Vgl. Schubert (2000), S. 111.

[267] Vgl. Schweitzer/Küpper (1995), S. 66 und Furch (1995), S. 22.

[268] Vgl. zu diesem und weiteren Grundsätzen der Kostenstellenbildung insbesondere Haberstock (1998), S. 105 f.

[269] Siehe dazu das Stichwort 'Organische Haushaltsgliederung' auf S. 59 ff. der Arbeit.

Kostenstellen sollten den Budgetbereichen entsprechen oder zumindest eindeutig zu Budgetbereichen zusammengefasst werden können.[270] Eine weitere Anforderung an die Kostenstellenbildung, die sowohl für die Kostenkontrolle als auch für die Kalkulation relevant ist, wird mit dem Grundsatz der Messbarkeit der von der Kostenstelle zu verantwortenden Kosten definiert.[271] Für jede Kostenstelle müssen eine oder mehrere geeignete Maßgrößen der Kostenverursachung (Bezugsgrößen) bestimmt werden, zu der die Kosten der Kostenstelle in einem möglichst proportionalen Verhältnis stehen.[272] Dabei wird unterschieden zwischen Bezugsgrößen, die sowohl eine Kostenkontrollfunktion (Bezugsgröße ist ein verursachungsgerechter Maßstab für alle oder einen Teil der variablen Kosten der Kostenstelle) als auch eine Kalkulationsfunktion erfüllen (die Bezugsgröße steht in einem möglichst direkten Verhältnis zum Kostenträger) und Bezugsgrößen, die nur eine von beiden Funktionen erfüllen.[273] Eine Doppelfunktion weisen beispielweise die in der Prozesskostenrechnung als Maßgrößen für die Hauptprozesse definierten Cost Driver auf: Sie messen sowohl die Ressourceninanspruchnahme innerhalb der Kostenstelle als auch den Leistungsoutput eines Hauptprozesses.[274]

Die Wahl geeigneter Bezugsgrößen sowohl für Kontroll- als auch für Kalkulationszwecke ist für die öffentliche Leistungserstellung insbesondere aufgrund folgender Besonderheiten schwierig:

- Aufgrund des hohen Fixkostenanteils lassen sich Bezugsgrößen, zu der die Kosten in einem proportionalen Verhältnis stehen, nur schwer bestimmen.

- Die Festlegung von leistungsabhängigen Bezugsgrößen ist für standardisierte Leistungen relativ einfach, bildet aber bei heterogenen, personenbezogenen Leistungen (vor allem Beratungs- und Betreuungsleistungen) aufgrund der erforderlichen Durchschnittsbildung den Zusammenhang zwischen angefallenen Kosten und erstellten Leistungen nur unzureichend ab.[275]

- Vielfach können nur Bezugsgrößen mit einfacher Funktion, die zwar die Leistung der Kostenstelle abbilden, aber keinen konstanten Zusammenhang zur Endleistung, also dem Kostenträger aufweisen, bestimmt wer-

---

[270] Eine Übereinstimmung von Kostenstellenplan und Budgetbereichseinteilung im Haushaltsplan schlagen auch Schubert (2000), S. 113 f. und Lüder (2001), S. 65 f. vor.

[271] Vgl. Haiber (1997), S. 317 und Haberstock (1998), S. 106.

[272] Vgl. Gabele/Fischer (1992), S. 97 und Haberstock (1986), S. 51.

[273] Vgl. Haberstock (1986), S. 55 ff.

[274] Vgl. Seifert (1998), S. 173.

[275] Vgl. Schubert (2000), S. 116.

den.[276] Dies lässt sich am Beispiel der internen Schreibdienste verdeutlichen: Die Anzahl der erstellten Seiten gibt die Leistung der Kostenstelle wieder, lässt sich aber nicht im Sinne einer standardisierten Teilstückliste einem Endprodukt wie beispielweise der Gutachtenerstellung zuordnen, da die Zahl der in Anspruch genommenen Vorleistungen naturgemäß sehr stark schwankt.

Im Idealfall lässt sich die Kostenverursachung innerhalb einer Kostenstelle auf einen Kostenbestimmungsfaktor und damit auf eine Bezugsgröße zurückführen (homogene Kostenverursachung).[277] Dies würde aber einen möglichst feingliedrigen Kostenstellenplan erfordern, was im Widerspruch zu der Anforderung nach selbstständigen budgetrelevanten Verantwortungsbereichen steht. So ist insbesondere eine bestimmte Mindestgröße der Kostenstelle notwendig, um einen entsprechenden Spielraum für die Realisierung von Kostensenkungsmaßnahmen, zum Beispiel durch Umschichtung von Ressourcen innerhalb der Kostenstelle (also Änderung der Kostenstruktur), zu gewährleisten.[278] Zudem steigt der Planungs- und Kontierungsaufwand mit zunehmender Anzahl der Kostenstellen, so dass die Kostenstellen in der Regel mehrere Bezugsgrößen umfassen (heterogene Kostenverursachung).

Die in der Kostenstellenrechnung definierten Bezugsgrößen sind Voraussetzung für die Verrechnung der internen Leistungen und die Bildung von Kalkulationssätzen in der Kostenträgerrechnung.

Interne Leistungsverrechnung

Die innerbetriebliche Verrechnung von Leistungen ist Teil der Kostenstellenrechnung und hat in der öffentlichen Verwaltung aufgrund der Vielzahl von internen Leistungsverflechtungen und des damit im Zusammenhang stehenden Optimierungspotentials im Gemeinkostenbereich eine besondere Bedeutung. Die mit der internen Leistungsverrechnung verbundene Verhaltenssteuerungsfunktion soll zu mehr Kostenbewusstsein und zu der Aufdeckung von fehlgeleiteten bzw. ungenutzten Ressourcen ('Blindleistungen', die mit der Einführung

---

[276] Vgl. Haberstock (1986), S. 79.

[277] Zu Unterscheidung von homogener und heterogener Kostenverursachung vgl. Haberstock (1986), S. 59 ff.

[278] Siehe dazu auch die Kriterien zu Bildung von Leistungs- und Verantwortungszentren, die gleichzeitig Kostenstellen darstellen, im Konzept zur dezentralen Fach- und Ressourcenverantwortung des Neuen Berliner Verwaltungsmanagements, Berlin (1995a), S. 56 ff.

der Leistungsverrechnung erstmals mit Kosten bewertet werden) führen.[279] Die Durchführung interner Leistungsverrechnung im Rahmen von Service-Kontrakten ist außerdem Voraussetzung für die Schaffung eines internen Wettbewerbs bzw. für den Vergleich mit anderen Anbietern[280] und für die Kalkulation von Plan- und Istkosten der Endprodukte.

Die interne Leistungsverrechnung ist Teil der Sekundärkostenverrechnung, bei der die Kostenstellenkosten von Vor- auf Endkostenstellen verrechnet werden.[281] Die Verrechnung von einer Kostenstelle zu anderen erfolgt nach der Zahl der in Anspruch genommenen Mengen (gemessen in den Bezugsgrößen Quadratmeter, Zahl der geleisteten Stunden, bearbeiteten Fälle, erstellten Gutachten etc.). Über die Veränderung der in Anspruch genommenen Leistungsmengen kann die empfangende Kostenstelle, die von ihr zu tragenden Kosten beeinflussen.

Nicht alle Kosten der Vorkostenstellen lassen sich leistungsmengenabhängig verrechnen. Dies gilt vor allem für Kostenstellen, die reine Leitungs- und Steuerungsfunktionen oder andere Funktionen allgemeiner Art (Beispiel Pressestelle oder Personalrat) ausüben. Die Verrechnung der Kosten erfolgt in diesem Fall anhand von Umlagen also auf der Basis fester summarischer Schlüssel (z.B. auf der Basis von Stellenanteilen), die in der Regel im Gegensatz zu der Bezugsgröße Leistungseinheit nicht verursachungsgerecht sind.[282] Voraussetzung für die Entscheidung darüber, welche internen Kosten leistungsabhängig und welche über feste Schlüssel zu verrechnen sind, ist zunächst eine Aufteilung in Kostenstellen, die Serviceleistungen erbringen (beispielsweise IT-Unterstützung, Vervielfältigung, Schreibdienste) und andererseits Kostenstellen, die Steuerungs- bzw. Leitungs- und Managementaufgaben und allgemeine Verwaltungsleistungen erbringen.[283] Im letztgenannten Fall existiert zwischen abgebender und empfangender Kostenstelle keine Auftraggeber-/Auftragnehmerbeziehung, die Voraussetzung für eine leistungsmengenabhängige Verrechnung ist.[284]

Ziel der internen Verrechnung muss es sein, die Kosten soweit wie möglich leistungsabhängig zu verrechnen. Problematisch dabei ist zum einen, dass die

[279] Vgl. S. 54 ff. der Arbeit.

[280] Vgl. S. 49 ff. der Arbeit.

[281] Vgl. Lüder (1996), S. 75.

[282] Vgl. KGSt (1998), S. 19 f. und Lüder/Behm/Cordes (1998), S. 25.ff.

[283] Vgl. Bundesministerium für Finanzen (1997), S. 78 sowie die von der KGSt differenzierten Leistungsarten, die neben den genannten Leistungsarten noch die Produktleistungen unterscheiden. Hierbei handelt es sich um fachliche Vorleistungen, die direkt den Endprodukten zugerechnet werden und damit Kostenträgereinzelkosten darstellen. Siehe dazu KGSt (1998), S. 13 ff.

[284] Vgl. KGSt (1998), S. 31.

Abgrenzung zwischen Service und allgemeiner Verwaltung nicht immer eindeutig ist. Beispielsweise könnte die Personalsachbearbeitung sowohl den internen Diensten als auch der allgemeinen Verwaltung zugerechnet werden. Zum anderen besteht häufig die Gefahr, dass Leistungen zwar der internen Leistungsverrechnung zugerechnet werden, für deren Verrechnung aber keine leistungsabhängigen Bezugsgrößen, sondern stattdessen Umlageschlüssel gewählt werden (z.b. Stellenanteile für die Verrechnung von Personalsachbearbeitungsleistungen oder Gebäudebauwerte für die Verrechnung von Hochbauleistungen), die nicht den Kostenanfall innerhalb der Kostenstelle wiederspiegeln.

In jedem Fall muss für diejenigen Bereiche, für die eine leistungsmengenabhängige Verrechnung nicht sinnvoll ist, sichergestellt werden, dass diese ebenfalls einer Wirtschaftlichkeitskontrolle unterliegen. Daher müssen an dieser Stelle andere Instrumente zur Kostensteuerung auf Kostenstellenebene eingesetzt werden, wie beispielsweise Zeit- oder Betriebsvergleiche von Kostenstrukturkennzahlen der Kostenstelle oder der Vergleich von Kostenstrukturkennzahlen mit Verwaltungs- oder Steuerungskostenstellen anderer Verwaltungen.

Der Steuerungseffekt der Verrechnung von internen Leistungen ist wesentlich durch die Wahl des Verrechnungspreises bestimmt. Verrechnungspreise sind Instrumente zur Koordination von dezentralen Einheiten und eignen sich deswegen besonders als Steuerungsinstrument im Rahmen der dezentralisierten Fach- und Ressourcenverantwortung.[285] „Als Lenkpreise sollen Verrechnungspreise kurzfristig knappe Produktionsfaktoren...einer optimalen Nutzung zuführen...“[286]. Die Preisbestimmung kann entweder markt- oder kostenorientiert erfolgen.[287] Daneben besteht die Möglichkeit der Aushandlung des Preises zwischen leistungsverrechnendem und leistungsempfangendem Bereich.[288]

Grundlage eines kostenorientierten Preises sind Ist-, Plan- oder Normalkosten. Dabei liefert ein auf Plankosten basierender Preis den höchsten Anreiz für kostenbewusstes Verhalten der verrechnenden Kostenstelle (vorausgesetzt der Plan sieht eine Effizienzsteigerung der Kostenstelle vor), während die Verrechnung mittels eines Istkostensatzes dazu führt kann, dass die Kosten eines unwirt-

---

[285] Vgl. Gerhards (2001), S. 124.

[286] Coenenberg (1997), S. 524.

[287] Vgl. KGSt (1998), S. 21. In Abgrenzung zu anderen Literaturquellen - vgl. u.a. Coenenberg (1997), S. 81 ff., Schmidt (1998), S. 92 ff. und Gerhards (2001), S. 123 - werden die Verfahren zur Berücksichtigung der Interdependenzen zwischen den leistungsverrechnenden Kostenstellen (Anbauverfahren, Stufenleiterverfahren, Gleichungsverfahren) nicht als Alternative zum Verrechnungspreis genannt. Vielmehr ist die Berücksichtigung der internen Leistungsverflechtung von Vorkostenstellen ein Problem, was zumindest auch bei der kostenorientierten Herleitung des Verrechnungspreises gelöst werden muss. Vgl. zu dieser Auffassung auch Haberstock (1998), S. 137.

[288] Vgl. Coenenberg (1997), S. 565 und Schmidt (1998), S. 101.

schaftlichen Ressourceneinsatzes auf die empfangenden Kostenstellen abge-wälzt werden.[289] Auch bei der Verrechnung auf Basis von Normalkosten, also von Kosten, deren Höhe um untypische oder zufällige Ausschläge durch Durch-schnittsbildung bereinigt sind, besteht aus Sicht der verrechnenden Kostenstelle ein Anreiz, hohe Ausschläge bei dem Kostenverlauf zu vermeiden.[290]

Die Verhaltenssteuerungsfunktion steht bei einem marktpreisorientierten Ver-rechnungspreis noch stärker im Vordergrund: Durch die Verrechnung von inter-nen Leistungen zu einem vergleichbaren Marktpreis ist die leistungserstellende Kostenstelle zur Anpassung ihrer Produktivität an den 'Marktstandard' gezwun-gen. Eventuelle Abweichungen zum Marktpreis werden als Unterdeckung bei der Kostenstelle aufgeführt. Ein Marktpreis lässt sich für einige interne Dienst-leistungen, wie beispielsweise IT-Leistungen oder Leistungen des Fuhrparks, durchaus ermitteln,[291] für andere intern verrechnete Service-Leistungen liegen dagegen häufig nur administrierte Preise vor.[292] Zudem berücksichtigt ein exter-ner Marktpreis nicht die Verbundvorteile, die mit einer Eigenerstellung verbun-den sind sowie einen möglichen Qualitätsverlust, den eine Vergabe an Externe zur Folge haben könnte.[293]

In einigen Konzepten werden die in der internen Leistungsverrechnung zu defi-nierenden Leistungen als interne Produkte in der Kostenträgerrechnung erfasst. Die Definition von internen Produkten ist beispielsweise Teil der Berliner Kos-tenrechnungskonzeption sowie Teil der vom Bundesministerium für Finanzen für die Bundesverwaltung erarbeiteten Kostenrechnungskonzeption.[294] Bei die-ser Vorgehensweise werden die internen Produkte quasi wie Teilprozesse einer Prozesskostenrechnung behandelt, die dem Produkt bzw. Hauptprozess zuge-rechnet werden können. In den seltensten Fällen ist aber ein direkter planbarer Produktbezug der internen Serviceleistungen vorhanden. Vielmehr fallen die Kosten für Serviceleistungen auf der Ebene der gesamten Kostenstelle an und sind auch nur durch diese beeinflussbar. Daher scheint es sinnvoller, die Leis-

---

[289] Vgl. Gerhards (2001), S. 128.

[290] Vgl. Furch (1995), S. 22.

[291] Vgl. Gerhards (2001), S. 125 ff., der eine Typisierung der internen Leistung hinsichtlich ihrer Marktnähe vornimmt.

[292] So zum Beispiel die Honorarordnung für Architekten und Ingenieure. Vgl. KGSt (1998), S. 22.

[293] Vgl. Coenenberg (1997), S. 535.

[294] Vgl. Berlin (1995b), S. 60 und Bundesministerium für Finanzen (1997), S. 89 ff. Vgl. auch Haiber (1997), S. 318, der diese Vorgehensweise für öffentliche Unternehmen beschreibt.

tungen der internen Leistungsverrechnung ausschließlich als Sekundärkostenarten in der Kostenstellenrechnung auszuweisen.[295]

Kostenträgerrechnung

In der Kostenträgerrechnung werden zum einen die Kosten pro Produkteinheit (Kostenträgerstückrechnung) für die Zwecke der Produktkalkulation ermittelt. Zum anderen werden auch die innerhalb einer Abrechnungsperiode für verschiedene Produktarten und/oder Bereiche angefallen Kosten (Kostenträgerzeitrechnung) erfasst und den erzielten Erlösen gegenübergestellt (Betriebsergebnisrechnung).[296] Die Kostenträgerrechnung setzt demnach für die Erfassung der Produktmengen eine Leistungsrechnung voraus, mit deren Hilfe die Outputseite mengenmäßig dargestellt wird.[297] Für die Ermittlung des Periodenergebnisses ist zudem eine Erlösrechnung oder zumindest die produktweise Erfassung der Erlöse, also die Zurechnung der Erlöse auf Kostenträger notwendig.

Die Produktstückkosten sind Grundlage für die produktorientierte Budgetierung (Planungsfunktion), für eine kostenorientierte Ermittlung von Verrechnungspreisen (Steuerungs- und Planungsfunktion) sowie für einen Produktstückkostenvergleich zwischen vergleichbaren Kommunalverwaltungen (Kontrollfunktion).

Die periodische Erfolgsrechnung ist nicht so sehr Informationsgrundlage für Absatzprogrammentscheidungen, da diese durch politische Zielvorgaben bzw. Bedarfsdeckungsziele weitgehend festgelegt sind.[298] Im Vordergrund steht die Wirtschaftlichkeitskontrolle auf Basis der Ermittlung von Kostendeckungsbeiträgen für Produktgruppen, Produktbereiche und für Organisationsbereiche.

Als Kostenträger definiert sind Endprodukte, die direkt an den Bürger abgegeben werden, aber auch fachliche Vorleistungen, die Teilleistungen des Endproduktes sind. Im Gegensatz zu den internen Serviceleistungen handelt es sich hier um Leistungen von Hauptkostenstellen, also von Kostenstellen der Fachbereiche, die Bestandteile eines externen Produktes sind und die deshalb ebenfalls als Kostenträger definiert werden.[299] So kann beispielsweise ein Produkt Umweltgutachten eine Vorleistung zu dem externen Produkt Baugenehmigung oder ein

---

[295] Vgl. zu dieser Auffassung Hauser/Furch (1998), S. 215 sowie ausführlicher zu dieser Problematik die Ausführungen auf S. 76 ff. der Arbeit.

[296] Vgl. Gabele/Fischer (1992), S. 149.

[297] Vgl. dazu S. 36 ff. der Arbeit.

[298] Vgl. Haiber (1997), S. 318.

[299] Vgl. Hauser/Furch (1998), S. 215 f.

internes Produkt fachliche Gutachtenerstellung eine fachliche Vorleistung für Produkte aus dem Sozialhilfe- und Jugendbereich sein.

Die Verrechnung der Kosten auf die Kostenträger erfolgt entweder direkt (Kostenträgereinzelkosten) oder indirekt mithilfe von Kalkulationssätzen. Den größten Teil der Kostenträgereinzelkosten bilden die Personalkosten. Die Zurechnung der Personalkosten auf die Produkte setzt die laufende Durchführung einer Zeiterhebung voraus, mit deren Hilfe Zeit- bzw. Stellenanteile pro Mitarbeiter/-in und Produkt ermittelt werden. An dieser Stelle wird demnach ebenfalls eine Komponente der Leistungsrechnung genutzt und zwar die Kapazitätsrechnung, in der das verfügbare Potential (= Personal) in Zeitgrößen erfasst wird.[300] Die ermittelten Zeitanteile werden mit den entsprechenden durchschnittlichen Lohn-, Gehalts- bzw. Besoldungssätzen bewertet. Sachkosten und kalkulatorische Kosten können in der Regel nur in geringen Fällen als Produkteinzelkosten erfasst werden, da die zu erfassenden Sachgüter entweder zur Erstellung mehrerer Produkte genutzt werden oder eine produktweise Zuordnung einen im Vergleich zum zusätzlichen Nutzengewinn der Kostenzuordnung unverhältnismäßig hohen Aufwand verursachen würden. Die Art und Weise der Verrechnung von Gemeinkosten auf die Kostenträger ist abhängig von der Ausgestaltung des Kostenrechnungssystems.

3.2.3.2 Systeme der Kostenrechnung

Ausgangspunkt der Betrachtung ist die Unterscheidung der Kostenrechnungssysteme nach Zeitbezug der Rechnung (Ist-, Normal- oder Plankostenrechnung) einerseits und nach Art und Umfang der Verrechnungen auf Kostenträger (Voll- oder Teilkostenrechnung) andererseits.[301] Während in der Vergangenheit vorwiegend Istkostenrechnungen auf Vollkostenbasis vor allem für Gebührenkalkulationszwecke eingerichtet wurden,[302] erfordert die mit den Anforderungen des Neuen Steuerungsmodells einhergehende Bedeutung der Planungs-, Steuerungs- und Kontrollfunktion der Kostenrechnung den Aufbau von Plan- und Normalkostenrechnung sowie eine verstärkte Teilkostenbetrachtung.[303]

In der Literatur zur Ausgestaltung der Kostenrechnung werden insbesondere die modifizierte Grenzplankostenrechnung nach Vikas (Vorgangskostenrechnung), die Prozesskostenrechnung sowie die stufenweise Fixkostendeckungsrechnung

---

[300] Vgl. Schmidberger (1994), S. 239.

[301] Vgl. Haberstock (1998), S. 172 f. und auch Schweitzer/Küpper (1995), S. 69 ff., die als weitere Unterscheidungskriterien noch die Rechnungszielorientierung sowie die Bezugnahme auf die Planungs- und Steuerungshierarchie (operativ, taktisch, strategisch) nennen.

[302] Vgl. Schmidberger (1994), S. 275 und Seifert (1998), S. 77.

[303] Vgl. Seite 54 ff. der Arbeit.

hinsichtlich ihrer Eignung für die öffentliche Verwaltung diskutiert.[304] Die Vorgangsrechnung und Prozesskostenrechnung sind dabei als Alternative zu betrachten, während sich die stufenweise Fixkostendeckungsrechnung als ergänzendes System für sowohl modifizierte Grenzplankostenrechnung als auch Prozesskostenrechnung eignet.

Modifizierte Grenzplankostenrechnung

Die modifizierte Grenzplankostenrechnung nach Vikas oder Vorgangskostenrechnung stellt eine Weiterentwicklung der Grenzplankostenrechnung speziell für Dienstleistungsunternehmen dar.[305] Ausgangspunkt der Überlegungen ist die mangelnde Eignung der traditionellen Grenzplankostenrechnung für das Kostenmanagement der indirekt-produktiven Bereiche von Industrieunternehmen, für die sich nur schwer Bezugsgrößen als Kosteneinflussgrößen bestimmen lassen.[306] Wie bei der Grenzplankostenrechnung wird für jede Kostenstelle und Kostenart eine Trennung in fixe und variable Kosten vorgenommen. Variabel bedeutet aber bei der Vorgangskostenrechnung nicht nur abhängig von der Beschäftigung, sondern auch funktional abhängig von den in den Kostenstellen erstellten Leistungen. Für jede Kostenstelle sind also Vorgänge bzw. Aktivitäten zu definieren, die in einem funktionalen Zusammenhang mit den erstellten Dienstleistungen stehen.[307] Mengenmäßig erfasst werden die Vorgänge anhand von Bezugsgrößen, die in diesem Fall die bereits erwähnte Doppelfunktion aufweisen, da sie sowohl die Ressourceninanspruchnahme auf der Kostenstelle messen als auch in einer direkten Beziehung zu den Endprodukten stehen und so eine Verrechnung auf die Kostenträger ermöglichen.[308] Auf diese Weise können bisher als fix definierte Kosten leistungsmengenabhängig geplant und im Rahmen eines stellenbezogenen Soll-Ist-Vergleiches kontrolliert werden.[309] Bei der Interpretation der Ergebnisse und der Ableitung von Kostensenkungsmaßnahmen muss allerdings berücksichtigt werden, dass die aus funktionsanalytischer

---

[304] Siehe dazu insbesondere Schmidberger (1994), S. 280 ff., Seifert (1998), S. 80 ff. zur Vorgangskostenrechnung und S. 165 ff. zur Prozesskostenrechnung sowie Winter (1998), S. 259 ff. und Haiber (1997), S. 319 ff. Vgl. außerdem Berlin (1995b), Anlage 5 'Herleitung der Arbeitsergebnisse', S. 9 f.

[305] Vgl. dazu insbesondere Vikas (1991), S. 119 ff. Vgl. auch Kilger/Pampel/Vikas (2002), S. 4 f.

[306] Vgl. Seifert (1998), S. 80.

[307] Vgl. Schmidberger (1994), S. 284 f. und Seifert (1998), S. 80.

[308] Vgl. Haiber (1997), S. 321 sowie Seite 68 ff. der Arbeit.

[309] Nach Aussage von Vikas können auf diese Weise erfahrungsgemäß ca. 50 % der Kosten leistungsabhängig geplant und gesteuert werden. Vgl. Vikas (1991), S. 138.

Sicht variablen Kosten nicht notwendigerweise auch kurzfristig abbaubar sind.[310]

Die nicht leistungsmengenabhängig zu erfassenden Kosten der Kostenstelle müssen weiterhin kostenstellenbezogen budgetiert werden.[311] Die modifizierte Grenzplankostenrechnung ist damit eine Teilkostenrechnung und ermöglicht keinen Vollkostenausweis auf Kostenträgerebene.

Prozesskostenrechnung

Ähnlich wie bei der Vorgangskostenrechnung ist die mangelnde kostenwirt-schaftliche Transparenz in Gemeinkostenbereichen bei der traditionellen Voll-kostenrechnung der Ausgangspunkt der Überlegungen zur Anwendung der Pro-zesskostenrechnung in der öffentlichen Verwaltung.[312] Im Unterschied zu der modifizierten Grenzplankostenrechnung ist die Prozesskostenrechnung aber eine Vollkostenrechnung, da mithilfe der definierten Teil- und Hauptprozesse alle Kosten, das heißt sowohl variable als auch fixe Gemeinkosten auf die Kosten-träger verrechnet werden können.[313]

Grundgedanke der Prozesskostenrechnung ist eine Betrachtung des gesamten Unternehmensgeschehens als eine strukturierte Folge von Aktivitäten, Teilpro-zessen und Hauptprozessen.[314] Im Rahmen einer kostenstellenbezogenen Tätig-keitsanalyse werden Aktivitäten definiert und zu Teilprozessen zusammenge-fasst. Beim Aufbau einer Prozesshierarchie werden die Teilprozesse zu kosten-stellenübergreifenden Hauptprozessen zusammengefasst. Den definierten Pro-zessen werden Bezugsgrößen, das heißt Maßgrößen für Teilprozesse und Cost Driver für Hauptprozesse zugeordnet, mit deren Hilfe die Leistungen der Teil- und Hauptprozesse quantifiziert und die Kostenverursachung auf den unter-schiedlichen Verrechnungsebenen deutlich gemacht werden.[315] Die Prozesse sind außerdem in leistungsmengeninduzierte (lmi) und leistungsmengenneutrale (lmn) Prozesse zu unterscheiden, das heißt in Prozesse, deren Kosten sich be-

---

[310] Vgl. Schmidberger (1994), S. 285.

[311] Vgl. Vikas (1991), S. 137 sowie Schmidberger (1994), S. 285 und Seifert (1998), S. 81.

[312] Zu der Entwicklung und dem Einsatz einer Prozesskostenrechnung für die öffentliche Verwaltung bestehen mittlerweile eine Vielzahl von Veröffentlichungen. Siehe dazu neben den bereits oben genannten vor allem Zimmermann/Grundmann (1996), Zimmermann/ Grundmann (1999) und Schwarze/Koß (1996), insbesondere S. 63 ff. sowie für öffentliche Unternehmen bzw. Dienstleistungsunternehmen allgemein: Anton (1998) und AWV-Arbeitsgemeinschaft für wirtschaftliche Verwaltung e. V. (1998).

[313] Vgl. Seifert (1998), S. 170.

[314] Vgl. Schwarze/Koß (1996), S. 64 und Seifert (1998), S. 171.

[315] Vgl. Zimmermann/Grundmann (1996), S. 111.

züglich der von den Kostenstellen zu erbringenden Leistungen mengenvariabel bzw. mengenneutral verhalten. Den Teilprozessen werden Prozessmengen und Kosten zugeordnet. Nach Berechnung der Teilprozesskostensätze und Feststellung der mengenmäßigen Inanspruchnahme der Teilprozesse durch die Hauptprozesse werden die Hauptprozesskostensätze (ebenfalls lmi und lmn Kostensätze) berechnet. Die Prozesskosten können dann gemäß der für die jeweilige Erstellung eines Produkts notwendigen Prozessmengen auf die Kostenträger, also Produkte verrechnet werden (Prozesskalkulation).[316]

Die Prozesskostenrechnung stellt auf diese Weise ein Bindeglied zwischen Kostenstellen- und Kostenträgerrechnung dar: Die Beziehung zwischen Kostenhöhe und den Kostenbestimmungsfaktoren wird nicht nur innerhalb einer Kostenstelle, sondern auch kostenstellenübergreifend mithilfe der Cost Driver dargestellt.[317] Auf diese Weise weist die Prozesskostenrechnung im Hinblick auf die Erfüllung der Rechnungszwecke der Kostenrechnung einige Vorteile insbesondere gegenüber der traditionellen Vollkostenrechnung auf.[318] Zum einen stellt die Prozesskostenrechnung sowohl Plan- als auch Istkosten zur Verfügung und ermöglicht eine leistungsmengenabhängige Wirtschaftlichkeitskontrolle auf Kostenstellenebene. Dabei führt die Definition von Teil- und Hauptprozessen und deren Bewertung mit Kosten zu einer höheren Kosten- und Leistungstransparenz und zur Aufdeckung von nicht-wertschöpfenden Prozessen.[319]

Durch die Definition von Bezugsgrößen, mit deren Hilfe die Inanspruchnahme der Hauptprozesse durch die Produkte gemessen werden kann, ist zudem eine prozessorientierte Produktkalkulation und damit eine Vollkostenbetrachtung möglich. Im Gegensatz zur traditionellen Vollkostenrechnung ist der über eine Zuschlagskalkulation auf die Kostenträger geschlüsselte Gemeinkostenanteil entscheidend reduziert, da durch die leistungsmengeninduzierten Prozesskosten eine Verrechung gemäß der tatsächlichen Inanspruchnahme der Ressourcen auf die Kostenträger erfolgt.[320] Damit ermöglicht die Prozesskostenrechnung eine verursachungsgerechtere Kostenzurechnung auf die Produkte und liefert eine verbesserte Informationsbasis für die Preisbildung bzw. Preisrechtfertigung oder beispielsweise für Entscheidungen über Eigenbezug oder Fremdfertigung.[321]

---

[316] Vgl. Mussnig (1996), S. 265 f.

[317] Vgl. Schweitzer/Küpper (1995), S. 66.

[318] Zu einer kritischen Bewertung der Prozesskostenrechnung vgl. auch Siems (2002), S. 374 ff.

[319] Vgl. Haiber (1997), S. 329.

[320] Vgl. Zimmermann/Grundmann (1996), S. 114.

[321] Vgl. Coenenberg (1997), S. 231.

Diesen Vorteilen der Prozesskostenrechnung stehen aber eine Reihe von Nachteilen gegenüber:

- Ähnlich wie bei der modifizierten Grenzplankostenrechnung verbleibt ein nicht auf die Produkte verrechenbarer Anteil an Fixkosten (oder Gemeinkosten), der allerdings bei der Prozesskostentrechnung nicht auf der Kostenstelle 'stehen bleibt', sondern als Kosten der leistungsmengenneutralen Prozesse per Umlage auf die Kosten der leistungsmengeninduzierten Prozesskosten geschlüsselt wird. Insofern kann auch die prozessorientierte Produktkalkulation nicht vollständig auf eine nicht verursachungsgerechte Schlüsselung von Gemeinkosten verzichten.

- Ebenso ist die Doppelfunktion von Bezugsgrößen insbesondere für die Leistungen der indirekt-produktiven Bereiche häufig nicht gegeben. Die Bezugsgrößen eignen sich zwar für die Leistungsmessung der Kostenstelle, aber nicht für die Weiterverrechnung auf die Kostenträger, so dass ihre Nutzung für die Produktkalkulation häufig zu nicht verursachungsgerechter Kostenzurechnung führt.[322]

- Mit der Definition von Prozessen und Bezugsgrößen ist die Berechnung von Sollkosten und damit die Durchführung einer Abweichungsanalyse möglich. Allerdings weist eine positive Soll-Ist-Abweichung nicht unbedingt auf eine Verbrauchsabweichung und damit auf kurzfristig beeinflussbare Kosten hin, sondern es kann sich aufgrund der bestehenden Fixkostendominanz auch um Leerkosten handeln,[323] die nicht kurzfristig von der Kostenstellenleitung beeinflusst werden können.[324] Damit weist die Prozesskostenrechnung aber dasselbe Defizit wie die modifizierte Grenzplankostenrechnung aus: Mithilfe der Vorgangs- oder Prozessdefinition und entsprechender Bezugsgrößen werden Fixkosten leistungsabhängig proportionalisiert (bei der Prozesskostenrechnung in noch größerem Umfang), Informationen über die Abbaufähigkeit bzw. Fristigkeit der Fixkosten, die den Prozessen oder Vorgängen zugeordnet sind, bleiben aber unberücksichtigt.[325] Mit anderen Worten: Mit der Zurechnung von Kosten auf Prozesse bzw. Vorgänge werden Gemeinkosten zwar zu (Prozess-) Einzelkosten aber Fixkosten nicht automatisch zu variablen Kosten oder -

---

[322] Vgl. Mussnig (1996), S. 267. Diese Problematik wurde bereits im Zusammenhang mit der Kostenstellenrechnung erwähnt. Vgl. dazu S. 68 ff. der Arbeit.

[323] Also um ungenutzte Kosten der Betriebsbereitschaft. Vgl. Schmidt (1998), S. 208.

[324] Vgl. Seifert (1998), S. 188 f.

[325] Siehe dazu obige Anmerkungen zur Vorgangskostenrechnung sowie Haiber (1997), S. 323, dessen Kritik an der modifizierten Grenzplankostenrechnung sich genauso auf die Prozesskostenrechnung übertragen lässt. An anderer Stelle weist Haiber auch auf die weitgehende Übereinstimmung von beiden Kostenrechnungssystemen hin: Siehe Haiber (1997), S. 330.

noch genauer - längerfristig beeinflussbare Kosten nicht automatisch zu kurzfristig beeinflussbaren Kosten.[326]

Zumindest kritisch zu hinterfragen ist die sowohl der Konzeption der modifizierten Grenzplankostenrechnung als auch der Prozesskostenrechnung zugrunde liegende Prämisse, dass die Kosten- und Leistungsstruktur von Dienstleistungsunternehmen derjenigen der indirekt-produktiven Bereiche von Industrieunternehmen gleicht. Der öffentlichen Verwaltung als speziellem Dienstleistungsunternehmen wird diese Annahme insbesondere unter Berücksichtigung der Heterogenität der definierten Produkte nicht gerecht.[327] Die Übereinstimmung besteht nur, soweit es sich um standardisierte Verwaltungsabläufe handelt. Dagegen ist eine Gleichsetzung von Leistungen indirekt-produktiver Bereiche mit komplexeren Leistungen, wie beispielsweise personenbezogenen Betreuungs- und Beratungsleistungen oder Projekttätigkeiten nicht möglich. Diese nicht standardisierbaren Leistungen zeichnen sich dadurch aus, dass die zu ihrer Erstellung notwendigen Prozessabläufe variieren:[328] Während die Prozessschritte zur Erstellung einer Baugenehmigung weitgehend determiniert sind, so können beispielsweise für eine Beratungs- oder Betreuungsleistung im Jugendhilfebereich jeweils unterschiedliche Prozesse in Anspruch genommen werden. Da bei den nicht standardisierbaren Leistungen sowohl Anzahl als auch Art der in die Hauptprozesse eingehenden Teilprozesse bzw. der in die Erstellung eines Produkts eingehenden Hauptprozesse stark variieren, sind insbesondere die Voraussetzungen für eine prozessorientierte Produktkostenplanung nicht gegeben. Entsprechend wird in der Literatur zur Prozesskostenrechnung mehrfach darauf hingewiesen, dass sich die Prozesskostenrechnung überwiegend für repetitive, standardisierte Verwaltungsprozesse eignet und damit kein Kostenrechnungssystem darstellt, was in umfassender Weise für alle Leistungsbereiche eingesetzt werden kann.[329] Die Kritik der mangelnden Eignung für individuelle, nicht programmierbare Leistungen gilt ebenso auch für die Vorgangskostenrechnung.[330]

---

[326] Vgl. Zimmermann/Grundmann (1996), S. 115. Zur Unterscheidung in fixe und variable Kosten einerseits und längerfristig und kurzfristig beeinflussbare Kosten andererseits vgl. Witt (1991), S. 29, der auf die unterschiedlichen Perspektiven - Kostenstruktur einerseits und Kostenbeeinflussbarkeit andererseits - hinweist.

[327] Vgl. die Ausführungen zu den Charakteristika von öffentlichen Dienstleistungen auf S. 20 ff. der Arbeit.

[328] Vgl. Schmidberger (1994), S. 253.

[329] Vgl. Haiber (1997), S. 333 und Schwarze (1999), S. 65. Beispielsweise sieht die Kostenrechnungskonzeption für die Bundesverwaltung in ihrer aufgabentypspezifischen KLR-Tool-Box eine prozessorientierte Standard-Einzelkostenrechnung für Produkte mit repetitiver Tätigkeit vor. Siehe Bundesministerium für Finanzen (1997), S. 35.

[330] Vgl. Schmidberger (1994), S. 289 und Haiber (1997), S. 321.

In unmittelbarem Zusammenhang mit dieser Einschränkung steht der hohe Aufwand, mit dem sowohl Einführung als auch laufender Betrieb der Prozesskostenrechnung verbunden sind.[331] So ist neben der umfangreichen aber einmaligen Tätigkeitsanalyse für die Ermittlung der Plankosten eine analytische Kostenplanung auf Prozessebene zumindest für die Personalkosten und für die Ermittlung der Istkosten die Durchführung einer permanenten Zeiterhebung auf Prozessebene notwendig.[332] Kritisch ist dabei nicht so sehr die Art und Weise der Ermittlung: Nur wenn die tatsächliche Verteilung der Personalkosten auf die Prozesse ermittelt wird und diese Ist-Verteilung der geplanten Verteilung der Personalkosten gegenübergestellt wird, lassen sich Ursachen für ineffizienten Ressourceneinsatz aufdecken. Problematisch erscheint aber der in den Konzeptionen vorgeschlagene Detaillierungsgrad. So führt beispielsweise eine Kosten- und Mengenermittlung auf der Ebene der einzelnen Teilleistungen eines Bauantrags[333] zu einem zusätzlichen Arbeitsaufwand insbesondere innerhalb der Kostenstellen, der sich zum einen Mitarbeiter/-innen und Kostenstellenverantwortlichen nur schwer vermitteln lässt und zum anderen dysfunktionale Auswirkungen der Kostenrechnung verstärkt bzw. schafft.[334]

Für die zukünftige Gestaltung der Prozesskostenrechnung in der öffentlichen Verwaltung sollten vor allem folgende Anforderungen berücksichtigt werden:

- Aufgrund der mangelnden Eignung der Prozesskostenrechnung für heterogene, nicht programmierbare Leistungen sollte ihr Einsatz nicht flächendeckend sein, sondern nur in Bereichen erfolgen, die durch standardisierte Arbeitsabläufe gekennzeichnet sind. Dies setzt aber eine durchgängige Aufgabentypologisierung der von der jeweiligen Verwaltung erstellten Leistungen im Hinblick auf die Eignung verschiedener Kostenrechnungssysteme voraus.

- Der mit dem Aufbau und dem laufenden Betrieb der Prozesskostenrechnung verbundene Aufwand kann durch die Reduktion von Prozessebenen reduziert werden: Eine Möglichkeit besteht darin, die kostenstellenübergreifenden Prozesse, also die Hauptprozesse, gleichzeitig als Kostenträger

---

[331] Auf den mit der Prozesskostenrechnung verbundenen hohen Aufwand wird zum einen in der Literatur hingewiesen. Vgl. beispielsweise Witten (2000), S. 42. Andererseits weisen aber auch erste empirische Untersuchungen zur Implementation und Nutzung von Kostenrechnungssystemen in der öffentlichen Verwaltung darauf hin: Vgl. Untersuchung Weber/ Hunold (2002), S. 39, aus der deutlich wird, dass sich die Prozesskostenrechnung zumindest auf kommunaler Ebene bisher nicht durchgesetzt hat.

[332] Vgl. Seifert (1998), S. 179 ff.

[333] Vgl. Zimmermann/Grundmann (1996), S. 109 ff.

[334] Vgl. dazu auch die Ausführungen auf S. 98 ff. der Arbeit.

und damit als Produkte zu definieren. Auf diese Weise ist eine produktbezogene Aggregation von Teilprozesskosten möglich.[335]

- Um die Prozesskostenrechnung als wirksames Planungs- und Kontrollinstrument sinnvoll nutzen zu können, sollte auf eine vollständige Verrechnung der Prozesskosten bis auf die Kostenträger verzichtet werden.[336]

Diese Ausgestaltung der Prozesskostenrechnung als Teilkostenrechnung findet sich beispielsweise in der von Furch dargestellten relativen Standardprozesskostenrechnung, bei der die Prozesskostenrechnung durch den Einsatz der stufenweisen Fixkostendeckungsrechnung ergänzt wird.[337] Eine nähere Erläuterung dieses Kostenrechnungssystem erfordert aber zunächst die Darstellung der stufenweisen Fixkostendeckungsrechnung

Stufenweise Fixkostendeckungsrechnung

Die stufenweise Fixkostendeckungsrechnung stellt kein eigenes Kostenrechnungssystem dar, sondern eine Weiterentwicklung der Grenzplankostenrechnung mit dem vorrangigen Ziel, einen differenzierteren Ausweis des Fixkostenblocks zu ermöglichen, als dies bei der traditionellen Grenzplankostenrechnung möglich ist.[338] In diesem Sinne wird die stufenweise Fixkostendeckungsrechnung als Kostenrechnungssystem für die öffentliche Verwaltung von einigen Autoren als ergänzendes Instrument zu der Vorgangskostenrechnung aber auch zur Prozesskostenrechnung genannt.[339] Die stufenweise Fixkostendeckungsrechnung bezieht sich auf den Ausweis von periodenbezogenen Kosten und Erlösen und ist somit Teil der Kostenträgerzeitrechnung bzw. kurzfristigen Erfolgsrechnung. Bezogen auf öffentliche Verwaltung ermöglicht die stufenweise Fixkostendeckungsrechnung produktorientierte Planungs- und Kontrollrechnungen und dient durch Ermittlung von Kostendeckungsgraden der Effizienzkontrolle sowie der Ermittlung von produktorientierten Budgets.[340] Grundgedanke der stufen-

---

[335] Vgl. Seifert (1998), S. 193.

[336] Die Kosten, die sich keinem Prozess zurechnen lassen, sollten nur auf der Kostenstelle budgetiert werden. Vgl. dazu weiter unten die Ausführungen zur relativen Standardprozesskostenrechnung.

[337] Siehe dazu Furch (1995), 21 ff.

[338] Vgl. Mussnig (1996), S. 42 und Witt (1991), S. 47.

[339] Vgl. Schmidberger (1994), S. 289 und 292, sowie Seifert (1998), S. 121. Siehe außerdem zu einer Darstellung der prozessorientierten Deckungsbeitragsrechnung Seifert (1998), S. 191 ff. und Haiber (1997), S. 330 ff.

[340] Vgl. Seifert (1998), S. 194.

weisen Fixkostendeckungsrechnung ist eine Aufspaltung des Fixkostenblockes in verschiedene Entscheidungsebenen, so dass je nach gewählten Kalkulationsobjekten beispielsweise Produktfixkosten, Produktgruppenfixkosten, Produktbereichsfixkosten sowie Fixkosten des Leistungs- und Verantwortungszentrums und der Verwaltung insgesamt gesondert ausgewiesen werden. Auf diese Weise werden die 'Fixkostenschichten' zu Einzelkosten der jeweiligen Hierarchieebene.[341]

In der Abbildung 4 ist die stufenweise Fixkostendeckungsrechnung in vereinfachter, allgemeiner Form für einen Fachbereich einer Kommunalverwaltung dargestellt:[342]

	Leistungs- und Verantwortungszentrum 1				Leistungs- und Verantwortungszentrum 2			
	Produktgruppe 1		Produktgruppe 2		Produktgruppe 3		Produktgruppe 4	
	Produkt 1	Produkt 2	Produkt 3	Produkt 4	Produkt 5	Produkt 6	Produkt 7	Produkt 8
+ Produkterlöse	200	0	100	0	150	130	120	0
- variable Kosten Produkt	100	20	50	10	40	20	60	20
= DB I	100	-20	50	-10	110	110	60	-20
- fixe Kosten Produkt	80	80	40	90	200	150	40	90
= DB II	20	-100	10	-100	-90	-40	20	-110
- fixe Kosten Produktgruppe	30		40		50		40	
= DB III	-110		-130		-180		-130	
- fixe Kosten LuV	40				50			
= DB IV	-280				-360			
- fixe Kosten Fachbereich	50							
= DB V	-690							

Abbildung 4: Vereinfachtes Beispiel für eine stufenweise Fixkostendeckungsrechnung aus Sicht eines Fachbereiches (in 1000 EUR)[343]

In einem ersten Schritt werden die Erlöse pro Produkt, also etwaige Gebühreneinnahmen oder Beiträge soweit überhaupt vorhanden, ermittelt und nach Abzug der variablen Kosten der Produkte der Deckungsbeitrag I berechnet. Die Aussagefähigkeit des Deckungsbeitrags I ist aufgrund des in der Regel geringen Umfangs der variablen Kosten nicht besonders hoch (hauptsächlich Sachkosten, wie

---

[341] Vgl. Witt (1991), S. 52, der darauf hinweist, dass die stufenweise Fixkostendeckungsrechnung damit Ähnlichkeiten mit der von Riebel entwickelten relativen Einzelkosten- und Deckungsbeitragsrechnung aufweist.

[342] Vgl. zur Herleitung der einzelnen Deckungsbeitragsstufen insbesondere Witt (1991), S. 48 f.

[343] In Anlehnung an Witt (1991), S. 50.

beispielsweise Materialkosten, aber keine Personalkosten mit Ausnahme von Honorarkosten für freie Mitarbeiter/-innen).

Zur Berechnung des Deckungsbeitrags II werden die den Produkten als Einzelkosten zurechenbaren Fixkosten subtrahiert: Dieses sind vor allem die mittels Zeiterhebung den Produkten zugerechneten Personalkosten sowie als Produkteinzelkosten erfassbare Sachkosten. Der Deckungsbeitrag II gibt an, inwieweit die Produkteinzelkosten durch die Erlöse gedeckt sind und ermöglicht - im Vergleich mit Plan-, Vorjahres- oder Produktdaten vergleichbarer Verwaltungseinheiten - dem Produktverantwortlichen eine Aussage zur Effizienz bzw. die Kontrolle der Effizienz der Produkterstellung.

Im nächsten Schritt werden diejenigen Fixkosten betrachtet, die nicht mehr den einzelnen Produkten zugerechnet werden können, sondern Einzelkosten aus Sicht der Produktgruppe darstellen. Der Deckungsbeitrag III zeigt für alle Produktgruppen einen Zuschussbedarf, da die Produktgruppenkosten durch die Erlöse der dazugehörigen Produkte nicht gedeckt sind.

Für die Berechnung des Deckungsbeitrags IV werden die Fixkosten des Leistungs- und Verantwortungszentrums insgesamt subtrahiert. Bei diesen Kostenstelleneinzelkosten handelt es sich beispielsweise um anteilige Personalkosten der Kostenstellenleitung, Abschreibungen für einen von der Kostenstelle genutzten PC sowie Kosten für die Inanspruchnahme von internen Leistungen, die sich nur auf die Kostenstelle, nicht aber auf die Produkte zurechnen lassen. Der entsprechend ermittelte Deckungsbeitrag gibt der Kostenstellenleitung zunächst nur einen Überblick darüber, inwieweit die von den Kostenstellen zu beeinflussenden Kosten durch die Gebühreneinnahmen der von der Kostenstelle erstellten Produkte gedeckt sind. Für eine Analyse der Kostenwirtschaftlichkeit der Kostenstelle ist dagegen eine detaillierte Betrachtung der Kostenstellenkosten notwendig.

Dasselbe gilt für den Deckungsbeitrag V, der nach Abzug derjenigen Fixkosten auf Abteilungsebene (=Fachbereichsebene), die weder den Produkten der Abteilung noch den Kostenstellen der Abteilung zugerechnet werden können, den Kostendeckungsgrad für die Abteilung insgesamt zeigt. Auch diese separat auf Abteilungsebene aufgezeigten Kosten lassen sich nur durch Betrachtung der entsprechenden Kostenstellenkosten im Hinblick auf Erhöhung der Kostenwirtschaftlichkeit analysieren.

Um den Kostendeckungsgrad für die gesamte Verwaltung zeigen zu können, muss die Darstellung in Abbildung 4 um die Ergebnisse der stufenweisen Fixkostendeckungsrechnung für weitere Fachbereiche der Verwaltung ergänzt werden. Von dem Deckungsbeitrag V müssen dann die fixen Kosten der Verwaltung gesamt subtrahiert werden, um so den Deckungsbeitrag für die Kommunalverwaltung insgesamt darstellen zu können. Bei den fixen Kosten auf Verwaltungsgesamtebene handelt es sich vor allem um Leitungskosten und um

Kosten von Stabsstellen, wie beispielsweise Kosten des Rechtsamtes oder des Steuerungsdienstes, die den einzelnen Fachbereichen nicht direkt zugerechnet werden können.

Neben der Effizienzkontrolle soll das mithilfe der stufenweisen Fixkostende-ckungsrechnung ermittelte Ergebnis auch der Festlegung der produktorientierten Budgets des Folgejahres dienen.[344] Da die in dem Beispielfall aufgeführten Er-löse keine kostendeckenden, sondern administrierte, einkommensabhängig ge-staltete Gebühren darstellen, sind die berechneten Deckungsbeiträge negativ. Sie zeigen jeweils den stufenbezogenen Zuschussbedarf und können damit als Grundlage für die Festlegung von Produkt- bzw. Produktgruppenbudgets und Kostenstellenbudgets herangezogen werden.

In ihrer Anwendung in der Praxis birgt die stufenweise Fixkostendeckungsrech-nung häufig die Gefahr, die auf den verschiedenen Hierarchieebenen differen-zierten Fixkosten bis auf die Ebene des einzelnen Produkts zu schlüsseln, um Produktstückkosten auf Vollkostenbasis ermitteln zu können.[345] In dem darge-stellten Beispiel würde dies bedeuten, dass die differenzierten Fixkosten stufen-weise wieder auf die Produkte geschlüsselt werden, so dass neben den Teilkos-ten der Produkte auch erweiterte Teilkosten auf verschiedenen Stufen (inklusive anteilige Kostenstellenkosten, anteilige Kosten des LuVs insgesamt und antei-lige Kosten des Fachbereichs) und Vollkosten (inklusive der anteiligen Kosten auf Verwaltungsgesamtebene) ausgewiesen werden können.[346] Sobald aber erweiterte Teilkosten oder Vollkosten als Produktkosten für Steuerungs- und Planungszwecke zugrundegelegt werden, ist dies insbesondere mit folgenden Nachteilen verbunden:

- Die stufenweise Verrechnung von Fixkosten bis auf die Produkte wider-spricht dem Verursachungsprinzip der Kostenverrechnung, demzufolge einem Kostenträger nur diejenigen Kosten zugerechnet werden dürfen, die dieser verursacht hat.[347]

- Mit steigendem Umfang der auf die Produkte geschlüsselten Fixkosten übergeordneter Hierarchieebenen sinkt entsprechend die Aussagefähigkeit der ermittelten Produktkosten im Hinblick auf eine Effizienzkontrolle:[348]

---

[344] Vgl. Furch (1995), S. 24 und Herbert/Goebel (1998), S. 213 ff.

[345] Vgl. Witt (1991), S. 52.

[346] Diese Vorgehensweise sieht das Berliner Kostenrechnungskonzept vor. Siehe dazu Berlin (1995b), S. 42 f. sowie zum Musteraufbau eines entsprechend konzipierten Produktberichtes das Konzept zum Controlling und Berichtswesen in der Berliner Verwaltung, Berlin (1995c), Anlage 2, S. 18 ff.

[347] Vgl. Haberstock (1998), S. 48.

[348] Siehe zu der Kritik an der beschriebenen Vorgehensweise insbesondere Hauser/Furch (1998), S. 207 ff.

Wenn über 50% der Produktkosten nicht unmittelbar durch das Produkt verursacht werden,[349] stellt sich die Frage des adressatengerechten Informationsausweises aus Sicht des Produktverantwortlichen. Ein Großteil der ausgewiesenen Kosten kann auch durch eine Erhöhung der Effizienz der Produkterstellung nicht beeinflusst werden. Zudem sinkt die Transparenz eines Produktkostenvergleichs zwischen Verwaltungen, die gleiche Produkte erstellen, da Umlageschlüssel unterschiedlich festgelegt werden und von der Aufbauorganisation der jeweiligen Verwaltung abhängig sind.[350]

- Aus den gleichen Gründen eignen sich die auf erweiterter Teilkosten- oder Vollkostenbasis kalkulierten Produktkosten auch als Budgetierungsgrundlage nur bedingt. Die mit der Budgetvorgabe verbundene Anreizfunktion ist bei einer Kostenbasis, die aus Sicht des Produktverantwortlichen (oder auch Kostenstellenverantwortlichen) nicht beeinflussbare Kosten enthält, nur eingeschränkt vorhanden.

Unter Berücksichtigung der genannten Kritikpunkte kann möglicherweise eine Kombination von Teilen der Prozesskostenrechnung und der stufenweisen Fixkostendeckungsrechnung ein Kostenrechnungssystem für die öffentliche Verwaltung darstellen, bei dem Vorteile beider Systeme genutzt werden können. Einen möglichen Ansatz stellt die bei Furch dargestellte „relative Standardprozesskostenrechnung"[351] dar, die im folgenden erläutert werden soll.[352]

Relative Standardprozesskostenrechnung

Grundidee der relativen Standardprozesskostenrechnung ist eine Kombination von Prozesskostenrechnung und stufenweiser Fixkostendeckungsrechnung: Während die Kosten einerseits soweit wie möglich prozessbezogen erfasst werden, verbleiben diejenigen Kosten, die sich keinem Prozess direkt zurechnen lassen, auf der Kostenstelle und werden auch nur kostenstellenbezogen budgetiert. Da auf diese Weise nicht alle Kosten auf die Kostenträger verrechnet werden, erfolgt in der Kostenträgerrechnung ein Teilkostenausweis, in der Kostenstellenrechnung dagegen eine Vollkostenbetrachtung.

---

[349] Siehe hierzu beispielhaft den Produktkostenbericht der Senatsverwaltung für Finanzen des Landes Berlin: Senatsverwaltung für Finanzen des Landes Berlin (2000), S. 24.

[350] Vgl. Hauser/Furch (1998), S. 208 f.

[351] Furch (1995), S. 21.

[352] Vgl. dazu Furch (1995), S. 21 ff.

Das Periodenergebnis setzt sich zusammen aus der Summe der Kostenträger-kosten abzüglich der produktbezogenen Erträge (Gebühreneinnahmen) und dem Saldo aus nicht weiterverrechneten Kostenstellenüber- bzw. -unterdeckungen.[353] Wie in den Ausführungen zur Leistungsverrechnung bereits angedeutet, erfolgt die Verrechnung der internen Leistungen nur zwischen den Kostenstellen.[354] Kosten aus der Verrechnung von internen Leistungen werden als Sekundärkos-ten im Kostenstellenbericht, Erlöse aus der Leistungsverrechnung ebenfalls nur im Kostenstellenbericht ausgewiesen. Das Budget setzt sich demzufolge aus dem Produktbudget als Summe aus Produkteinzelkosten abzüglich direkter Er-löse und aus dem Kostenstellenbudget als Summe aus Primär- und Sekundär-kosten abzüglich der Erlöse aus innerbetrieblicher Leistungsverrechnung zu-sammen.[355]

Versucht man die in der Prozesskostenrechnung vorgesehene Einteilung in kos-tenstelleninterne Teilprozesse und kostenstellenübergreifende Hauptprozesse andererseits in die beschriebene Systematik zu integrieren, so lassen sich drei Arten von Prozessen differenzieren: Dieses sind zum einen Teilprozesse, die interne Vorleistungen darstellen und sich auf Kostenstellen, aber nicht auf Kos-tenträger verrechnen lassen (Beispiel Schreibdienste). Davon zu unterscheiden sind Teilprozesse, die Bestandteil der Prozesskette des Endproduktes sind und diesem direkt zugerechnet werden können (Beispiel Umweltgutachten).[356] Die Endprodukte, also die externen Produkte, sind das Ergebnis hierarchieunabhän-gig definierter Hauptprozesse.[357] Dieses entspricht dem oben genannten Vor-schlag, Hauptprozesse als Produkte zu definieren und damit die Komplexität der Prozesskostenrechnung zu reduzieren. Nur die Hauptprozesse und die den Pro-dukten direkt zurechenbaren Teilprozesse sind als Kostenträger zu definieren. Dagegen sind die Teilprozesse der Hilfskostenstellen interne Verrechnungen, die als Sekundärkostenarten in der Kostenstellenrechnung ausgewiesen werden. In dem Fall, in dem Kosten nicht auf Prozesse zugerechnet werden, verbleibt die Kostenverantwortung bei der Kostenstelle. Die Kosten werden als Unterdeckung der Kostenstelle ausgewiesen (die durch einen möglichen positiven Saldo aus der Verrechnung von Leistungen teilweise kompensiert werden könnte) und können auf nicht ausgeschöpfte Kostensenkungspotentiale hinweisen.[358]

---

[353] Vgl. Furch (1995),S. 22.

[354] Vgl. S. 68 ff. der Arbeit.

[355] Vgl. Hauser/Furch (1998), S. 216 ff.

[356] Vgl. Hauser/Furch (1998), S. 215 f. Auf diese notwendige Differenzierung bei internen Leistungen wurde bereits bei der Darstellung der innerbetrieblichen Leistungsverrechnung hingewiesen. Siehe dazu die Ausführungen auf S. 68 ff der Arbeit.

[357] Vgl. Furch (1995), S. 22.

[358] Vgl. Furch (1995), S. 22.

Die auf diese Weise ausgestaltete Systemvariante der Prozesskostenrechnung ergänzt die stufenweise Fixkostendeckungsrechnung derart, dass einige Nachteile der 'traditionellen' Prozesskostenrechnung vermieden und gleichzeitig deren Vorteile sinnvoll genutzt werden können:

- Mit der Definition von Prozessen, deren Bewertung mit Kosten und deren Verrechnung auf Kostenstellen bzw. Kostenträger wird der auf den einzelnen Stufen der Fixkostendeckungsrechnung jeweils undifferenziert ausgewiesene Fixkostenblock reduziert.

- Damit können die mit einer Verrechnung von internen Leistungen verbundenen Anreizeffekte realisiert werden, die noch verstärkt werden, wenn die Verrechnung auf Basis von Normal- bzw. Standardkosten oder Plankosten erfolgt.[359]

- In der Kostenstellenrechnung ist mit der leistungsmengenabhängigen Erfassung von Kosten die Durchführung einer Soll-Ist-Abweichungsanalyse möglich. In der Kostenträgerrechnung können durch die Definition von produktbezogenen Teilprozessen und hierarchieübergreifenden Hauptprozessen Prozessketten transparent gemacht und gestaltet werden.[360]

- Gleichzeitig wird der Kritik der fehlenden Doppelfunktion der Bezugsgrößen in der Prozesskostenrechnung Rechnung getragen: Prozesse, deren Bezugsgrößen keine messbare Beziehung zu den Endprodukten aufweisen, werden nicht auf die Kostenträger verrechnet, sondern nur in der Kostenstellenrechnung über die interne Leistungsverrechnung abgebildet.

- Eine Erfassung von leistungsmengenneutralen Prozesskosten kann vollständig unterbleiben, da die Kostenstellenkosten nicht vollständig auf die Kostenträger verrechnet werden müssen. Damit ist auch keine willkürliche Schlüsselung von Gemeinkosten auf Produkte notwendig.

Die dargestellte Variante vermeidet zudem den bereits kritisch angemerkten Detaillierungsgrad, der normalerweise mit der Prozesskostenrechnung verbunden ist: Eine Definition der Produkte auf Hauptprozessebene ermöglicht eine sinnvolle Integration der relativen Standardprozesskostenrechnung in bereits in der Praxis entwickelte Kostenträgerrechnungen, die in der Regel auf der Ebene Produkt gleich Kostenträger ansetzen.

---

[359] Vgl. Furch (1995), S. 6 und Hauser/Furch (1998), S. 216 f. sowie die Ausführungen zur Festlegung der Preise für interne Verrechnungen auf S. 68 ff. der Arbeit.

[360] Vgl. Hauser/Furch (1998), S. 216.

3.3 Beurteilung der Kostenrechnung als führungsunterstützendes Controllinginstrument

Im folgenden sollen die Ergebnisse der Diskussion der verschiedenen Kostenrechnungssysteme zusammengefasst und eine Bewertung der gegenwärtigen konzeptionellen Ausgestaltung der Kostenrechnung erfolgen. Im Anschluss daran können Anforderungen an die zukünftige Ausgestaltung der Kostenrechnung als führungsunterstützendes Controllinginstrument formuliert werden.

Der Nutzen eines Kostenrechnungssystems misst sich an der Verwendbarkeit der bereitgestellten Daten. Ausgangspunkt einer Beurteilung der Kostenrechnungskonzeption ist demnach die Frage, inwiefern die zur Verfügung gestellten Informationen die mit einer (verwaltungsspezifischen) Kostenrechnung verfolgten Rechnungszwecke erfüllen.[361]

Eine von dem Lehrstuhl für Controlling der WHU und der KGSt durchgeführte aktuelle empirische Untersuchung zum Nutzen der Kostenrechnung in der Kommunalverwaltung deutet darauf hin, dass die Nutzungsintensität der Kostenrechnungsdaten insbesondere, was deren Kostenmanagementfunktionen, also Planungs-, Kontroll- und Steuerungsfunktion betrifft, bisher nicht besonders hoch ist.[362] So wird als vorrangiges Entscheidungsproblem, für dessen Lösung Kostenrechnungsdaten herangezogen werden, weiterhin die Entgeltkalkulation genannt, während die Nutzung von Kostenrechnungsinformationen für die Ermittlung von Plan-Ist-Abweichungen oder für die Festlegung des Budgets weitaus geringeres Gewicht erhält.

Gleichzeitig steht bei einer Befragung zu den von den Kommunalverwaltungen überwiegend eingesetzten Kostenrechnungssystemen die Vollkostenrechnung gegenüber der Deckungsbeitragsrechnung und der Prozesskostenrechnung einerseits und die Istkostenrechnung gegenüber der Plankostenrechnung und Normalkostenrechnung andererseits eindeutig im Vordergrund:[363] 73,4 % nutzen die Vollkostenrechnung jährlich bzw. monatlich. Dagegen nutzen nur 17,7 % die Deckungsbeitragsrechnung. Die Prozesskostenrechnung wird ausschließlich für Sonderrechnungen (5,1 %) genutzt. Während 68,9 % der befragten Kommunalverwaltungen die Istkostenrechnung periodisch einsetzt, nutzen nur knapp ein Drittel (30,6 %) eine Plankostenrechnung und lediglich 16,6 % eine Normalkostenrechnung regelmäßig.

Der überwiegende Einsatz einer Vollkostenrechnung auf Istkostenbasis gibt ebenfalls einen Hinweis darauf, dass zumindest, was den gegenwärtigen Einsatz der Kostenrechnung in der kommunalen Verwaltungspraxis betrifft, die Doku-

---

[361] Vgl. Schweitzer/Küpper (1995), S. 83.

[362] Vgl. zu der Studie Weber/Hunold (2002), S. 37 ff. und hier speziell S. 42.

[363] Vgl. Weber/Hunold (2002), S. 39.

mentationsfunktion der Kostenrechnung im Vordergrund zu stehen scheint und die Zielsetzungen, die mit dem Einsatz der Kostenrechnung als Controllinginstrument im Neuen Steuerungsmodell verbunden sind, dagegen nicht ausreichend erfüllt werden.

In eine ähnliche Richtung weisen Aussagen zu der im Rahmen der Berliner Verwaltungsreform eingeführten Kostenrechnung. Hierbei handelt es sich um ein relativ weit entwickeltes Kostenrechnungssystem, das auf der Bezirksebene vollständig eingeführt ist. Zudem werden die bereitgestellten Kostenrechnungsdaten seit dem Jahr 2001 schrittweise als Grundlage für die produktorientierte Budgetierung herangezogen.[364] Aber auch diesem System wird eine mangelnde Steuerungsunterstützung attestiert: So findet sich im Zusammenhang mit der Bewertung der Kosten- und Leistungsrechnung als Ergänzung und Verbesserung zu den bisherigen kameralen Steuerungssystemen die Aussage, dass die Stadt zwar „...ein neues *Steuerungssystem* bestellt, bisher aber lediglich ein vermeintlich verbessertes *Buchhaltungssystem* geliefert bekommen..“[365] hat. An anderer Stelle wird die mangelnde Steuerungsunterstützung des Kostenrechnungssystems aufgrund dessen Ausgestaltung als Vollkostenrechnung kritisiert.[366]

Vor dem Hintergrund dieser Ergebnisse und Einschätzungen sowie der obigen Darstellung der Kostenrechnungssysteme sollen nachfolgend vor allem folgende Kritikpunkte betrachtet werden:

- Insbesondere die Planungs- und Kontrollfunktion der Kostenrechnung werden nur unzureichend erfüllt, da die Kostenrechnung keine ausreichend entscheidungsorientierten Informationen liefert (*Gliederungspunkt 3.3.1*). Dies ist vor allem auf die nicht ausreichend flexible Ausgestaltung der Kostenrechnungssysteme sowie auf das weitgehende Fehlen einer Plankostenrechnung zurückzuführen.

- Bisher wird die (Verhaltens-)Steuerungsfunktion der Kostenrechnung nicht genügend unterstützt (*Gliederungspunkt 3.3.2*). Vor allem die fehlende Anbindung der Kostenrechnung an ein übergeordnetes Zielsystem sowie die hohe Komplexität der Kostenrechnungsinformationen führen zu Anreizdefiziten bei der Generierung und Nutzung der Kostenrechnungsdaten und zu dysfunktionalen Wirkungen der Kostenrechnung im Hinblick auf die übergeordnete Zielsetzung der Erhöhung der Effizienz und Effektivität der Leistungserstellung.

---

[364] Siehe dazu den entsprechenden Bericht der Senatsverwaltung für Finanzen des Landes Berlin (2000).

[365] Graßmann (2002), S. 21.

[366] Vgl. Hauser/Furch (1998), S. 207 ff.

3.3.1 Mangelnde Entscheidungsorientierung der Kosteninformationen

Fehlende Flexibilität des Kostenausweises

Im Sinne der oben genannten Zielsetzungen ist es Aufgabe der Kostenrechnung, den Entscheidungsträgern für Planungs- und Kontrollzwecke entscheidungsrelevante Informationen zur Verfügung zu stellen und Kalkulationsgrundlagen für die Gebührenfestlegung zu liefern. Diese unterschiedlichen Funktionen können nicht mit einem einzigen Kostenrechnungssystem erfüllt werden, sondern erfordern die Möglichkeit verschiedener Kostenausweisformen bzw. flexibler Kostenausweisformen.

Die bisher in der Praxis der öffentlichen Verwaltung vorrangig genutzte Vollkostenrechnung ist zwar für die Gebührenermittlung notwendig, erfüllt aber die Anforderungen der Planungs- und Kontrollfunktion nur unzureichend:

Eine Planung auf Basis von Vollkosten kann zu Fehlentscheidungen führen. Dies gilt sowohl für die Kosteninformationen zur Unterstützung mittel- bis langfristiger Entscheidungen als auch für die jährliche Budgetplanung.[367] Ursache der unzureichenden Kosteninformationen sind neben der bereits erwähnten Problematik der pauschalen Schlüsselung der Gemeinkosten vor allem die Proportionalisierung von Fixkosten, die fehlende Aufspaltung der Kosten in fixe und variable Kosten und die fehlende Berücksichtigung der zeitlichen Abbaubarkeit von Fixkosten.[368]

Geht man beispielsweise von einer Entscheidung über Eigenfertigung oder Fremdbezug aus, so dürfen in diese Entscheidung nur diejenigen Kosten miteinbezogen werden,

- die durch die betrachteten Leistungen bzw. den zu betrachtenden Bereich tatsächlich verursacht werden, also Primärkosten, wie Personal- und Sachkosten sowie Sekundärkosten soweit sie über die interne Leistungsverrechnung beeinflussbar sind (während also eine Leistungsverrechnung für Gebäudebewirtschaftung oder IT-Service miteinbezogen werden sollte, sind Umlagen aus übergeordneten Hierarchieebenen nicht zu berücksichtigen) und

- die mit der Entscheidung tatsächlich wegfallen. Dies erfordert eine Trennung der Kosten in fixe und variable Bestandteile sowie die Berücksichtigung der zeitlichen Abbaubarkeit von Fixkosten: So können beispielsweise die durch die Leistungserstellung verursachten Kosten für Ab-

---

[367] Vgl. zu den Aufgaben der Kostenrechnung im Rahmen der Planung S. 54 ff. der Arbeit.

[368] Vgl. Stephan (1999), S. 32.

schreibungen oder Raumkosten erst mittel- oder längerfristig (durch Veräußerung der Anlagegegenstände bzw. anderweitige Nutzung der Räume) abgebaut werden.[369]

An dieser Stelle ist also eine Entscheidung auf Teilkostenbasis sinnvoller. Das gleiche gilt für Kostenrechnungsinformationen für eine geplante Erweiterung oder Einschränkung des Leistungsprogramms. Bei einer Berechnung der möglichen Kostenreduktion auf Vollkostenbasis wird möglicherweise ein zu hoher Einsparungsbeitrag geplant. Im umgekehrten Fall, also bei einer Erweiterung des Leistungsangebots, das mit unveränderten Kapazitäten bereitgestellt werden kann, kann mit einer vollkostenbasierten Zuweisung ein zu hoher Betrag zugewiesen werden.[370] Grundsätzlich gilt: Je länger der Zeithorizont, desto eher sind die Fixkosten abbaubar. Gleichzeitig steigt mit zunehmendem Leistungsumfang, der abgebaut werden soll, auch der Umfang der im Gemeinkostenbereich einzusparenden Kosten. So führt ein Übergang von nachgeordneten Einrichtungen wie beispielsweise Kindertagesstätten oder Seniorenheimen in freie Trägerschaft notwendigerweise auch zu einem veränderten Arbeitsanfall in den allgemeinen Verwaltungsbereichen wie Personal, Haushalt und IT-Service und damit in der Konsequenz zu einem geringeren Personalbedarf in diesen Bereichen.

Deutlich wird außerdem, dass eine Kostenauflösung in fixe und variable Kosten aufgrund des hohen Fixkostenanteils in der öffentlichen Verwaltung in der Regel nicht ausreichend ist. Für die meisten Bereiche führt die Trennung der Kosten in Leistungs- und Bereitschaftskosten sowie die Berücksichtigung der Abbaubarkeit von Fixkosten, also des Kriteriums der zeitlichen Beeinflussbarkeit der Kosten weiter. Eine Trennung in fixe und variable Kosten bietet sich dagegen hauptsächlich für Bereiche mit einem hohen Anteil an variablen Personalkosten an (wie beispielsweise die Volkshochschule oder Musikschule), da hier ein Großteil der Personalkosten der angebotenen Produkte Honorarkosten und damit in der Regel variable Kosten sind. Handelt es sich gleichzeitig um einen einnahmenerzielenden Bereich, sind Entscheidungen über das Leistungsprogramm auf Basis einer einstufigen Deckungsbeitragsrechnung möglich. Dies gilt allerdings nur, soweit mit der Erweiterung oder Einschränkung des Leistungsangebotes keine Änderung der (räumlichen und organisatorischen) Kapazitäten, also keine Änderung der Fixkosten einhergeht.[371]

Für die jährliche Budgetplanung sowie für die laufende Kontrolle der Kostenwirtschaftlichkeit ist ebenfalls – wie bereits in den Ausführungen zur relativen Standardprozesskostenrechnung gezeigt werden konnte – ein Kostenausweis auf

---

[369] Vgl. Müller/Schedler (2002), S. 89 f.

[370] Vgl. Müller/Schedler (2002), S. 89.

[371] Siehe dazu Stephan (1999), S. 34 ff und Gierschner (1999), S. 294 ff.

Teilkostenbasis sinnvoller. Sowohl in der Planungs- als auch in der Kontroll-phase sind diejenigen Kosteninformationen entscheidungsunterstützend, die für die jeweiligen Entscheidungsträger die Beeinflussbarkeit der Kosten aufzeigen. Aus Sicht eines Produktverantwortlichen bzw. eines Kostenstellenverantwortli-chen sind dies die relativen Produkteinzelkosten bzw. Kostenstelleneinzelkos-ten. Dieser Teilkostenausweis umfasst die direkt zurechenbaren Personal- und Sachkosten sowie Abschreibungen und die Kosten für die von der Kostenstelle in Anspruch genommenen internen Leistungen. Eine Verrechnung der übrigen Sekundärkosten auf die Kostenstellen und auf die Produkte erfolgt nicht. Der Ausweis der Ist- und Plankosten der nicht mittels interner Leistungen verre-chenbaren Kosten erfolgt damit ausschließlich auf der Kostenstelle. Indem die Kosten den Entscheidungsträgern zugeordnet werden, wird vermieden, dass die Kostenstellen der allgemeinen Verwaltung ihre Kostenverantwortung auf die Fachbereiche abwälzen.[372] Insgesamt kommt also dem Kostenstellencontrolling und damit dem Teilkostenausweis eine hohe Bedeutung zu: Die Kostenstellen sind "...der konkrete Einsatzort der Produktionsfaktoren."[373]

Aus der Perspektive des Verwaltungscontrollings sollte demnach einem Teil-kostenausweis eindeutig größere Bedeutung als einem Vollkostenausweis zu-kommen.[374] Als Konsequenz stellen Schedler/Müller die Forderung auf, dass die Kostenrechnung als Teilkostenrechnung konzipiert werden sollte, und gleich-zeitig auf statistischem Wege auch einen Vollkostenausweis ermöglichen sollte, der vor allem von den politischen Entscheidungsträgern als Kosteninformatio-nen gewünscht wird.[375] Diese nutzen die Kosteninformationen unter anderem als Grundlage für die Gebührenfestlegung sowie für den Vergleich mit privaten bzw. gemeinnützigen Anbietern.[376] Der gleichzeitige Ausweis von Vollkosten sollte vor allem aus den folgenden Gründen möglich sein:

- Nicht nur die politischen Entscheidungsträger, sondern auch die Bürger in ihrer Funktion als Leistungsfinanzierer und Kunden haben ein Interesse an einem 'vollständig produktbezogenen Kostenausweis'. So ist beispiels-weise ein Produktkostenvergleich zwischen vergleichbaren Verwaltungs-einheiten für die Öffentlichkeit durchaus interessant.[377] Differenzen

---

[372] Vgl. Furch (1995), S. 22. und Lüder (2001), S. 65.

[373] Hauser/Furch (1998) S. 209.

[374] Siehe dazu Lüder (2001), S. 57 ff., der aufgrund des hohen Anteils an nicht zurechenbaren Gemeinkosten die Notwendigkeit eines Kostenstellencontrollings betont und den bisher in der Verwaltung überwiegenden Einsatz der Vollkostenrechnung für problematisch hält.

[375] Vgl. Müller/Schedler (2002), S. 91.

[376] Vgl. Müller/Schedler (2002), S. 89.

[377] Siehe dazu beispielsweise den von der Senatsverwaltung für Finanzen des Landes Berlin veröffentlichten Bericht: Was kostet wo wie viel ? Berliner Bezirke im Kostenvergleich, bei dem es sich mittlerweile um 3. Bericht in Folge handelt und der auch in der aktuellen

zwischen den auf Vollkostenbasis ermittelten Produktstückkosten, die auf unterschiedliche buchungstechnische Vorgehensweisen bei der Gemeinkostenverteilung (Umlageschlüssel etc.) zurückzuführen sind, können dem externen Informationsadressaten dabei allerdings nicht vermittelt werden. Demzufolge ist eine Abstimmung zwischen Verwaltungseinheiten bzw. Kommunalverwaltungen notwendig, um einheitliche Standards zur Verrechnung von Gemeinkosten festlegen zu können.[378] Die oben genannte Studie zum Nutzen der Kostenrechnung in den Kommunen kommt allerdings zu dem Ergebnis, dass 74 % der Kommunen keine Abstimmung mit anderen Kommunen über einheitliche Standards in der Kostenrechnung vornehmen.[379]

- Auch mithilfe von Vollkosteninformationen können Steuerungswirkungen innerhalb der Verwaltungsorganisation ausgelöst werden. So führt insbesondere der Vollkostenausweis bei Budgetverhandlungen auf Verwaltungsgesamtebene dazu, dass vonseiten der Fachbereiche Druck auf die allgemeinen Verwaltungsbereiche ausgeübt wird, die von ihnen zu verantwortenden Kosten zu senken. Dies gilt um so mehr, als deren Verrechnung mittels der internen Leistungsverrechnung nicht möglich ist und die Gefahr besteht, dass diese Bereiche sich einer Effizienzkontrolle entziehen.

Unzureichende konzeptionelle Ausgestaltung und Nutzung der Plankostenrechnung

Die Untersuchung zum Stand der Kostenrechnung in Kommunalverwaltungen weist darauf hin, dass der Einsatz der Plankostenrechnung bisher nicht sehr weit fortgeschritten ist. Auch in der Literatur zur Kostenrechnung in der öffentlichen Verwaltung findet die konzeptionelle Ausgestaltung einer Plankostenrechnung, insbesondere, was die konkrete Herleitung der Plankosten betrifft, im Gegensatz zu anderen Kostenrechnungssystemen bisher nur wenig Aufmerksamkeit.[380]

Tagespresse erwähnt wird: Senatsverwaltung für Finanzen des Landes Berlin (2001), (2003) und (2003a).

[378] Dies gilt natürlich nicht nur für die Art und Weise der Gemeinkostenverrechnung, sondern auch für allen anderen Komponenten der Kostenrechnung, wie beispielsweise die Vorgehensweise bei der Ermittlung von kalkulatorischen Kosten (Festlegung von Wertansätzen etc.).

[379] Vgl. Weber/Hunold (2002), S. 40.

[380] Siehe zu dem Thema Plankostenrechnung in der öffentlichen Verwaltung beispielsweise Baier (2002), insbesondere S. 258 ff. sowie Seifert, der die Kostenplanung bei der Prozesskostenrechnung detailliert beschreibt. Vgl. dazu Seifert (1998), S. 177 ff.

Die Plankostenrechnung ist aber ein notwendiges Bindeglied zwischen der aus der Zielplanung abgeleiteten Programm- bzw. Absatzplanung einerseits und der Budgetierung andererseits. Die Absatzplanung, also die Planung der Produktmengen bildet die Grundlage für die Produktionsplanung, bei der die für die geplanten Mengen notwendigen Kapazitäten an Personal- und Sachmitteln festgelegt werden.[381] Ausgangspunkt für die Ermittlung des Produktbudgets sind die durchschnittlichen Ist-Stückkosten des betrachteten Produkts im wesentlichen bereinigt um Preissteigerungsraten für die Produktionsfaktoren im Planjahr und um vorgegebene Produktivitätssteigerungsraten (beispielsweise Senkung der Durchschnittsarbeitszeiten durch den Einsatz von Technik oder die Optimierung von Arbeitsabläufen).[382] Geht man von der in Gliederungspunkt 3.2.3.2 dargestellten relativen Standardprozesskostenrechnung[383] aus, so müssen die geplanten Produktkosten - bei denen es sich in diesem Fall um Produkteinzelkosten handelt - um das Gemeinkostenbudget der Kostenstelle ergänzt werden, um das Gesamtbudget einer Organisationseinheit ermitteln zu können.

Je nach Art und Weise der Anbindung der Kostenrechnung im Haushalts- und Rechnungswesen der Kommunalverwaltung ist die Überleitung der Kostenbudgets in den Haushalt mehr oder weniger aufwendig.[384] Bei einer Konzipierung der Kostenrechnung als Verbundrechnung mit dem Haushalts- und Rechnungswesen und einer weitgehenden Übereinstimmung des Rechnungsstoffes von Ergebnisrechnung und Kostenrechnung können die Kostenbudgets direkt in den Haushalt übernommen werden.[385] Mit der Verabschiedung der Budgets im Rahmen der Haushaltsplanung werden die ermittelten Plankosten zu verbindlichen Vorgaben für die einzelnen Fachbereiche. Die (Kosten-)Budgetierung stellt demnach das Ergebnis der Plankostenrechnung dar, indem sie den Stand der Planung zu einem bestimmten Zeitpunkt dokumentiert und den Budgetverantwortlichen als verbindliche Kostenvorgabe zuweist.[386]

---

[381] Vgl. Hauser/Furch (1998), S. 155 f.

[382] Vgl. Baier (2002), S. 264 f. Die produktgenaue Ermittlung des Budgets wird aufgrund des damit verbundenen Detaillierungsgrades und Planungsaufwandes teilweise kritisch betrachtet. Vgl. dazu Bals/Hack (2002), S. 52 f. Das Land Berlin hat dagegen für die Ermittlung der Budgets der Bezirksverwaltungen eine produktbezogene Finanzmittelzuweisung gewählt und ein Verfahren entwickelt, bei dem für ein Großteil der Produkte ein Budget auf Basis eines berlineinheitlichen Medianpreises - bereinigt um budgetunwirksame Ausgaben, wie beispielsweise kalkulatorische Kosten - ermittelt wird. Siehe dazu beispielsweise Senatsverwaltung für Finanzen des Landes Berlin (2000), S. 16 ff.

[383] Vgl. dazu Seite 76 ff. der Arbeit.

[384] Vgl. S. 61 ff. der Arbeit.

[385] Vgl. Bals/Hack (2002), S. 103 ff.

[386] Vgl. Hauser/Furch (1998), S. 194.

Der Aufbau einer Plankostenrechnung beinhaltet somit die Entscheidung über das Kostenrechnungssystem (starre Plankostenrechnung, flexible Plankostenrechnung auf Vollkostenbasis, Grenzplankostenrechnung), das Verfahren der Kostenplanung (analytisch oder statistisch auf Basis von Vergangenheitswerten)[387] und den Detaillierungsgrad der Planung insbesondere in Bezug auf die Kostenarten (Welche Kostenarten werden einzeln, gruppen- oder bereichsweise geplant?).

Die Ergänzung der Istkostenrechnung um eine Plankostenrechnung ist eine wesentliche Voraussetzung, um neben der Planungsfunktion auch die Kontroll- und Steuerungsfunktion der Kostenrechnung erfüllen zu können:

- Erst mit der Ergänzung der Istkostenrechnung um eine Plankostenrechnung ist die Durchführung von Soll-Ist-Abweichungsanalysen möglich. Die Sollkosten, bei denen es sich um Planvorgaben für die jeweilige Istbeschäftigung handelt, werden aus der Plankostenrechnung für die nach Ablauf der Planperiode feststehende Istbeschäftigung ermittelt und dienen als Kontrollmaßstab.[388]

- Vor allem die Plankostenrechnung ist für die Ausgestaltung der Kostenrechnung als verhaltensbeeinflussendes Instrument ausschlaggebend:[389] Mit der Ermittlung und Vorgabe der Planwerte kann eine Beeinflussung des Mitarbeiterverhaltens in Bezug auf die Erreichung der vorgegebenen Ziele vorgenommen werden. Durch Vergleich der Plan- bzw. Sollwerte mit den Istwerten ist eine Beurteilung des Mitarbeiterverhaltens möglich.

Fehlende Kosteninformationen über Verwaltungsgrenzen hinweg

Dieser Kritikpunkt betrifft die mangelnden Informationen der Kostenrechnung zu Entscheidungen über die optimale Fertigungstiefe bei der Produktion und wird in der Literatur als Defizit der Kostenrechnung in privatwirtschaftlichen Unternehmen festgestellt.[390] In gleicher Weise muss auch die Kostenrechnung in der öffentlichen Verwaltung bei Veränderungen der Leistungstiefe im administrativen Produktionsprozess transparente Kosteninformationen über die gesamte Wertschöpfungskette zur Verfügung stellen. Problematisch ist auch hier, dass entsprechende Informationen von vergleichbaren verwaltungsexternen Anbietern häufig gar nicht oder nicht in vergleichbarer Form vorliegen. Um Entscheidungen über das Outsourcing bestimmter Leistungen der öffentlichen Verwal-

---

[387] Vgl. Seifert (1998), S. 180 f.

[388] Vgl. Schmidt (1998), S. 190.

[389] Siehe dazu die Auführungen auf S. 54 ff. der Arbeit.

[390] Vgl. Mussnig (1996), S. 198 f.

tung treffen zu können, sind neben Kosten- und Qualitätsinformationen über mögliche Provider außerhalb der Verwaltung auch entsprechende (Kostenmanagement-)Instrumente zur Steuerung der Kosten der gesamten Wertschöpfungskette über die Verwaltungsgrenzen hinweg notwendig.

3.3.2 Unzureichende Steuerungsfunktion der Kostenrechnung

In ihrer derzeitigen Ausgestaltung ist die Kostenrechnung der öffentlichen Verwaltung nur begrenzt in der Lage, die Aufgabenträger, also die Mitarbeiter/-innen und Kostenstellenverantwortlichen zur Einhaltung individueller bzw. kostenstellenbezogener Kosten- und Leistungsziele zu motivieren und gleichzeitig eine Steuerung der Verwaltung im Sinne der strategischen Ziele der gesamten Organisation zu unterstützen.

Die Defizite der Steuerungsfunktion der Kostenrechnung äußern sich zum einen darin, dass mit den vorhandenen Kostenrechnungsinformationen die zielorientierte Lenkung der Verwaltung nicht ausreichend unterstützt werden kann. Gründe hierfür sind vor allem in der fehlenden Anbindung der Kostenrechnung an ein übergeordnetes (Effektivitäts-)Zielsystem zu suchen.

Zum anderen führen Anreizdefizite bei der Nutzung der Kostenrechnungsdaten dazu, dass mögliche Motivationswirkungen der Kostenrechnung in Bezug auf das Mitarbeiterverhalten (Verhaltenssteuerung) nicht ausreichend genutzt werden,[391] sondern stattdessen Widerstände bei der Nutzung und der Ermittlung der Kostenrechnungsdaten bestehen und die Gefahr der Manipulation von Kostenrechnungsdaten entsteht.

Fehlende Anbindung der Kostenrechnung an ein übergeordnetes Zielsystem

Die Kostenrechnung in der öffentlichen Verwaltung ist bisher ausschließlich an Mengen- bzw. Kostenzielen der Produkterstellung ausgerichtet. Eine systematische Verbindung der Kostenrechnungsinformationen mit dem Qualitätsniveau der bereitgestellten Leistungen ist nicht vorhanden. Die mit der Leistungserstellung bezweckte Ergebnisqualität (=Effektivität) wird weder in einem Zielsystem definiert, noch in das Planungs- und Kontrollsystem integriert.

Damit besteht die Gefahr, dass Kostenziele zu Lasten von Effektivitätszielen (und weiterer Qualitätsziele) verfolgt werden, ohne dass die Auswirkungen entsprechender Maßnahmen zur Kostensenkung auf das Erreichen bzw. Nicht-Er-

---

[391] Vgl. dazu die Ausführungen zu den allgemeinen Rechnungszwecken der Kostenrechnung auf S. 54 ff. der Arbeit.

reichen von Qualitätszielen im Berichtswesen des Controlling der öffentlichen Verwaltung transparent gemacht werden und entsprechende Gegensteuerungsmaßnahmen ergriffen werden können.

In einer umfassenden Analyse des Controllinginstrumentariums der Berliner Verwaltungsreform wird auf die fehlende Integration des vorliegenden Produktkatalogs in ein übergeordnetes Zielsystem hingewiesen.[392] Da die Kostenerfassung produktbezogen erfolgt, führt dies dazu, dass eine zielbezogene Kostenplanung, Kostenkontrolle und Kostensteuerung nicht möglich ist. Wenn der Produktkatalog nicht nach Zielen und Produktalternativen gegliedert ist, können beispielsweise bei der Festlegung des Leistungsprogramms alternative Produktkombinationen zur Zielerreichung nicht kostenmäßig bewertet werden.

Insbesondere zur Vorgabe und Erfassung von Zielen zur Ergebnisqualität, also von Effektivitätszielen, ist gleichzeitig eine langfristige Betrachtung von Kosten-, Mengen- und Qualitätsentwicklung und damit die Integration der Steuerungsgrößen in entsprechende mehrjährige Planungs- und Kontrollzeiträume notwendig. Auf die möglichen dysfunktionalen Wirkungen einer ausschließlich kurzfristigen Betrachtungsweise wird insbesondere aus den Bereichen, die überwiegend personenbezogene Leistungen erstellen, hingewiesen:[393] Eine Kostensenkung pro Fall oder Person beispielsweise im Bereich der Sozialhilfe führt einerseits zu kurzfristigen Kosteneinsparungen. Gleichzeitig ist aber eine mittelfristige Erhöhung der Fallzahlen sowie eine Erhöhung der Bezugsdauer von Sozialhilfe zu erwarten, wenn die Senkung der Produktstückkosten zu Lasten der Qualität der Leistungserstellung u.a. durch Verringerung der Beratungszeit erfolgt.

In der konzeptionellen Weiterentwicklung des Neuen Steuerungsmodells findet die Notwendigkeit der Integration von Effektivitäts- bzw. Wirkungszielen in den Controllingprozess der öffentlichen Verwaltung zunehmend Beachtung. Als Teil eines Konzepts zum strategischen Management für Kommunalverwaltungen hat die KGSt Empfehlungen zu einer zielbezogenen Budgetierung entwickelt:[394] Die Formulierung von Ergebnis- bzw. Wirkungszielen, deren Operationalisierung in Programmziele und die Darstellung der budgetmäßigen Auswirkungen der gewünschten Zielerreichung ermöglicht eine Integration der Wirkungsziele in den Budgetierungsprozess. In der praktischen Weiterentwicklung des Controllinginstrumentariums werden zum Beispiel in der Stadt Rüsselsheim Erfahrungen mit der Integration von Effektivitätszielen gemacht, indem sogenannte wirkungsorientierte Produkte definiert werden.[395] In Berlin wird als Reaktion auf die er-

---

[392] Vgl. Hauser/Furch (1998), S. 6 ff.

[393] Vgl. KGSt (1997), S. 18 und auch Reis/Schulze-Böing (1998), S. 173.

[394] Siehe dazu KGSt (2000), S. 19 ff.

[395] Siehe dazu Furch u.a. (1997), S. 722 ff.

wähnte Kritik im Rahmen eines Pilotprojektes zur Einführung eines wirkungsorientierten Controllings versucht die Integration von Produkten und Zielen zu
realisieren.[396] Insgesamt steht aber die Definition von langfristigen Wirkungszielen, die Kontrolle der Zielerreichung sowie die Integration einer derartigen Indikatorenrechnung in das Controllinginstrumentarium der öffentlichen Verwaltung
noch in den Anfängen.[397]

**Widerstände bei der Ermittlung und der Nutzung der Kostenrechnungs-
daten**

Ausgehend von dysfunktionalen Verhaltenswirkungen traditioneller Kostenrechnungssysteme in der Privatwirtschaft kann die Einführung eines neuen Kostenrechnungssystems und dessen laufender Betrieb Widerstände bei Mitarbeiter/-
innen und Vorgesetzten hervorrufen.[398] Widerstände äußern sich sowohl in der
mangelnden Nutzung der Kostenrechnungsinformationen als auch in der fehlenden Bereitschaft, Daten für die Kostenrechnung bereitzustellen bzw. an deren
Bereitstellung mitzuwirken.

Ein häufig aufgeführter Grund für die Akzeptanzschwierigkeiten der Kostenrechnung betrifft die Komplexität der bereitgestellten Kostenrechnungsinformationen:[399] Die mangelnde Verständlichkeit und Durchschaubarkeit der Datenent-
stehung führt zur Demotivation bei den Datennutzern. Die oben genannte empirische Untersuchung zur Nutzung der Kostenrechnung in den Kommunalverwaltungen weist darauf hin, dass das subjektive Komplexitätsempfinden der
Nutzer sich signifikant negativ auf die Nutzungsintensität von Kostenrechnungsinformationen auswirkt.[400] Die Komplexität des Kostenrechnungssystems
ist dabei abhängig von der Anzahl von Verrechnungsbeziehungen, Wertansätzen, Schnittstellen und Kontierungsobjekten des Kostenrechnungssystems.[401]
Komplizierte Verrechnungsstrukturen und eine Vielzahl von Detailregelungen
führen dazu, dass die Bereitstellung von Berichtsdaten und Auswertungen aus
der Kostenrechnung nicht ohne zusätzliche Erläuterungen durch Kostenrech-

---

[396] Vgl. Jordan (2002), S. 110 f.

[397] Siehe hierzu auch Bals/Reichard (2000), S. 230, die auf die ‚weißen Flecken' der
Konzeption zum neuen kommunalen Rechnungswesen hinweisen, die zum einen einer Verknüpfung mit der politisch-strategischen Steuerung bedarf und zum anderen um eine Lei-
stungs- und vor allem Wirkungsrechnung zu ergänzen ist.

[398] Siehe zu den dysfunktionalen Wirkungen von Kostenrechnungssystemen insbesondere
Mussnig (1996), 208 ff. und Hoffjan (1998), S. 89 ff.

[399] Vgl. Mussnig (1996), S. 214 und Wielpütz (1996), S. 204 f.

[400] Vgl. Weber/Hunold (2002), S. 44.

[401] Vgl. Weber/Hunold (2002), S. 42.

nungsexperten möglich ist. Damit erfüllt die Kostenrechnung nicht mehr ihre Aufgabe, Kostendaten in einem Berichtswesen so zur Verfügung zu stellen, dass sie von Nichtexperten als steuerungsrelevante Informationen im Führungsprozess genutzt werden können.[402]

Negativ auf die Akzeptanz und Nutzung der Kostenrechnungsinformationen wirkt sich auch die mangelnde Ausrichtung der Kostenrechnungsinformationen an den Nutzungsvorstellungen der Informationsnachfrager aus. Dies gilt um so mehr, als die Datenerfassung für die Kostenrechnung vor allem durch die laufend durchzuführende Zeitaufschreibung und Produktmengenerfassung zusätzlichen Aufwand in den Kostenstellen verursacht. Die Motivation zur Durchführung dieser Aufgaben sinkt sowohl bei Kostenstellenverantwortlichen als auch bei den Mitarbeiter/-innen, wenn nicht ersichtlich ist, wie die Kostenrechnungsinformationen die Steuerung des Leistungserstellungsprozesses innerhalb der Kostenstelle unterstützen. Dies gilt beispielsweise, wenn die Bezugsgrößen für die produktbezogene Kostenerfassung, also die Produktmengen sich nicht aus den bereits für die fachliche Steuerung genutzten Statistiken ableiten lassen, sondern zusätzlich erhoben werden müssen.

Ein wesentlicher Anreiz zur Nutzung der Kostenrechnungsdaten entfällt zudem, wenn die Daten der Kostenrechnung nicht als Grundlage der Budgetierung herangezogen werden. Erfolgt die Budgetaufstellung weiterhin ausgabenorientiert, sind vor allem die im Haushaltsplan zur Verfügung gestellten Informationen entscheidungsrelevant, während die Kostenrechnungs als Planungs- und Kontrollinstrument nur nachrangige Bedeutung hat.

Manipulation von Kontrollinformationen

Dysfunktionale Wirkungen der Kostenrechnung können sich auch in der Manipulation von Kontrollinformationen vor allem durch die selektive Weitergabe von Informationen (Zurückbehaltung von Informationen) oder die Fälschung von Berichtsinhalten äußern.[403] Um negative Sanktionen zu vermeiden, wird die Leistung eines Aufgabenträgers oder die Kostenentwicklung in einem bestimmten Bereich so dargestellt, dass diese den Zielvorgaben entspricht. Als Ursachen für die Manipulation von Kontrollinformationen werden vor allem folgende genannt:

- die Motivationswirkungen der Höhe des Anspruchsniveaus bzw. der jeweiligen Planvorgabe werden nicht berücksichtigt. Dabei kann sich so-

---

[402] Vgl. Hauser/Furch (1998), S. 195 ff.
[403] Vgl. Hoffjan (1998), S. 96 ff. und Mussnig (1996), S. 210 ff.

wohl ein zu hohes als auch ein zu niedriges Anspruchsniveau demotivierend auf die Leistungserstellung auswirken;[404]

- die Mitarbeiter/-innen werden nicht ausreichend an der Zielbildung und
  Festlegung der Zielhöhe beteiligt bzw. es findet eine Art Pseudo-Partizi-
  pation statt;[405]

- der Kontrollcharakter der Kostenrechnung ist zu stark ausgeprägt: Das
  Verhalten der Mitarbeiter/-innen ist auf die Vermeidung von negativen
  Sanktionen statt auf die langfristige Kostensenkung und damit Erfolgs-
  verbesserung ausgerichtet.[406]

Einen Ansatzpunkt für die Manipulation von Daten stellt beispielweise die Produktmengenerfassung dar. Dies gilt vor allem dann, wenn die zu erfassenden
Produktmengen nicht aus bereits in der Verwaltung vorliegenden Daten dv-
technisch abgeleitet werden können, sondern zusätzlich erfasst werden müssen.

3.3.3 Zwischenfazit: Notwendige Schritte zur Weiterentwicklung der Kostenrechnung zu einem führungsunterstützenden Controllinginstrument

Aus den aufgeführten Kritikpunkten ergeben sich folgende Anforderungen an
die Weiterentwicklung des Controllinginstrumentes Kostenrechnung:

- Die Kostenrechnung erfüllt Controllingfunktionen, wenn sie zu Koordinationszwecken eingesetzt wird, also als Informationssystem Daten für
  andere Führungsteilsysteme liefert. Dies betrifft vor allem das Planungs-
  und Kontrollsystem, für das eine Bereitstellung von Plan- und Istkosten
  notwendig ist. Da sich die Planung aber auch auf die Erreichung der
  Sachziele bezieht, ist neben dem Aufbau einer Plankostenrechnung der
  Aufbau einer sachzielbezogenen Indikatorenrechnung und deren Verbindung mit der Kostenrechnung notwendig.

- Die Integration eines Sachzielsystems ist zudem notwendig, um Dys-
  funktionalitäten der Kostenrechnung abzubauen, die auf deren einseitiger
  Ausrichtung an kurzfristigen Mengen- und Kostenzielen resultieren. Nur
  über die Berücksichtigung der Effektivität der Leistungserstellung ist eine
  stärkere Ausrichtung auf die Kundenbedürfnisse und damit eine Wende in

---

[404] Vgl. Wielpütz (1996), S. 199 ff. und Mussnig (1996), S. 210 ff.

[405] Vgl. Wielpütz (1996), S. 199 und Hoffjan (1998), S. 100.

[406] Vgl. Mussnig (1996), S. 206 und Hoffjan (1998), S. 100.

dem bisher sehr stark auf binnenreformerische Elemente ausgerichteten Reformprozess möglich.

- Um entscheidungsrelevante Informationen zur Verfügung zu stellen, sind Teilkostenbetrachtungen notwendig. Dabei sollen einerseits Kosten soweit wie möglich über Produkte/Leistungen gesteuert und entsprechend verursachungsgerecht verrechnet werden, andererseits sollen die Kosten denjenigen Entscheidungsträgern zugeordnet werden, die sie beeinflussen können (Kostenstellen). Die Prozesskostenrechnung ermöglicht eine weitergehende verursachungsgerechte Verrechnung von Gemeinkosten, hat aber den Nachteil, dass sie aufgrund ihres hohen Detaillierungsgrades sehr aufwändig ist. Zudem eignet sich die Prozesskostenrechnung nur für standardisierte Leistungen. Weitergehende Lösungsmöglichkeiten bietet die oben dargestellte relative Standardprozesskostenrechnung, bei der auf eine vollständige Verrechnung aller Gemeinkosten auf die Produkte verzichtet wird.

- Aufgabe der Kostenrechnung ist die Aufdeckung von Kostensenkungspotentialen. Eine Ausrichtung des Handelns der Aufgabenträger an dieser Zielsetzung der Gesamtorganisation ist nur möglich, wenn die Motivierungspotentiale der Kostenrechnung genutzt werden. Dies geschieht unter anderem dadurch, dass Mitarbeiter/-innen an der Art und Weise der Zielfestlegung beteiligt werden. Gleichzeitig muss statt der Budgeteinhaltung die Zielerreichung Mittelpunkt des Anreizsystems werden, um so von einem zu stark ausgeprägten Kontrollcharakter der Kostenrechnung zu einem proaktiven Kostenmanagement zu gelangen.[407]

- Ziel des Neuen Steuerungsmodells ist die Optimierung der Effektivität und Effizienz der öffentlichen Leistungserstellung über die ganze Wertschöpfungskette hinweg. Um Entscheidungen über die optimale Leistungstiefe treffen zu können, sind Kostenrechnungs- und Qualitätsinformationen für die gesamte Leistungskette notwendig.[408] Bezogen auf die in der Verwaltung zu treffenden Entscheidungen, welche institutionellen Alternativen der Leistungserstellung gewählt werden soll,[409] heißt dies, dass Informationen über Kosten und Qualität von Leistungsanbietern außerhalb der Verwaltung vorhanden sein müssen bzw. diese mit denjenigen der öffentlichen Leistungsanbieter vergleichbar gemacht werden müssen.

---

[407] Vgl. Mussnig (1996), S. 218.

[408] Siehe dazu auch Mussnig (1996), S. 196 ff., der diese Anforderung für privatwirtschaftliche Unternehmen formuliert: Um die Frage der optimalen Fertigungstiefe beantworten zu können, ist eine Effektivitäts- und Effizienzanalyse über die gesamte Wertschöpfungskette über die Unternehmensgrenzen hinweg notwendig.

[409] Vgl. S. 24 f. der Arbeit.

Im folgenden Teil der Arbeit soll ein Kostenmanagementkonzept entwickelt werden, das die aufgeführten Anforderungen erfüllt. Ausgangspunkt der Überlegungen ist das Konzept des Target Costing, das für privatwirtschaftliche Unternehmen entwickelt wurde, um eine langfristige Ausrichtung der Kostenentwicklung an die Kunden- und Qualitätsanforderungen gewährleisten zu können.

4 Das Zielkostenmanagement als Controllinginstrument für die öffentliche Verwaltung

Ausgangspunkt der Betrachtungen ist eine Darstellung der Funktionsweise des Target Costing in privatwirtschaftlichen Unternehmen. Auf Basis einer detaillierten Analyse und Bewertung der mit dem Target Costing zur Verfügung stehenden Steuerungsinstrumente erfolgt anschließend die Überprüfung der Übertragbarkeit des Kostenmanagementansatzes auf die öffentliche Verwaltung und die Entwicklung eines verwaltungsspezifischen Zielkostenmanagements (Public Target Costing). Den Abschluss des Kapitels bildet die Darstellung der möglichen Integration des Public Target Costing in den Planungs- und Steuerungsprozess der Verwaltung.

4.1 Target Costing allgemein

4.1.1 Begriff und Merkmale

Target Costing ist ein Konzept des Kostenmanagements, das in japanischen Unternehmen entwickelt wurde und mittlerweile eine umfassende Bedeutung als System der Gewinnplanung eines Unternehmens hat. Target Costing wurde bereits zu Beginn der 70er Jahre in der japanischen Montageindustrie eingesetzt und ist vor allem in der Automobil- und Elektroindustrie weit verbreitet.[410]

In der deutschen Unternehmenspraxis wird das Target Costing seit über 10 Jahren angewandt.[411] Dabei nimmt die Verbreitung des Konzeptes empirischen Untersuchungen zur Folge weiterhin zu. Der Einsatz erfolgt auch hier überwiegend in montageintensiven Branchen mit Serienfertigung wie dem Automobilbau und dem Maschinen- und Anlagenbau sowie in der Elektronikbranche, die durch hohe Produkt- und Programmkomplexität gekennzeichnet ist.[412]

---

[410] Vgl. Sakurai (1997), S. 46 und Seidenschwarz (1991), S. 50. Sakurai weist außerdem auf die Bedeutung des Target Costing für die Softwareindustrie hin, da hier umfangreiche Kostenreduktionsmöglichkeiten bereits in der Entwicklungs- und Konstruktionsphase bestehen, vgl. Sakurai (1997). S. 76.

[411] Vgl. zum Anwendungsstand des Target Costing in deutschen Großunternehmen die Ergebnisse einer empirischen Untersuchung bei Arnout (2001), S. 289 ff., hier speziell S. 290.

[412] Vgl. Arnout (2001), S. 291.

Grundidee des Target Costing ist die Ableitung der Produktkosten aus dem Marktpreis und nicht wie bei der traditionellen Produktkalkulation üblich aus den Selbstkosten des Produkts. Als zentrale Steuerungsgröße für eine langfristige Kostenreduktion während des gesamten Produktlebenszyklus dienen die aus einem potentiellen Marktpreis abgeleiteten produktbezogenen Zielkosten.

Die wichtigsten Faktoren, die zur Ausbreitung des Target Costing führten, sind die zunehmende Vielfalt der Kundenbedürfnisse sowie der verstärkte internationale Wettbewerb mit dem damit verbundenen Kostensenkungsdruck.

Dieses drückt sich in den Zielen des Target Costing aus:

- Kostensenkung bei neuen Produkten bei gleichzeitiger Erfüllung der Kundenanforderungen,

- Motivierung der Mitarbeiter/-innen zur Erreichung der vorgegebenen Zielkosten schon ab Produktentwicklung.

Seit Ende der 80er Jahre wird das Target Costing zunehmend mit der gesamten Unternehmensstrategie verbunden und „...als ein Instrument des strategischen Kostenmanagements betrachtet, das sowohl für die Gewinnplanung als auch für die Kostenreduktion eingesetzt werden kann."[413] Monden definiert Target Costing als „unternehmensweites Gewinnmanagement..ab der Phase der Produktentwicklung",[414] das die Planung neuer Produkte auf Basis der Kundenwünsche, die Ableitung der Zielkosten aus der Gewinnplanung sowie die Erreichung der Zielkosten in der Produktentwicklung unter Berücksichtigung der Kundenbedürfnisse beinhaltet.

Die Diskussion des Target Costing in Deutschland wurde vor allem durch die Beiträge von Horváth und Seidenschwarz initiiert. Seidenschwarz erweitert das Konzept des Target Costing zu dem des marktorientierten Zielkostenmanagements[415] und spricht in jüngerer Zeit - noch umfassender - von dem Begriff des marktorientierten Kostenmanagements:

„Marktorientiertes Kostenmanagement ist ein Ansatz...

- ...zur systematischen und zielgerichteten Einbringung des Marktes in das Unternehmen...und sorgt

- ...für ein integriertes Kosten- und Erlösmanagement, das sich an den vom Markt erlaubten Kosten, den Marktanforderungen an die Produkte und Prozesse und den dazugehörigen Zeit- und Qualitätsanforderungen ausrichtet."[416]

---

[413] Sakurai (1997), S. 49.
[414] Monden (1999), S. 11.
[415] Seidenschwarz (1993), S. 1.
[416] Seidenschwarz (1997), S. 4.

An anderer Stelle wird Target Costing als „...umfassendes Bündel von Kosten-planungs-, Kostenkontroll- und Kostenmanagementinstrumenten..."[417] definiert. Auch Schweitzer/Küpper betonen den Charakter des Target Costing als Pla-nungs- und Steuerungsinstrument und definierten Target Costing als „...Ansatz einer erfolgszielorientierten Kostenplanung und -steuerung...".[418]

Aus den genannten Definitionen wird deutlich, dass das Target Costing kein Kostenrechnungsinstrument ist, sondern ein Kostenmanagementkonzept dar-stellt, das den Einsatz anderer Instrumente wie der Plankostenrechnung oder auch der Prozesskostenrechnung als Instrument zur Zielkostenerreichung um-fasst. Insbesondere zwei Aspekte verdeutlichen dies:

- Das Kostenmanagement zielt darauf ab, Kostenstruktur, -niveau und -ver-lauf zu beeinflussen.[419] Ebenso ist das Target Costing durch eine aktive, möglichst frühzeitige Beeinflussung der Kostenbestimmungsfaktoren/ Kostentreiber gekennzeichnet.

- Das Target Costing umfasst die Zielkostenplanung, die Kontrolle der Zielkostenerreichung und die Durchführung von Maßnahmen zur Ziel-kostenerreichung und stellt damit einen geschlossenen Ansatz des Kos-tenmanagements dar.

Entsprechend dieser Charakterisierung sollen im folgenden die Begriffe Ziel-kostenmanagement und Target Costing synonym verwendet werden.[420]

Seidenschwarz ordnet das marktorientierte Zielkostenmanagement zusätzlich dem strategischen Kostenmanagement zu, da der Ansatz über die Beeinflussung von Kosten im Rahmen der *bestehenden* Strukturen (Potential, Prozess, Produkt- und Programmstrukturen) und Wettbewerbsposition hinausgeht und vielmehr die Gestaltung von Kosten und Kostenbestimmungsfaktoren im Hinblick auf Erfolgspotentiale eines Unternehmens beinhaltet.[421] Das Target Costing ist lang-fristig orientiert und soll das strategische Management durch strategische Kos-teninformationen unterstützen.

Das Target Costing ist durch folgende Merkmale gekennzeichnet, die gleichzei-tig die Unterscheidung von den unter Kapitel 3 dargestellten Kostenrechnungs-konzepten verdeutlichen:

---

[417] Horváth/Niemand/Wiebold (1993), S.4, zitiert bei Riegler (1996), S. 35.

[418] Schweitzer/Küpper (1995), S. 180.

[419] Vgl. Seidenschwarz (1993), S. 71.

[420] Die Bezeichnung Zielkostenrechnung entspricht dagegen nicht der vorgenommenen begrifflichen Abgrenzung. Vgl. auch Schweitzer/Küpper (1995), S. 662 und Rudolph (1998), S. 15.

[421] Siehe dazu Seidenschwarz (1993), S. 70 ff.

Die **Marktorientierung** des Target Costing als wesentlichstes Merkmal wird in zweifacher Hinsicht deutlich. Ansatzpunkt für die Planung der Produktkosten ist der potentielle Marktpreis abzüglich eines geplanten Gewinns bzw. Produkterfolges.[422] Ausgangspunkt der Kostenplanung eines Produkts ist also nicht die Frage „Was wird ein Produkt kosten?", sondern „Was darf ein Produkt kosten?".[423] Nicht der Produkterfolg wird als variable Größe betrachtet, sondern die zur Erstellung des Produktes notwendigen Programm-, Produkt-, Prozess- und Potentialstrukturen sollen beeinflusst werden, um die vorgegebenen Zielkosten einhalten zu können.[424] Durch diese Transformation von „...Preis- und Absatzrisiken in unternehmungsinterne Produktionsrisiken.."[425] soll eine konsequente und langfristige Ausrichtung aller Aktivitäten zur Erstellung des Produkts auf Marktbedingungen und Kundenanforderungen erfolgen.

Die Berücksichtigung der Kundenbedürfnisse erfolgt aber nicht nur auf gesamtproduktbezogener Ebene, sondern auch die Aufspaltung der Zielkosten auf die einzelnen Produktkomponenten soll unter Berücksichtigung der Kundenanforderungen an die Funktionen und Eigenschaften des Produkts vorgenommen werden. Die produktfunktionale Ausrichtung des Kostenmanagements ermöglicht eine Anpassung der unternehmensinternen Prozess- und Potentialstrukturen an die aus dem Markt abgeleiteten bzw. aus Kundenbefragungen ermittelten Anforderungen und gewährleistet somit die Marktorientierung des Target Costing.

Die **frühzeitige Kostenbeeinflussung** bereits in der Entwicklungs- und Konstruktionsphase eines Produkts ist ein weiteres Merkmal des Target Costing.[426] Ausgehend von der Erfahrung, dass ein Großteil der Produktkosten in einer frühen Phase der Produktentwicklung für lange Zeit festgelegt wird,[427] soll durch den Einsatz des Kostenmanagements bereits in der Entwicklungsphase ein bezogen auf den Lebenszyklus des Produktes größeres Kostenbeeinflussungspotential erschlossen werden.[428] Die frühzeitige Kostenbeeinflussung setzt damit die Ausrichtung des Target Costing auf den gesamten Lebenszyklus eines Pro-

---

[422] Vgl. Schweitzer/Küpper (1995), S. 664.

[423] Vgl. Seidenschwarz (1991), S. 50.

[424] Vgl. Schweitzer/Küpper (1995), S. 663 f.

[425] Schweitzer/Küpper (1995), S. 664.

[426] Vgl. Coenenberg (1997), S. 454.

[427] So verweisen Schweitzer/Küpper auf eine Festlegung von bis zu 70 % der Selbstkosten eines Produktes und bis zu 90 % der Lebenszykluskosten in der Produktentstehungsphase. Etwas anders dagegen bei Seidenschwarz, der die '80/20-Regel' anführt, derzufolge in den ersten 20 % der Produktentwicklung 80 % der später anfallenden Kosten bestimmt werden. Siehe dazu Schweitzer/Küpper (1995), S. 663 und Seidenschwarz (1997), S. 6.

[428] Vgl. Schweitzer/Küpper (1995), S. 663.

dukts als weiteres Merkmal des Target Costing[429] voraus. Die Betrachtung des gesamten Produktlebenszyklus setzt einen dynamisierten Kostenbegriff voraus.

Während die Marktorientierung und frühzeitige Kostenbeeinflussung sich auf die Entscheidungsfunktion des Kostenmanagements beziehen, wird mit einem weiteren Merkmal des Target Costing - der **Mitarbeitermotivation** - die Verhaltenssteuerungsfunktion des Kostenmanagements angesprochen.[430] Dem Target Costing werden Anreiz- und Motivationseffekte in Bezug auf die Einhaltung der Unternehmensziele, also auf die Einhaltung der vorgegebenen Kostenziele bei gleichzeitiger Erfüllung der Kundenanforderungen, zugeschrieben,[431] und zwar insbesondere aus folgenden Gründen:

- Die aus dem Markt abgeleiteten Kosten- und Qualitätsziele resultieren aus konkreten Kundenanforderungen und stellen keine vom Management vorgegebenen oft als willkürlich wahrgenommenen Zielvorgaben dar. Die höhere Begründungsrationalität bei der Herleitung der Zielvorgaben kann möglicherweise zu einer erhöhten Motivation der Mitarbeiter/-innen zur Einhaltung der Zielvorgaben beitragen.[432]

- Zu einer höheren Akzeptanz der Kostenziele trägt außerdem die Partizipation von Mitarbeiter/-innen an der Ermittlung der Kostenvorgabewerte bei.[433] Dieses gilt allerdings weniger für die Bestimmung der gesamtproduktbezogenen Zielkosten als für die Ableitung der Komponentenzielkosten, da hier die sog. Target Costing-Teams zum Einsatz kommen.[434]

- Die vorgegebenen Kostenziele sind ehrgeizig und lassen sich nur mit großen Anstrengungen erreichen, was zu einer höheren Motivation der Mitarbeiter/-innen führen kann.[435] Hierbei wird davon ausgegangen, dass ein erhöhtes Anspruchniveau auch zu einem höheren Leistungsniveau der am Leistungserstellungsprozess Beteiligten führt. Andererseits kann eine zu

---

[429] Vgl. Burger (1999), S. 36 f. und Seidenschwarz (1993), S. 81 ff.

[430] Vgl. Riegler (1996), S. 36 und Burger (1999), S. 16. Zur Entscheidungsunterstützungsfunktion der Kostenrechnung einerseits und Verhaltenssteuerungsfunktion der Kostenrechnung andererseits vgl. außerdem S. 54 ff. dieser Arbeit.

[431] Der verhaltenssteuernde Aspekt des Target Costing wird von einigen Autoren besonders hervorgehoben: Siehe dazu insbesondere Riegler (1996), sowie Mussnig (1996), S. 317 ff. und Wielpütz (1996), S. 237 ff.

[432] Vgl. Wielpütz (1996), S. 237 und Mussnig (1996), S. 318.

[433] Vgl. Riegler (1996), S. 78 und Mussnig (1996), S. 317.

[434] Vgl. insbesondere S. 120 ff. der Arbeit.

[435] Vgl. Seidenschwarz (1991), S. 52.

große Differenz zwischen Vorgabeniveau und individuellem Anspruchsniveau der Mitarbeiter/-innen wiederum demotivierend wirken.[436]
- Die Festlegung der Kostenvorgaben in einer sehr frühen Phase der
  Produktentwicklung führt zu einem höheren Kostenbewusstsein der beteiligten Mitarbeiter/-innen über den gesamten Lebenszyklus von der Produktentstehung an. Dies gilt insbesondere auch für die Bereiche Entwicklung und Konstruktion, die in größerem Umfang Kostenüberlegungen miteinbeziehen sollen.[437]

Von einigen Autoren wird außerdem der **organisatorische Effekt** des Target
Costing durch die notwendige bereichsübergreifende Zusammenarbeit in Target
Costing-Teams betont.[438] Für die Durchführung des Target Costing-Prozesses
müssen die Teams aus Vertretern unterschiedlicher Bereiche wie Entwicklung,
Konstruktion, Marketing, Produktion und Rechnungswesen zusammengesetzt
sein. Diese Art der Zusammenarbeit in den Target Costing-Teams erfordert
demnach eine Art Projektorganisation.[439]

4.1.2 Funktionsweise

Der Gesamtprozess des Target Costing umfasst die Festlegung der Gesamtzielkosten, die Durchführung der Zielkostenspaltung und die Zielkostenerreichung.
Die Bestimmung der Zielkosten auf Gesamtproduktebene sowie die Zielkostenspaltung sind Teil der Zielkostenplanung. Die Zielkostenerreichung umfasst die
laufende Kontrolle der Zielkostenerreichung, die Ableitung und Durchführung
von Maßnahmen zur Zielkostenerreichung sowie die Bereitstellung entsprechender Instrumente.[440] Im folgenden werden die einzelnen Phasen erläutert,
wobei die Phase der Zielkostenspaltung, die eigentliche Technik des Target
Costing[441] anhand eines Beispiels dargestellt wird, um die Funktionsweise als

---

[436] Siehe zu dem Aspekt des Zusammenhangs zwischen Vorgabehöhe und Leistung Wielpütz
(1996), S. 199 ff. und Mussnig (1996), S. 211 f.

[437] Vgl. Wielpütz (1996), S. 238.

[438] Vgl. u.a. Burger (1999), S. 54, Riegler (1996), S. 80 ff. und Wielpütz (1996), S. 238 f.

[439] Vgl. Wielpütz (1996), S. 239.

[440] Vgl. zu den Phasen des Target Costing insbesondere Niemand (1996), S. 54,
Seidenschwarz (1993), S. 143 sowie Schweitzer/Küpper (1995), S. 665 ff. Seidenschwarz
unterscheidet zusätzlich noch eine Phase der laufenden Zielkostenverbesserung, die aber
hier für die Darstellung der grundsätzlichen Vorgehensweise nicht relevant ist.

[441] Vgl. Niemand (1996), S. 61. Vgl. auch Rudolph (1998), S. 34, der die Zielkostenspaltung
als den methodischen Kern des Target Costing bezeichnet.

Ausgangspunkt für eine mögliche Anwendung in der öffentlichen Verwaltung zu verdeutlichen.

4.1.2.1 Zielkostenbestimmung

Ausgangspunkt der Festlegung der Zielkosten ist die Ermittlung eines voraussichtlichen Marktpreises anhand von Marktforschungsmethoden. Dabei sind entsprechende Annahmen bezüglich der erwarteten gewinnmaximalen Absatzmenge, der erwarteten Länge des Produktlebenszyklus und sonstiger Wettbewerbsbedingungen (beispielsweise der erwarteten Preisentwicklung im Betrachtungszeitraum) zu treffen.[442] Aus der Differenz aus Absatzpreis abzüglich einer Zielrendite, in der Regel die Umsatzrendite, werden die „allowable costs" ermittelt.[443] Bei den Allowable Costs, also den **vom Markt erlaubten Kosten**, handelt es sich um die „aufgrund von Kundenanforderungen und Wettbewerberbedingungen höchstens zulässige[n] Kosten..."[444]. Die Allowable Costs enthalten alle Kosten des Produktes über den gesamten Produktlebenszyklus, die mit den Verkaufserlösen abzüglich einer geplanten Rendite noch gedeckt werden können.

Den vom Markt erlaubten Kosten werden die „drifting costs"[445], also die „...bei Aufrechterhaltung vorhandener Technologie- und Verfahrensstandards erreichbaren Plankosten"[446] gegenüber gestellt. Hierbei handelt es sich um **geschätzte Standardkosten** „...eines geplanten Produktes bei gegebenen bzw. geplanten Potential-, Produkt- und Programm- und Prozeßstrukturen"[447], die aus der - üblicherweise bereits vorhandenen - Plankostenrechnung des Unternehmens übernommen werden. Soweit es sich um Neuprodukte handelt, sollten sich deren Drifting Costs an den fortgeschriebenen Kosten von eventuell vorhandenen Vorgängerprodukten orientieren.

Die „target costs", also die **Zielkosten**, definiert als an „...Kundenanforderungen und Wettbewerbsbedingungen ausgerichtete Plankosten in Abhängigkeit marktnotwendiger Technologie- und Verfahrensanpassungen im Unternehmen und

---

[442] Vgl. Schweitzer/Küpper (1995), S. 665.

[443] Vgl. Coenenberg (1997), S. 461 und Sakurai (1997), S. 58.

[444] Seidenschwarz (1993), S. 116.

[445] Die Bezeichnung 'drifting' costs verdeutlicht, dass die geschätzten Standardkosten während der Phase der Zielkostenerreichung ständig neu berechnet werden, um zu überprüfen, inwieweit sie sich durch entsprechende Kostenreduzierungsmaßnahmen den Zielkosten angenähert haben. Vgl. Sakurai (1997), S. 58.

[446] Sakurai (1997), S. 58.

[447] Schweitzer/Küpper (1995), S. 665.

der erwarteten Marktentwicklung...“[448] befinden sich zwischen Allowable Costs und Drifting Costs. Im Idealfall sollten die Target Costs den Allowable Costs entsprechen, so dass sich der Kostenreduktionsbedarf zur Erreichung der Zielkosten aus der Differenz zwischen Allowable Costs und Drifting Costs, also aus der Differenz zwischen den vom Markt erlaubten Kosten und den geschätzten Standardkosten ergibt (vgl. Abbildung 5). Bei der endgültigen Festlegung der Zielkosten sind die Wettbewerbsbedingungen sowie die unternehmensinternen Produktionsbedingungen zu berücksichtigen:[449] Je höher die Wettbewerbsintensität auf dem entsprechenden Markt ist und je günstiger die unternehmensinternen Voraussetzungen zur Erreichung der Zielkosten sind, desto eher sollten die Zielkosten den vom Markt erlaubten Kosten entsprechen. Das heißt, die Zielkosten sollten einerseits ambitioniert, also marktorientiert, andererseits aber auch realistisch aus Sicht des Unternehmens und tatsächlich erreichbar sein.

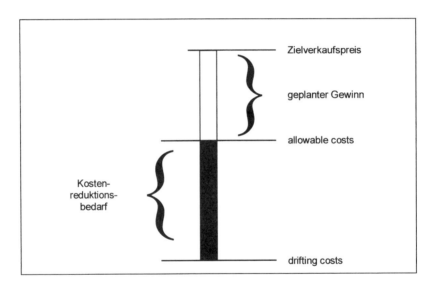

Abbildung 5: Zielkostenbestimmung nach dem Verfahren Market into Company[450]

Die vom Markt ausgehende Bestimmung der gesamtproduktbezogenen Zielkosten wird als Market into Company-Verfahren bezeichnet, bei dem es sich aufgrund der strikten Marktorientierung um die Reinform der Target Costing han-

---

[448] Seidenschwarz (1993), S. 117.
[449] Vgl. Seidenschwarz (1993), S. 127.
[450] Vgl. Funke (1999), S. 152.

delt.[451] Daneben werden in der Literatur vor allem folgende alternative Verfahren zur Zielkostenfestlegung aufgeführt:[452]

- Bei dem Out of Company-Verfahren werden die Zielkosten zunächst aus dem Unternehmen heraus unter Berücksichtigung der im Unternehmen vorhandenen Fähigkeiten und Produktionstechnologien abgeleitet und erst dann auf die Marktanforderungen ausgerichtet. Voraussetzung dafür ist, dass die beteiligten Mitarbeiter/-innen über Markt- und Kostentransparenz verfügen.

- Das Verfahren Into and Out of Company stellt eine Kombination aus den vorher genannten Verfahren dar: Die aus dem Markt abgeleiteten Zielkosten werden den aus dem Unternehmen abgeleiteten Zielkosten gegenübergestellt und die unterschiedlichen Kostenreduktionsbedarfe in einem Gegenstromprozess einander angenähert. Der dafür notwendige umfangreiche Zielverhandlungsprozess wird häufig als Nachteil des Verfahrens genannt.[453]

- Bei dem Out of Competitor-Verfahren werden die Zielkosten aus den Kosten der Konkurrenz abgeleitet. Problematisch sind dabei die unvollständige Kosteninformation sowie die Gefahr, „am Markt immer nur der Zweitbeste zu sein"[454], da keine Anstrengungen unternommen werden, den besten Konkurrenten zu überholen.

- Das Verfahren Out of Standard Costs bezeichnet die Ableitung der Zielkosten aus den geschätzten Standardkosten abzüglich eines Kostensenkungsabschlags. Ebenso wie beim Out of Company-Verfahren sind dabei die im Unternehmen vorhandenen Fähigkeiten und das fertigungstechnische Know-how zu berücksichtigen.[455]

Zur weiteren allgemeinen Darstellung des Target Costing wird von dem Verfahren Market into Company ausgegangen. Für die Entwicklung eines verwaltungs-

---

[451] Vgl. Niemand (1996), S. 60.

[452] Zu den unterschiedlichen Vorgehensweisen vgl. insbesondere Seidenschwarz (1991), S. 61 f., Seidenschwarz (1993), S. 127 ff., Niemand (1996), S. 60 f. und Burger (1999), S. 71 ff.

[453] Vgl. Burger (1999), S. 74 und Seidenschwarz (1993), S. 128.

[454] Niemand (1996), S. 91.

[455] Bei diesem Verfahren wird vor allem in Bezug auf die praktische Umsetzung nicht deutlich, inwiefern es sich von dem Verfahren Out of Company unterscheidet. Letzteres ist als technologieorientiert charakterisiert, was aber auch der Definiton der Standardkosten – erreichbare Plankosten bei Aufrechterhaltung vorhandener Technologie- und Verfahrensstandards – entspricht. So definiert dann beispielsweise auch Burger das Verfahren Out of Company als eine Art Kombination von beiden Verfahren und unterscheidet das Out of Standard Costs-Verfahren nicht weiter. Vgl. dazu Burger (1999), S. 73 f.

spezifischen Ansatzes werden die genannten Alternativverfahren allerdings hinsichtlich ihrer Übertragbarkeit auf die öffentliche Verwaltung in die Betrachtung miteinbezogen.[456]

4.1.2.2 Zielkostenspaltung

Mit der Zielkostenspaltung sollen die ermittelten Gesamtzielkosten des Produkts so auf die einzelnen Komponenten des Produkts verteilt werden, dass sie dem individuellen Beitrag einer Komponente zur Erfüllung der Kundenanforderungen entsprechen.[457]

Die Durchführung der Zielkostenspaltung umfasst dabei die Bestimmung der Funktionsstruktur des Produkts, die Festlegung des Rohentwurfs des Produkts sowie die Kostenschätzung der Komponenten und die Durchführung der funktionsorientierten Komponentengewichtung einschließlich der Ermittlung und Interpretation der Zielkostenindizes mithilfe des Zielkostenkontrolldiagramms.[458]

4.1.2.2.1 Bestimmung der Funktionsstruktur des Produkts

Voraussetzung für die Durchführung der Zielkostenspaltung ist zunächst die Festlegung der Funktionsstruktur des Produkts: Um die Anforderungen der Kunden an das Produkt bzw. dessen Eigenschaften festlegen zu können, muss die Bedeutung der einzelnen Funktionen für den Kunden mithilfe von Marktforschungsmethoden ermittelt werden. In der Literatur wird hier überwiegend das **conjoint measurement** („Verbundmessung"[459]) als Methode zur Messung von Nachfragepräferenzen genannt.[460] Hierbei müssen die Befragten Kombinationen verschiedener Funktionsausprägungen eines Produkts in eine Rangfolge bringen. Über die Urteile hinsichtlich der zur Wahl gestellten Produktalternativen wird auf den Beitrag jedes einzelnen Merkmals zu der Gesamtnutzenstiftung des Produkts, also dessen Teilnutzen zurückgeschlossen (der Teilnutzen wird aufgedeckt bzw. 'dekomponiert').[461] Grundannahme dieser Vorgehensweise ist, dass jedes Produkt (Sach- oder Dienstleistung) sich in ein Bündel von Leistungsmerkmalen (=Funktionen) zerlegen lässt.

---

[456] Vgl. dazu S. 150 ff. der Arbeit.

[457] Vgl. Horváth/Seidenschwarz (1992), S. 145.

[458] Vgl. Horváth/Seidenschwarz (1992), S. 145 ff.

[459] Mengen/Simon (1996), S. 229.

[460] Vgl. Coenenberg (1997), S. 456 ff. , Seidenschwarz (1993), Niemand (1996), S. 54 ff. und S. 199 ff. und Burger (1999), S. 57 ff.

[461] Vgl. Mengen/Simon (1996), S. 230.

Das Verfahren des conjoint measurement umfasst die Festlegung der einzubeziehenden Produktmerkmale und deren Ausprägungen, die Auswahl des Befra-
gungskonzepts (und des Stichprobenplans) und die Durchführung der Befragung
und Ermittlung der Teilnutzenwerte der einzelnen Merkmalsausprägungen.

Besondere Bedeutung kommt der Auswahl der Funktionen bzw. Merkmale und
deren Ausprägungen zu, da mit deren Festlegung die Wahrnehmungsdimension
der Nachfrager in Bezug auf mögliche Eigenschaften des Produkts von vornhe-
rein eingeschränkt und damit beeinflusst werden kann.[462] Grundsätzlich sollten
dabei folgende Anforderungen berücksichtigt werden:[463]

-   Es müssen diejenigen Merkmale ausgewählt werden, die den größten
    Einfluß auf die tatsächliche Leistungsinanspruchnahme durch die poten-
    tiellen Kunden haben ('strategische Kaufmerkmale').

-   Die Merkmale und Ausprägungen müssen von dem Anbieter beeinfluss-
    bar und technisch realisierbar sein.

-   Da es sich um ein additives Gesamtnutzenmodell handelt, müssen die
    Merkmale voneinander unabhängig sein.

-   Um eine Überforderung der Befragten zu vermeiden, sollte die Zahl der
    Merkmale und der jeweiligen Ausprägungen begrenzt werden.

In dem der folgenden Darstellung der Zielkostenspaltung zugrunde liegenden
Beispiel wird ein Gerät der medizinischen Diagnostik (Magnetresonanz) be-
trachtet.[464] Für das Produkt werden folgende Funktionen mit entsprechenden
Ausprägungen bestimmt:[465]

Produktfunktion	mögliche Ausprägungen
Raumbedarf	(40, 50, 60 m$^{2)}$
Patientendurchsatz	(5, 4, 3 Patienten/Stunde)
Bildqualität	(hohe, mittlere, ausreichende Auflösung)
Montagezeit	(10, 14, 18 Tage)
Zuverlässigkeit	(2000, 1800, 1600 Stunden MTbF)
Bedienbarkeit	(leichte, mittlere, ausreichende Bedienbarkeit)

---

[462] Vgl. Haiber (1997), S. 436.
[463] Vgl. Niemand (1996), S. 57 f., Mengen/Simon (1996), S. 231 und Haiber (1997), S. 436.
[464] Vgl. Coenenberg (1997), S. 454.
[465] Vgl. Coenenberg (1997), S. 457.

Die den Befragten vorgelegten Funktionskombinationen werden durch Bewertung der einzelnen Funktionen in eine Rangfolge gebracht, aus der sich Teilnutzenwerte für die einzelnen Funktionsausprägungen berechnen lassen (vgl. Abbildung 6). Für die Berechnung der Teilnutzenwerte stehen verschiedene statistische Schätzmethoden, wie beispielsweise die Regressionsanalyse zur Verfügung.[466]

Produktfunktion	Teilnutzenwerte	Nutzenbereich
Raumbedarf	(0,5; 0,3; 0,0)	(0,5 - 0,0) = 0,50
Patientendurchsatz	(0,8; 0,6; 0,0)	(0,8 - 0,0) = 0,80
Bildqualität	(0,93; 0,53; 0,0)	(0,93 - 0,0) = 0,93
Montagezeit	(0,2; 0,15; 0,0)	(0,20 - 0,0) = 0,20
Zuverlässigkeit	(0,9; 0,72; 0,0)	(0,9 - 0,0) = 0,90
Bedienbarkeit	(0,5; 0,3; 0,0)	(0,5 - 0,0) = 0,50

Abbildung 6: Teilnutzenwerte und Nutzenbereiche der Produktfunktionen[467]

Mit der Durchführung des conjoint measurement stehen zwei Ergebnisse zur Verfügung: Zu einen lässt sich die relative Bedeutung eines Produktmerkmals aus Kundensicht ableiten.[468] Dazu wird zu jedem Merkmal die Differenz zwischen dem höchsten und niedrigsten Teilnutzenwert der einzelnen Ausprägungen ermittelt. Die Höhe der Nutzenspanne (vgl. Abbildung 6), also der Nutzenbereich der Produktfunktion, bestimmt die relative Bedeutung des Merkmals, gibt also den relativen Nutzen des Merkmals als Teil des Gesamtnutzens des Produkts an. Diese 'relative Merkmalswichtigkeit' ist ein Indikator für den Einfluss des jeweiligen Merkmals bzw. der jeweiligen Produktfunktion auf die Bewertung des gesamten Produkts. Mit anderen Worten: Eine Änderung der Produktkonfiguration in Bezug auf ein Merkmal mit hohem relativem Nutzen führt zu einer großen Änderung des entsprechenden Teilnutzens und zu einem veränderten Gesamtnutzen des Produkts.

Außerdem können durch die Kombination von Merkmalsausprägungen jeweils Produktalternativen gebildet werden, die nun durch Addition der entsprechenden Teilnutzen der Merkmalsausprägungen zu dem Gesamtnutzen der jeweiligen Produktalternative miteinander verglichen werden können.[469] Mit der Auswahl

---

[466] Vgl. Haiber (1997), S. 438 und Mengen/Simon (1996), S. 234.

[467] Aus: Coenenberg (1997), S. 457.

[468] Vgl. Mengen/Simon (1996), S. 234 f. und Coenenberg (1997), S. 457 f.

[469] Vgl. Haiber (1997), S. 439. Bei der Darstellung des conjoint measurement anhand von Beispielen aus erwerbswirtschaftlichen Unternehmen wird häufig auch der Preis als

einer entsprechenden Produktkonzeption und dem Vorliegen der Teilnutzen der einzelnen Merkmalsausprägungen können die Nutzenanteile der Merkmale/ Funktionen bestimmt werden, indem die Summe der Teilnutzenwerte auf 100 % normiert wird.

Als Ergebnis des conjoint measurement liegt für das betrachtete Produkt eine funktionsorientierte Produktkonzeption mit ausgewählten Funktionen, dazugehörigen Teilnutzenwerten und entsprechenden Nutzenanteilen vor (vgl. Abbildung 7):

Produktfunktion		Teilnutzen-wert	Nutzenanteil
Raumbedarf	(50 m²⁾	0,3	10%
Patientendurchsatz	(4 Patienten/Stunde)	0,6	20%
Bildqualität	(hohe Auflösung)	0,93	31%
Montagezeit	(14 Tage)	0,15	5%
Zuverlässigkeit	(1800 h MTbF)	0,72	24%
Bedienbarkeit	(mittl. Bedienbarkeit)	0,3	10%
Gesamnutzen des Produkts		**3**	**100%**

Abbildung 7: Ermittlung der Funktionsgewichtung[470]

Mit der Festlegung der Merkmalsausprägungen der Funktionen (beispielsweise muss die Patientenkapazität 4 Patienten pro Stunde betragen) ist außerdem das jeweilige Qualitätsniveau, das die Produktfunktionen aus Kundensicht erreichen sollen, bestimmt.

4.1.2.2.2 Rohentwurf des Produkts und Kostenschätzung der Komponenten

Nachdem die Funktions- und Eigenschaftsstruktur festliegt, ist ein entsprechender Rohentwurf des Produkts zu bestimmen, der diejenigen Produktkomponen-

---

Produktmerkmal aufgeführt. Nach Berechnung von Teilnutzenwerten für verschiedene Ausprägungen des Preises kann eine Teilnutzenfunktion des Preises hergeleitet werden, die zu jedem Teilnutzen die entsprechende Preis- (bzw. Zahlungs-) bereitschaft des Kunden angibt. Auf diese Weise können für die Differenzen zwischen den verschiedenen Produktalternativen auch die jeweiligen Änderungen der Preisbereitschaft der Kunden bestimmt werden. Vgl. dazu Mengen/Simon (1996), S. 233 ff. und Coenenberg (1997), S. 458 ff. Aufgrund der problematischen Ermittlung der Zahlungsbereitschaft für öffentliche Güter (vgl. S. 20 ff. der Arbeit) wird die Einbeziehung des Preises hier nicht weiter verfolgt.

[470] Aus: Coenenberg (1997), S. 464.

ten definiert, mit deren Einsatz die Produktfunktionen insgesamt realisiert werden.[471] Für die einzelnen Produktkomponenten wird eine Kostenschätzung auf Basis der im Unternehmen vorhandenen Technologie- und Verfahrensstandards vorgenommen, das heißt, es erfolgt eine Ermittlung der bereits erwähnten Drifting Costs pro Komponente.

Bei der Kostenschätzung der Komponenten ist zunächst bzw. spätestens an dieser Stelle die Frage des **Umfangs der in den Target Costing-Prozess einzubeziehenden Kosten** zu klären. Die Ausrichtung des Target Costing auf den Produktlebenszyklus impliziert zunächst eine Vollkostensicht: Langfristig müssen sämtliche Kosten über den Produkterfolg erwirtschaftet werden.[472] Gleichzeitig können nur die Kosten Gegenstand des Target Costing-Prozesses sein, die sich einem Produkt zurechnen lassen. Damit stellt sich aber die mit der Vollkostenrechnung verbundene bereits erläuterte Problematik der nicht verursachungsgerechten Verrechnung von Gemeinkosten.[473] Bei der Auswahl der einzubeziehenden Kosten müssen somit einander widersprechende Anforderungen berücksichtigt werden: Einerseits soll ein möglichst großer Anteil der Gesamtkosten mithilfe des Target Costing-Instrumentariums marktorientiert gesteuert werden. Je größer der Umfang der in den Target Costing-Prozess miteinbezogenen Kosten ist, desto eher lässt sich die strategische Wettbewerbsposition von der Kostenseite her beeinflussen. Andererseits setzt die Technik des Target Costing voraus, dass

- die einzubeziehenden Kosten zur Realisierung von Produktfunktionen beitragen bzw. Produktfunktionen unterstützen;

- die einzubeziehenden Kosten sich Produktkomponenten zurechnen lassen.

Dies würde aber bedeuten, dass bei einem Unternehmen mit hohem Gemeinkostenanteil dieser Kostenblock zum überwiegenden Teil nicht miteinbezogen werden kann. Insbesondere dann, wenn die nicht miteinbezogenen Gemeinkosten nicht durch andere Instrumente eines Kostencontrolling gesteuert bzw. reduziert werden, besteht die Gefahr, dass der geplante Zielgewinn nicht realisiert werden kann.

Als Lösungsmöglichkeit insbesondere für gemeinkostenintensive Bereiche wird daher seit einiger Zeit die Prozesskostenrechnung als Instrument zur verbesserten Kalkulation der Standardkosten genannt.[474] Seidenschwarz nimmt folgende

---

[471] Vgl. Horváth/Seidenschwarz (1992), S. 146.

[472] Vgl. Horváth/Seidenschwarz (1992), S. 144 und Freidank (1999), S. 358.

[473] Vgl. dazu die Ausführungen auf S. 76 ff. der Arbeit.

[474] Vgl. dazu u.a. Freidank (1994), S. 236 ff., Mayer (1993), S. 77 ff., Seidenschwarz (1991), S. 64 ff., Seidenschwarz (1993), S. 191 ff. und Burger (1999), S. 64 und S. 67 ff. Die Prozesskostenrechnung wird zudem als Instrument der Zielkostenerreichung eingesetzt. Vgl. dazu S. 132 ff. der Arbeit.

Abgrenzung der in die Zielkostenspaltung einzubeziehenden Kosten unter Berücksichtigung von Prozesskosteninformationen vor:[475] Neben den Material- und Fertigungseinzelkosten sowie fertigungsnahen Gemeinkosten sollen prozessorientierte Gemeinkosten, die sich auf Komponenten zurechnen lassen bzw. mit diesen gleichzusetzen sind, in die produktfunktionale Aufspaltung der Komponentenkosten miteinbezogen werden. Hierbei handelt es sich um Gemeinkosten, die mit dem Einsatz der Komponenten im Produktionsprozess direkt zusammenhängen, wie beispielsweise Prozesskosten im Rahmen der Zuliefererbetreuung, Logistik oder Qualitätssicherung.

Unberücksichtigt bleiben dagegen

- Prozesskosten, die keine Produktfunktionen unterstützen sowie

- nicht zurechenbare Gemeinkosten, die auf Gesamtunternehmensebene anfallen.

Die nicht zurechenbaren Gemeinkosten sind leistungsmengenneutrale Kosten auf zentraler Ebene, wie Kosten der Unternehmensführung oder zentraler Stabstellen. Prozesskosten ohne direkten Zusammenhang zu Produktfunktionen betreffen Bereiche, die sich zwar auf den Kostenstellen prozessbezogen erfassen lassen, die aber nicht direkt zur Realisation von Produktfunktionen beitragen. Beispiele sind Marketingkosten oder Kosten der allgemeinen Verwaltung wie Buchhaltung.

An anderer Stelle wird dagegen vorgeschlagen, diese produktfernen aber leistungsmengeninduzierten Gemeinkosten in die dem Produkt zuzurechnenden Kosten mitaufzunehmen.[476] Hier wird eine bereits erwähnte Problematik der Prozesskostenrechnung deutlich: Bestimmte Prozesse insbesondere der internen Servicebereiche sind zwar aus Kostenstellensicht leistungsmengeninduziert, lassen sich aber den Produkten nicht direkt zurechnen bzw. unterstützen damit auch nicht die mit dem Produkt verbundenen Funktionen.[477]

Insgesamt kommt der Bestimmung des Umfangs der einzubeziehenden Kosten entscheidende Bedeutung zu, da

- bei einem zu geringen, mithilfe des Target Costing-Instrumentariums gesteuerten Kostenvolumen das Zielkostenniveau zu leicht erreicht werden kann und somit das Target Costing wirkungslos bleibt,

- die Gefahr von Manipulationen bzw. willkürlicher Vorgehensweise bei der Ermittlung der Zielkosten entsteht, wenn die Höhe des nicht einzube-

---

[475] Vgl. Seidenschwarz (1993), S. 185 f. und S. 195.

[476] Vgl. Freidank (1999), S. 365.

[477] Vgl. S. 76 ff. der Arbeit.

ziehenden Gemeinkostenbudgets subjektiv durch die jeweiligen Verantwortlichen festgelegt wird[478] und

- sich aus den festgelegten Kosteninhalten entsprechende Anforderungen an die Ausgestaltung des zugrundeliegenden Kostenrechnungssystems ergeben.

Im weiteren wird zunächst dem Vorschlag von Seidenschwarz gefolgt. Die geschätzten Standardkosten enthalten demnach ausschließlich die produktnahen Gemeinkosten, also die den Komponenten zurechenbaren, prozessorientierten Gemeinkosten.

Ausgehend von dem im Beispiel betrachteten Gerät der medizinischen Diagnostik werden als Ergebnis der Kostenschätzung für die einzelnen Produktkomponenten folgende Drifting Costs sowie Anteile an den Drifting Costs gesamt ermittelt (vgl. Abbildung 8):

Produktkomponente	Drifting Costs	Kostenanteile
Magnet	155.000 €	31%
Electronic Cabinet	135.000 €	27%
Patientenliege	15.000 €	3%
System Components	60.000 €	12%
Gradientenspule	20.000 €	4%
HF-Kabine	35.000 €	7%
Montage/ Installation	80.000 €	16%
Summe	**500.000 €**	**100%**

Abbildung 8: Ermittlung der Kostenanteile[479]

4.1.2.2.3 Durchführung der funktionsorientierten Komponentengewichtung

Um funktionsorientierte Komponentengewichte ermitteln zu können, muss zunächst festgelegt werden, zu welchem Anteil die einzelnen Komponenten zur

---

[478] Vgl. Kremin-Buch (2001), S. 133.
[479] Vgl. Coenenberg (1997), S. 463.

Realisierung der Produktfunktionen beitragen. Hierzu wird von einem abteilungsübergreifenden Produktteam eine entsprechende Schätzung vorgenommen.[480] Im Beispielfall liegt folgendes Ergebnis vor:

Komponente \ Funktion	Raum-bedarf	Patienten-kapazität	Bild-qualität	Montage-zeit	Zuverläs-sigkeit	Bedien-barkeit
Magnet	60%	65%	68%		17%	
Electronic Cabinet		30%	23%		33%	50%
Patientenliege					17%	10%
System Components			3%		17%	40%
Gradientenspule		5%	6%		17%	
HF-Kabine	40%					
Montage/ Installation				100%		

Abbildung 9: Zuordnung Komponenten zu Funktionen

Dabei müssen sich die Spaltensummen jeweils zu 100 % ergänzen, da alle Komponenten, die zur Realisierung der ausgewählten Funktionen notwendig sind, aufgeführt sein müssen.[481]

Auf Basis dieser Information können nun die Nutzenanteile der einzelnen Komponenten, also die Komponentengewichte unter Berücksichtigung der kundenbezogenen Nutzenanteile der Funktionen, in einer Komponenten-/Funktionen-Matrix bzw. Funktionskostenmatrix ermittelt werden (vgl. Abbildung 10).[482] Hierzu werden die ermittelten Anteile der Komponenten mit dem relativen Nutzenanteil der jeweiligen Produktfunktion (vgl. Abbildung 7) multipliziert. Die Zeilensumme der Komponententeilgewichte stellt den Nutzenanteil der jeweilige Komponente, also den der Komponente vom Kunden beigemessenen Anteil an der Nutzenstiftung des Gesamtprodukts, dar.

---

[480] Vgl. Burger (1999), S. 59 f. und Coenenberg (1997), S. 463.

[481] Vgl. Niemand (1996), S. 62.

[482] Vgl. Horváth/Seidenschwarz (1992), S. 146, Seidenschwarz (1993), S. 174, Niemand (1996), S. 62 f. und Coenenberg (1997), S. 464.

Komponente \ Funktion	Raum-bedarf	Patienten-kapazität	Bild-qualität	Montage-zeit	Zuverläs-sigkeit	Bedien-barkeit	Nutzenanteil der Komponente
Magnet	6%	13%	21%		4%		**44%**
Electronic Cabinet		6%	7%		8%	5%	**26%**
Patientenliege					4%	1%	**5%**
System Components			1%		4%	4%	**9%**
Gradientenspule		1%	2%		4%		**7%**
HF-Kabine	4%						**4%**
Montage/ Installation				5%			**5%**
Nutzenanteil der Funktion	**10%**	**20%**	**31%**	**5%**	**24%**	**10%**	**100%**

Abbildung 10:   Ermittlung der funktionsorientierten Komponentengewichte[483]

4.1.2.2.4 Ermittlung und Interpretation des Zielkostenindex

Indem der Nutzenanteil einer Komponente durch deren Kostenanteil laut Kostenschätzung dividiert wird, lässt sich ein Zielkostenindex pro Komponente berechnen:

Komponente	Nutzenanteil	Kostenanteil	Zielkostenindex
Magnet	44%	31%	1,42
Electronic Cabinet	26%	27%	0,96
Patientenliege	5%	3%	1,67
System Components	9%	12%	0,75
Gradientenspule	7%	4%	1,75
HF-Kabine	4%	7%	0,57
Montage/ Installation	5%	16%	0,31

Abbildung 11:   Ermittlung des Zielkostenindexes[484]

Der Zielkostenindex gibt an, inwieweit die eingangs gestellte Forderung erfüllt ist, nach der einer Komponente genau der Ressourceneinsatz zuzuweisen ist, der dem ihr durch den Kunden zugewiesenen Nutzen entspricht.

---

[483] Aus: Coenenberg (1997), S. 464.
[484] Aus: Coenenberg (1997), S. 465.

Ein Zielkostenindex kleiner als 1 bedeutet, dass der bisher bei gegebenen Technologie- und Verfahrensstandards geplante Kostenanteil größer ist als der Nutzenbeitrag, den die Kunden der Komponente zumessen und weist darauf hin, dass die Ausgestaltung der durch die Komponente realisierten Funktionen zu aufwendig ist ("overengineering").[485]

Bei einem Zielkostenindex größer als 1 - also einem höheren relativen Nutzenbeitrag der Komponente im Vergleich zu dem relativen Kostenanteil - werden zwei mögliche Ursachen für die Abweichung von der Idealforderung genannt:[486] Zum einen erreichen die durch die Komponente realisierten Produktfunktionen die Kundenanforderungen möglicherweise nicht, sind also zu einfach gestaltet. Niemand verdeutlicht diesen Sachverhalt am Beispiel einer Festplatte als Produktkomponente eines PC: Diese soll zur Funktionserfüllung „ausreichend Speicherkapazität" beitragen. Durch den Einsatz einer leistungsfähigeren Festplatte könnte die Erfüllung der Kundenanforderung verbessert werden.[487] Andererseits ist es möglich, dass die Komponente zwar für die Kunden eine hohe Bedeutung hat, aber relativ kostengünstig hergestellt werden kann, so dass entsprechender Spielraum für unvermeidbare Zielkostenüberschreitungen bei Komponenten mit einem Zielkostenindex kleiner als 1 genutzt werden kann.

Da die Idealforderung eines Zielkostenindex = 1 als unrealistisch anzusehen ist, wird mithilfe eines Zielkostenkontrolldiagramms eine sogenannte Zielkostenzone definiert (vgl. Abbildung 12). Abweichungen bei denjenigen Komponenten, deren Zielkostenindizes sich noch in dieser Zielkostenzone befinden, werden als wirtschaftlich vertretbar angesehen. Die Zielkostenzone wird anhand folgender Funktionen festgelegt:[488]

$$Y_1: y = (x^2 - q^2)^{0,5} \text{ und } Y_2: y = (x^2 + q^2)^{0,5}$$

Dabei stellt x den Nutzenanteil der jeweiligen Komponente und y den Kostenanteil der jeweiligen Komponente an den gesamten Drifting Costs des Produkts dar. Der Entscheidungsparameter q bestimmt die Breite der Zielkostenzone und wird durch das Management festgelegt. Je höher das Erfahrungspotential im Unternehmen zur Erreichung der Zielkosten ist und je näher die Zielkosten an den vom Markt erlaubten Kosten (Allowable Costs) liegen, desto kleiner sollte q, das heißt desto enger sollte der Toleranzbereich sein.[489]

---

[485] Vgl. Coenenberg (1997), S. 465 und 471.

[486] Vgl. Niemand (1996), S. 64 f.

[487] Vgl. dazu Niemand (1996), S. 67.

[488] Die Herleitung der Funktionen und Bestimmung der Zielkostenzone geht auf Tanaka zurück. Vgl. Horváth/Seidenschwarz (1992), S. 147 und Tanaka (1989), S. 67 (zitiert bei Riegler (1996), S. 71).

[489] Vgl. Seidenschwarz (1993), S. 182.

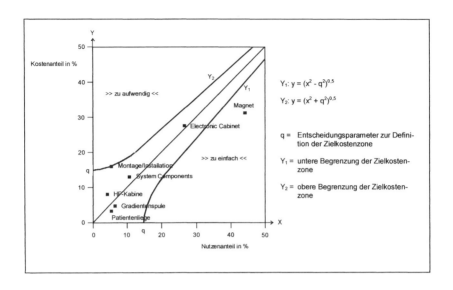

Abbildung 12:　Definition einer Zielkostenzone mithilfe des Zielkostenkontrolldiagramms[490]

Mit dem konkaven bzw. konvexen Verlauf der Funktionen wird ein abnehmender Toleranzbereich bei zunehmender Bedeutung (also zunehmendem Kosten- und Nutzenanteil) der Komponenten ausgedrückt.[491] Für die Interpretation des Zielkostenkontrolldiagramms gilt, dass diejenigen Komponenten, die oberhalb der Zielkostenzone liegen, zu aufwendig gestaltet sind, während diejenigen Komponenten, die unterhalb der Zielkostenzone liegen, eventuell zu einfach gestaltet sind. Im vorliegenden Beispielfall würde sich nur für die Komponente Magnet ein Handlungsbedarf ergeben: Der Zielkostenindex der Komponente ist größer als 1, die Komponente ist demnach möglicherweise zu einfach gestaltet und sie liegt gleichzeitig außerhalb der Zielkostenzone.

Mit dem Zielkostenkontrolldiagramm soll das Nutzen-/Kostenverhältnis der einzelnen Produktkomponenten grafisch dargestellt werden und ein Analyseinstrument für die Zielkostenerreichung als Ausgangspunkt für die Ableitung von notwendigen Maßnahmen der Kostensenkung bzw. Produktwertsteigerung (Verbesserung der Funktionserfüllung) bereitgestellt werden.[492] Diese Zielsetzung erfüllt das Zielkostenkontrolldiagramm nur in eingeschränkter Weise, da in der

---

[490] Aus: Coenenberg (1997), S. 466 und Horváth/Seidenschwarz (1992), S. 147.

[491] Vgl. Riegler (1996), S. 71.

[492] Vgl. Fischer/Schmitz (1994), S. 427 und Seidenschwarz (1997), S. 85.

Darstellung nur die relativen Nutzenanteile und die relativen Kostenanteile in Bezug auf die Drifting Costs, also die geschätzten Standardkosten berücksichtigt werden.[493]

In die weitere Betrachtung sind demnach auch die Target Costs, also die Zielkosten des Produkts miteinzubeziehen. Auf Basis des voraussichtlichen Marktpreises und der erwarteten gewinnmaximalen Ausbringungsmenge werden die Target Costs entsprechend des unter Gliederungspunkt 4.1.2.1 dargestellten Market into Company-Verfahrens ermittelt.[494] Im vorliegenden Beispiel wurden die Target Costs für das Produkt insgesamt auf 250.000 EUR pro Stück festgelegt.[495] Indem die Target Costs pro Komponente auf Basis der Nutzenanteile berechnet werden und den absoluten Drifting Costs gegenübergestellt werden, kann der Kostenreduktionsbedarf (= Zielkostenlücke) pro Komponente berechnet werden. Die Ergebnisse sind in Abbildung 13 aufgeführt:

Komponente	Target Costs	Drifting Costs	Kostenreduktionsbedarf
Magnet	110.000 €	155.000 €	45.000 €
Electronic Cabinet	65.000 €	135.000 €	70.000 €
Patientenliege	12.500 €	15.000 €	2.500 €
System Components	22.500 €	60.000 €	37.500 €
Gradientenspule	17.500 €	20.000 €	2.500 €
HF-Kabine	10.000 €	35.000 €	25.000 €
Montage/ Installation	12.500 €	80.000 €	67.500 €
Summe Kosten	250.000 €	500.000 €	250.000 €

Abbildung 13:   Ermittlung des Kostenreduktionsbedarfs

Vergleicht man die Ergebnisse mit den berechneten Zielkostenindizes der Komponenten sowie mit den Aussagen der Zielkostenkontrolldiagramms, wird die eingeschränkte Aussagefähigkeit der Instrumente deutlich: So gibt ein Zielkos-

---

[493] Vgl. Fischer/Schmitz (1994), S. 428.

[494] Siehe dazu die Ausführungen auf S. 111 ff. der Arbeit.

[495] Vgl. dazu Coenenberg (1997), S. 467. In diesem Betrag ist eine Kürzung um ein Budget für nicht einzubeziehende Gemeinkosten - entsprechend der Vorgehensweise bei der Ermittlung der Drifting Cost - bereits berücksichtigt. In Abweichung von der genannten Quelle wird in der vorliegenden Arbeit allerdings statt von Allowable Costs von Target Costs ausgegangen. Vgl. zur Differenzierung von Allowable Costs und Target Costs ebenfalls S. 111 ff. der Arbeit.

tenindex größer als 1 bei der Komponente Magnet zunächst den Hinweis, dass die Kosten zugunsten einer verbesserten Erfüllung des Kundennutzens (bzgl. der durch die Komponente realisierten Funktionen) noch gesteigert werden können. Eine Überprüfung anhand der absoluten Kosten zeigt aber, dass die Restriktion der Target Costs eine weitere Erhöhung der Kosten verbietet: Die Komponente ist in Relation zu dem auf sie entfallenden Anteil an den Target Costs zu teuer. Gleichzeitig ist die Komponente in Bezug auf den auf sie entfallenden Anteil am gesamten Produktnutzen eventuell zu einfach realisiert, denn der Nutzenanteil ist größer als der Kostenanteil.

Die Erfüllung der oben genannten Idealforderung eines Zielkostenindex = 1 ist somit nicht mit einem Erreichen der Target Costs gleichzusetzen. Es kann durchaus eine Zielkostenlücke bestehen bleiben.[496] Dieses ist darauf zurückzuführen, dass mit der Verbesserung des Zielkostenindex ausschließlich eine Anpassung der *Kostenstruktur* an die Kundenanforderungen erfolgt (also eine Optimierung des Kosten-Nutzen-Verhältnisses aus Kundensicht). Dagegen ist eine Anpassung des *Kostenniveaus* der Drifting Costs an das vorgegebene Zielkostenniveau noch nicht erreicht.[497]

4.1.2.2.5 Analyse der Zielkostenlücke im erweiterten Zielkostendiagramm

Um die Aussagefähigkeit des Zielkostenkontrolldiagramms zu erhöhen, ist von Fischer/Schmitz das erweiterte Zielkostenkontrolldiagramm (vgl. Abbildung 14) entwickelt worden.[498] Dazu werden die zuvor berechneten, absoluten Drifting Costs pro Komponente zu den Target Costs gesamt in Beziehung gesetzt. Die neu ermittelten relativen Kostenanteile sind in das Zielkostenkontrolldiagramm einzutragen. Die Lage der Komponenten im Zielkostenkontrolldiagramm ist nun durch den jeweiligen Nutzenanteil einerseits (x-Achse) und den jeweiligen relativen Anteil der Drifting Costs an den gesamten Target Costs (y-Achse) andererseits bestimmt.

Die Ausgangspunkte der Kostenpfeile repräsentieren die anteiligen Drifting Costs, also die Lage der Komponenten im ursprünglichen Zielkostenkontrolldiagramm. Die Endpunkte der Kostenpfeile entsprechen den anteiligen Drifting Costs auf Basis der Target Costs gesamt. Da in dem hier betrachteten Beispiel die Drifting Costs gesamt die Target Costs gesamt übersteigen, ist der Anteil der Drifting Cost an den Target Costs gesamt bei allen Kompenten höher als deren Anteil an den Drifting Costs gesamt. Damit tritt im erweiterten Zielkostenkontrolldiagramm bei allen Komponenten eine Verschiebung nach oben ein.

---

[496] Vgl. Mussnig (2001), S. 137 f.

[497] Vgl. Mussnig (2001), S. 270.

[498] Siehe dazu Fischer/Schmitz (1994), S. 428 ff.

Da sich nunmehr die Kostenanteile auf die Target Costs gesamt beziehen, entspricht die Winkelhalbierende, also die Ideallinie, auf der Nutzen- und Kostenanteil übereinstimmen, jetzt den Target Costs des Produkts. Mit anderen Worten: Wenn sich die Komponente auf der Ideallinie befindet, entsprechen sich deren Nutzen- und Kostenanteil und die absoluten Zielkosten pro Komponente sind erreicht. Entsprechend lässt sich der Kostenreduktionsbedarf der Komponente bezogen auf die Target Costs gesamt ermitteln, indem die Differenz zwischen dem Schnittpunkt des Kostenpfeils mit der Ideallinie und dem Endpunkt des Pfeils an der Ordinate abgelesen wird (Beispiel Komponente Magnet: 18 % von 250.000 EUR entspricht 45.000 EUR).[499]

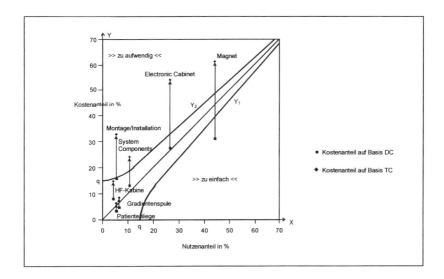

Abbildung 14:   Verschiebung der Komponenten im erweiterten Zielkostenkontrolldiagramm[500]

Mit der Berücksichtigung der anteiligen Drifting Costs auf Basis der gesamten Target Costs lässt sich nunmehr eine Gesamtabweichung pro Komponente berechnen, die definiert ist als Differenz aus dem Anteil der Drifting Costs pro

---

[499] Vgl. Fischer/Schmitz (1994), S. 429.
[500] Aus: Coenenberg (1997), S. 468.

Komponente an den Target Costs gesamt und dem jeweiligen geschätzten Kostenanteil der Komponente an den gesamten Drifting Costs:[501]

$$\text{Gesamtabweichung (GA)} = dc(TC) - dc(DC)$$

mit:

$dc(TC)$ = relative Drifting Costs einer Komponente in % von den gesamten Target Costs

$dc(DC)$ = relative Drifting Costs einer Komponente in % von den gesamten Drifting Costs

Die Gesamtabweichung lässt sich nur schwer interpretieren, da sich die Kostenanteile der Komponenten jeweils auf eine unterschiedliche Basis beziehen. Unter Hinzunahme der komponentenspezifischen Target Costs in % der gesamten Target Costs des Produkts, die gleichzeitig den Nutzenanteilen der Komponenten entsprechen, kann die Gesamtabweichung aber in zwei Teilabweichungen, und zwar in eine Kosten- und eine Nutzenabweichung aufspalten werden:[502]

$$\begin{aligned} GA \;&=\; dc(TC) - tc(TC) \;+\; tc(TC) - dc(DC) \\ &=\; [dc(TC) - tc(TC)] \;+\; [tc(TC) - dc(DC)] \\ &\quad \text{Kostenabweichung} \quad \text{Nutzenabweichung} \end{aligned}$$

mit:

$tc(TC)$ = relative Target Costs einer Komponente in % von den gesamten Target Costs

---

[501] Vgl. Coenenberg (1997), S. 469 f. und Fischer/Schmitz (1994), S. 432. In Abweichung von der genannten Quelle wird in der vorliegenden Arbeit allerdings statt von Allowable Costs von Target Costs ausgegangen. Vgl. die Anmerkungen dazu auf S. 125.

[502] Vgl. Fischer/Schmitz (1994), S. 432.

Die Aufspaltung der Gesamtabweichung in die Kosten- und Nutzenabweichung wird beispielsweise für die Komponente Magnet folgendermaßen berechnet:

$$GA = dc(TC) - dc(DC)$$
$$31\% = 62\% - 31\%$$
$$GA = [dc(TC) - tc(TC)] + [tc(TC) - dc(DC)]$$
$$= [62\% - 44\%] + [44\% - 31\%]$$
$$= 18\% + 13\%$$

Kostenabweichung   Nutzenabweichung

Folgende Tabelle zeigt die Gesamtabweichung sowie die Kosten- und Nutzenabweichungen für alle Komponenten:

Komponente	Sp. 1 Kostenanteil DC auf Basis TC gesamt	Sp. 2 TC-Kostenanteil	Sp. 3 Kostenanteil auf Basis DC	Sp. 4 Gesamt-abweichung Sp. 1 - Sp. 3	Sp. 5 Kosten-abweichung Sp. 1 - Sp. 2	Sp. 6 Nutzen-abweichung Sp. 2 - Sp. 3
Magnet	62%	44%	31%	31%	18%	13%
Electronic Cabinet	54%	26%	27%	27%	28%	-1%
Patientenliege	6%	5%	3%	3%	1%	2%
System Components	24%	9%	12%	12%	15%	-3%
Gradientenspule	8%	7%	4%	4%	1%	3%
HF-Kabine	14%	4%	7%	7%	10%	-3%
Montage/ Installation	32%	5%	16%	16%	27%	-11%
Summe	200%	100%	100%	100%	100%	0%

Abbildung 15:   Ermittlung der Kosten- und Nutzenabweichungen für die Komponenten[503]

Mit der Darstellung der Nutzenabweichung *und* Kostenabweichung pro Komponente ist eine differenziertere Analyse der Ergebnisse möglich. Für das vorliegende Beispiel können folgende Aussagen getroffen werden:[504]

- Die Komponenten Electronic Cabinet, System Components, HF-Kabine und Montage/Installation weisen eine negative Nutzenabweichung und gleichzeitig eine Kostenabweichung größer als 0 auf. Dies bedeutet, dass

---

[503] Aus: Coenenberg (1997), S. 471 und Fischer/Schmitz (1994), S. 433.
[504] Vgl. Fischer/Schmitz (1994), S. 432 und Coenenberg (1997), S. 471.

die Komponenten bezogen auf die durch sie zu realisierenden Kundenanforderungen möglicherweise zu aufwendig im Sinne eines „Overengineering" realisiert wurden (Nutzenabweichung) und gleichzeitig in Bezug auf den auf sie anfallenden Anteil an den Zielkosten zu teuer sind (Kostenabweichung). Für die Ableitung von Maßnahmen zur Zielkostenerreichung kann dies ein Hinweis darauf sein, dass einfachere, kostengünstigere Lösungen zur Erfüllung der von den Komponenten realisierten Funktionen entwickelt werden können.

- Für die Komponenten Magnet, Patientenliege und Gradientenspule ist die Interpretation schwieriger. Bei allen weist die positive Nutzenabweichung darauf hin, dass die Kundenanforderungen möglicherweise noch nicht erreicht sind, die Komponenten also eventuell zu einfach gestaltet sind. Gleichzeitig sind alle Komponenten im Vergleich zu den mittels der Zielkostenspaltung ermittelten Kostenanteilen zu teuer. Für die Ableitung von Maßnahmen bedeutet dies möglicherweise, dass die durch die Komponenten realisierte Funktionserfüllung verbessert werden sollte, dabei aber Kosten gesenkt, das heißt „intelligente Problemlösungen"[505] gefunden werden sollten.

Mithilfe der dargestellten Vorgehensweise kann der Kostenreduktionsbedarf pro Komponente nunmehr berechnet werden als Produkt aus Kostenabweichung und den Target Costs gesamt. Unklar ist dagegen weiterhin die Ermittlung des aufgrund der Nutzenabweichung erforderlichen Kostenveränderungsbedarfes pro Komponente. Um diesen ermitteln zu können, wird die bisherige Analyse ergänzt um die Berechnung der `korrigierten Drifting Costs nach Nutzenanteilen'.[506] Auf diese Weise ergibt sich eine an die Kundenwertungen angepasste veränderte Aufteilung der Kosten bei zunächst unverändertem Kostenniveau. Zu Bestimmung der Target Costs pro Stück werden die korrigierten Drifting Costs auf das niedrigere Zielkostenniveau gesenkt. So kann einerseits der gesamte Kostenreduktionsbedarf ermittelt werden, andererseits dessen Aufspaltung auf die erforderliche Anpassung der Kostenstruktur und des Kostenniveaus gezeigt werden. Für das vorliegende Beispiel können folgende Daten ermittelt werden:

---

[505] Coenenberg (1997), S. 471.

[506] Vgl. dazu ausführlich Mussnig (2001), S. 270 ff., der ein alternatives erweitertes Zielkostenkontrolldiagramm entwickelt, das die absoluten Drifting Costs den Target Costs pro Komponente gegenüberstellt und die Aufspaltung der Zielkostenlücke zeigt.

Komponente	Sp. 1 relative Anteile drifting costs	Sp. 2 Anteile drifting costs absolut	Sp. 3 Nutzen- anteile	Sp. 4 korrigierte drifting costs absolut nach Nutzenanteilen	Sp. 5 reduziertes Kosten- niveau auf Zielkosten basis	Sp. 6 Zielkosten	Sp. 7 Kosten- reduktions- bedarf
				Sp. 3 x drifting costs ges.		Sp. 4 x Sp. 5	Sp. 2 - Sp. 6
Magnet	31%	€ 155.000	44%	€ 220.000	50%	€ 110.000	€ 45.000
Electronic Cabinet	27%	€ 135.000	26%	€ 130.000	50%	€ 65.000	€ 70.000
Patientenliege	3%	€ 15.000	5%	€ 25.000	50%	€ 12.500	€ 2.500
System Components	12%	€ 60.000	9%	€ 45.000	50%	€ 22.500	€ 37.500
Gradientenspule	4%	€ 20.000	7%	€ 35.000	50%	€ 17.500	€ 2.500
HF-Kabine	7%	€ 35.000	4%	€ 20.000	50%	€ 10.000	€ 25.000
Montage/ Installation	16%	€ 80.000	5%	€ 25.000	50%	€ 12.500	€ 67.500
Summe	100%	€ 500.000	100%	€ 500.000	50%	€ 250.000	€ 250.000

Abbildung 16: Berechnung des Kostenreduktionsbedarfes mithilfe der korrigierten Drifting Costs[507]

Die Differenz zwischen den korrigierten Drifting Costs pro Komponente und den Drifting Costs pro Komponente bezogen auf die Drifting Costs gesamt entspricht damit genau der oben ermittelten Nutzenabweichung. Somit lässt sich beispielsweise für die Komponente Electronic Cabinet der Kostenreduktionsbedarf aufgrund der Nutzenabweichung berechnen als Produkt aus Nutzenabweichung und Drifting Costs gesamt; also 1 % x 500.000 EUR = 5.000 EUR bzw. als Differenz aus Drifting Costs und korrigierten Drifting Costs, also 135.000 EUR – 130.000 EUR.

Für das weitere Vorgehen sind damit folgende Zwischenergebnisse festzuhalten:

- Sowohl der Zielkostenindex als auch das 'einfache' Zielkostenkontrolldiagramm zeigen tatsächlich nur die Abweichungen von dem durch die Kunden gewünschten Kosten-Nutzenverhältnis pro Komponente, geben also einen Hinweis auf die notwendige Veränderung der durch die Komponenten zu realisierenden Funktionserfüllung.

- Um den notwendigen Handlungsbedarf in Bezug auf die Kosten ermitteln zu können, ist der Einsatz eines erweiterten Zielkostenkontrolldiagramms hilfreich und die Ermittlung des absoluten Kostenreduktionsbedarfes pro Komponente notwendig.

---

[507] In Anlehnung an Mussnig (2001), S. 273.

- Durch die Ermittlung der Gesamtabweichung pro Komponente und deren Aufspaltung in eine Kostenabweichung und eine Nutzenabweichung ist eine wesentliche zusätzliche Information gewonnen: „Vereinfacht gesprochen, repräsentiert die Kostenabweichung die Effizienz und die Nutzenabweichung die Effektivität der realisierten Produktkonfiguration."[508]

- Während die Kostenabweichung den gesamten Kostenreduktionsbedarf also die Zielkostenlücke pro Komponente darstellt, bezeichnet die Nutzenabweichung die Differenz zwischen der bestehenden Kostenstruktur und der an die Kundenanforderungen angepassten Kostenstruktur bei zunächst unverändertem Gesamtkostenniveau.

Mit der erstmaligen Ermittlung der Zielkosten pro Komponente und der Ableitung und Interpretation der dargestellten Kennzahlen ist die Phase der Zielkostenspaltung abgeschlossen. Die Bestimmung der Zielkostenindizes, des absoluten Kostenreduktionsbedarfes pro Komponente sowie die grafische Darstellung des Kosten-/Nutzenverhältnisses der Komponenten im erweiterten Zielkostenkontrolldiagramm bilden den Ausgangspunkt für die sich anschließende Phase der Zielkostenerreichung.

4.1.2.3 Zielkostenerreichung

Die Phase der Zielkostenerreichung umfasst zum einen die Durchführung von Maßnahmen zur Erreichung der Zielkosten und zum anderen die laufende Kontrolle der Zielkostenerreichung. Ebenso wie die Zielkostenspaltung sollte auch die Zielkostenerreichung während der Phase der Produktentwicklung und -konstruktion ablaufen, so dass idealerweise nach mehrfacher Durchführung von Maßnahmen zur Zielkostenerreichung und entsprechender Kontrolle der neu zu kalkulierenden Standardkosten die Zielkosten zu Beginn der Produktionsplanung als aktuelle Plankosten verabschiedet werden können.[509]

Die Kontrolle der Zielkostenerreichung erfolgt mittels der bereits dargestellten Kennzahlen, die im Prozess der Zielkostenerreichung wiederholt eingesetzt werden, um den Stand der Maßnahmen zur Kostenreduktion bei den Komponenten bzw. die Verbesserung der Funktionserfüllung durch die Komponenten zu überprüfen. So erfordert eine Kostenreduktion bei einzelnen Komponenten eine erneute Berechnung der relativen Kostenanteile auf Basis der Drifting Costs, eine Berechnung der Zielkostenindizes und des absoluten Kostenredukti-

---

[508] Coenenberg (1997), S. 470.

[509] Vgl. dazu das Phasenschema des Target Costing bei Niemand (1996), S. 54.

onsbedarfes sowie eine Interpretation der Ergebnisse anhand des erweiterten Zielkostenkontrolldiagramms.[510]

Nach Festlegung des Handlungsbedarfs zur Erreichung der Zielkosten müssen entsprechende Instrumente zur Zielkostenerreichung bereitgestellt und eingesetzt werden. Hier werden vor allem Instrumente des Kostenmanagements genannt, die im Rahmen des Zielkostenmanagements zur dauerhaften und frühzeitigen Kostenreduktion eingesetzt werden sollen (vgl. Abbildung 17).[511]

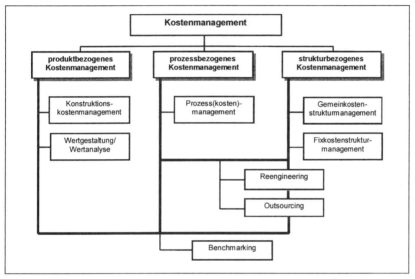

Abbildung 17:   Kostenmanagementinstrumente im Überblick[512]

Verfahren zur Qualitätsverbesserung finden dagegen insgesamt weniger Beachtung: Ein direkter Hinweis auf den Einsatz eines Qualitätsmanagements als Instrument zur verbesserten Erfüllung der Kundenanforderungen findet sich bei Seidenschwarz und Niemand.[513] Allerdings sind Maßnahmen zur Wertsteigerung und Qualitätsverbesserung des Produktes implizit bei einigen in der Regel dem Kostenmanagement zugeordneten Instrumenten aufgeführt. Dies gilt vor allem für die Wertgestaltung und das Benchmarking. So weisen sowohl Coe-

---

[510] Vgl. Coenenberg (1997), S. 476.

[511] Vgl. Buggert/Wielpütz (1995), S. 99 f. und Freidank (1999), S. 376 ff.

[512] Modifiziert entnommen aus: Freidank (1999), S. 377.

[513] Vgl. Seidenschwarz (1993), S. 227 ff. und Niemand (1996), S. 67. Siehe außerdem Müller (1998), S. 80 ff.

nenberg als auch Freidank darauf hin, dass sich das Benchmarking, eingesetzt als Instrument zur Zielkostenerreichung sowohl auf finanzielle als auch auf nicht-finanzielle Maßgrößen bezieht.[514]

Die Instrumente des Kostenmanagement können nach produkt-, prozess- und strukturbezogenen Verfahren unterschieden werden (vgl. Abbildung 17).[515] Dabei werden abweichend von der in der Literatur vorgeschlagenen Systematisierung die Instrumente des Reengineering und des Outsourcing sowohl dem prozessbezogenen als auch dem strukturbezogenen Kostenmanagement zugeordnet, da beide Verfahren sowohl die Änderung von Prozessen als auch die Beeinflussung von Kostenstrukturen umfassen. Das Benchmarking kann sowohl auf Produkte, Prozesse oder Strukturen bezogen werden und wird demnach als übergeordnetes Instrument betrachtet.

Die produktbezogenen Verfahren konzentrieren sich vor allem auf die Phase der Entwicklung und Konstruktion. Häufig genannte Instrumente sind die **konstruktionsbegleitende Kalkulation**, der Einsatz von **Kostentableaus** und die **Wertanalyse und -gestaltung**.[516] Ziel der konstruktionsbegleitenden Kalkulation ist die Initiierung und Umsetzung von Kostensenkungsmaßnahmen bereits in der Entstehungsphase eines Produkts. Entscheidungsunterstützend wirken dabei Kostentableaus, mit deren Hilfe die Kostenwirkungen verschiedener Konstruktionsverfahren, Materialalternativen etc. auf die einzelnen Kostentreiber in einer Matrix gegenübergestellt werden können.[517] Mit der Wertgestaltung soll ebenso wie mit der Wertanalyse die Funktionsstruktur eines Produkts im Hinblick auf eine Produktwertsteigerung sowohl durch Kostensenkungsmaßnahmen als auch durch Maßnahmen der Funktionsverbesserung beeinflusst werden.[518] Während die Wertanalyse sich auf Verbesserungsmaßnahmen bei bereits bestehenden Produkten bezieht, setzt die Wertgestaltung in der Entwicklungs- und Konstruktionsphase von Neuprodukten an.[519] Grundgedanken der Wertanalyse und -gestaltung finden sich bereits in der Zielkostenspaltung wieder. Dies betrifft vor allem die produktfunktionale Sichtweise der Instrumente.[520] Die Nutzung der Wertgestaltung zur Zielkostenerreichung umfasst den Einsatz spezieller Maßnahmen wie beispielsweise die Veränderung des Funktionsprinzips

---

[514] Vgl. Coenenberg (1997), S. 477 und Freidank (1999), S. 378.

[515] Vgl. Freidank (1999), S. 377.

[516] Vgl. Riegler (1996), S. 73, Niemand (1996), S. 67 und Buggert/Wielpütz (1995), S. 110 ff.

[517] Vgl. Seidenschwarz (1993), S. 196 f.

[518] Vgl. Coenenberg (1997), S. 479 und Seidenschwarz (1993), S. 170 f.

[519] Vgl. Freidank (1999), S. 381. Coeneberg definiert die Wertanalyse i.w.S. als Oberbegriff für Wertanalyse und –gestaltung. Vgl. Coenenberg (1997), S. 479.

[520] Vgl. dazu Coenenberg (1997), S. 480 sowie Seidenschwarz (1993), S. 175 ff.

oder der Reduktion der Funktionen eines Produkts, die Einsparung von Teilen oder die Anwendung einfacher Konstruktions- und Fertigungsprinzipien.[521]

Als prozessbezogenes Verfahren dient das **Prozesskostenmanagement** vor allem der Kostenreduktion im Gemeinkostenbereich.[522] Das Prozesskostenmanagement stellt einen umfassenden Ansatz zur Steuerung der Gemeinkostenbereiche dar und setzt den Einsatz den Einsatz der Prozesskostenrechnung voraus.[523] Ziel ist die Senkung der Prozesskosten durch eine marktorientierte Bereinigung von Prozessen mittels Vereinfachung, Reduzierung oder Eliminierung der zugrunde liegenden Prozesse.[524] Die Prozesskosten werden mithilfe der Prozesskostenrechnung ermittelt, die zunächst zu einer Erhöhung der Kostentransparenz und des Kostenbewußtseins in den Gemeinkostenbereichen sowie der verursachungsgerechteren Verrechnung der Gemeinkosten auf Produkte führt.[525] Mithilfe detaillierter Prozesskosteninformationen können dann Maßnahmen zur Optimierung der Prozessstruktur eingeleitet werden.

Voraussetzung für die mit dem Prozesskostenmanagement bezweckte Prozessoptimierung ist eine vertikale Segmentierung der Prozesse in wertschöpfende und nicht wertschöpfende Prozesse:[526] Während wertschöpfende Prozesse einen direkten Kundennutzen schaffen und damit zu einer Produktwertsteigerung führen (Value-Added Activities), tragen nicht wertschöpfende Prozesse nur indirekt oder überhaupt nicht zu einer mit dem Produkt bezweckten Erfüllung des Kundennutzens bei. Nicht wertschöpfende Prozesse lassen sich unterteilen in einerseits notwendige Prozesse, die der Aufrechterhaltung des laufenden Betriebs durch beispielsweise Erfüllung rechtlicher Vorschriften oder Durchführung von planenden und koordinierenden Tätigkeiten dienen. Davon zu unterscheiden sind dagegen diejenigen Prozesse, mit denen keine Wertsteigerung des zu erstellenden Produkts verbunden ist (Non Value-Added Activities), wie beispielsweise Nacharbeiten oder Garantieleistungen. Mit der Prozessoptimierung sollen die überflüssigen Prozesse eingeschränkt bzw. abgebaut werden, die Zahl der notwendigen aber mit keinem direkten Kundennutzen verbundenen Prozesse so gering wie möglich gehalten werden und die wertschöpfenden Prozesse hinsichtlich Kosten und Kundennutzen optimiert werden.

---

[521] Vgl. Seidenschwarz (1993), S. 235.

[522] Eine konkrete Beschreibung des Einsatzes des Prozesskostenmanagements in der Phase der Zielkostenerreichung findet sich bei Niemand, der den Einsatz des Target Costing für industrielle Dienstleistungen untersucht hat. Siehe dazu Niemand (1996), S. 114 ff.

[523] Vgl. Niemand (1996), S. 94 und Seidenschwarz (1997), S. 95.

[524] Vgl. Freidank (1999), S. 383 und Niemand (1996), S. 89.

[525] Vgl. S. 76 ff. der Arbeit.

[526] Vgl. Niemand (1996), S. 90 ff. und Freidank (1999), S. 383.

Über eine Optimierung bestehender Prozesse geht das **Business Process Reengineering** hinaus, da mit diesem Instrument ein radikale Umstrukturierung von Unternehmensprozessen bezweckt wird.[527] Indem völlig neue Prozessabläufe entwickelt werden, wird die bestehende Aufbau- und Ablauforganisation grundsätzlich in Frage gestellt.[528] Durch die Verschlankung von Prozessen und Strukturen, beispielsweise durch die Reduzierung der Ansprechpartner aus Kundensicht, Verkürzung der Bearbeitungszeiten oder Verringerung der Schnittstellen zwischen Organisationseinheiten sollen Verbesserungen hinsichtlich Kosten, Zeit und Erfüllung der Kundenanforderungen bei der Leistungserstellung realisiert werden.[529] Im Kern geht es darum, wie Prozesse aus Kundensicht optimal gestaltet werden können. Die Ausrichtung auf die Kundensicht und Infragestellung bestehender Strukturen und Verfahren[530] ist gleichzeitig notwendige Voraussetzung für die Erreichung der Zielkosten und lässt dieses Instrument daher für den Einsatz im Zielkostenerreichungsprozess besonders geeignet erscheinen.

Ebenfalls auf die Verschlankung von Organisations- und Produktionsstrukturen bezieht sich das **Outsourcing** bzw. Zulieferermanagement, das zur Reduzierung der Leistungs- bzw. Fertigungstiefe des Unternehmens eingesetzt wird.[531] Bezogen auf den Einsatz im Target Costing-Prozess kann die Erstellung einzelner Produktkomponenten an Zulieferer ausgelagert werden. Dabei werden dem Zulieferer die im Rahmen der Zielkostenspaltung ermittelten Komponentenzielkosten als Zielgröße vorgegeben.[532] Ein erfolgreiches Outsourcing setzt allerdings eine enge Zusammenarbeit zwischen Unternehmen und Zulieferern während des gesamten Target Costing-Prozesses und eine möglichst frühzeitige Einbeziehung des Zulieferers bereits in der Phase der Zielkostenspaltung voraus:[533]

---

[527] Vgl. Rudolph (1998), S. 51, KGSt (1998), S. 15 sowie insbesondere Hammer/Champy (1994), S. 47 ff.

[528] Vgl. Freidank (1999), S. 389.

[529] Vgl. KGSt (1998a), S. 13 ff.

[530] Dies wird durch die Definition der Drifting Costs einerseits und Target Costs andererseits deutlich: Vgl. dazu S. 111 ff. der Arbeit.

[531] Vgl. Freidank (1999), S. 387. Für die öffentliche Verwaltung ist die Frage des Outsourcing bestimmter Leistungsbereiche von hoher Relevanz. In diesem Zusammenhang sind für die Entscheidung über die Leistungstiefe in der öffentlichen Verwaltung Beurteilungskriterien entwickelt worden. Vgl. dazu die Ausführungen auf S. 203 ff. der Arbeit.

[532] Vgl. Coenenberg (1997), S. 480 f.

[533] Die Faktoren enge und langfristige Zusammenarbeit gelten insbesondere für sog. 'Black-Box-Lieferanten', bei denen der Lieferant bereits in die Phase der Produktkonzipierung miteinbezogen wird und dessen Know-How in die Produktentwicklung eingehen soll. Davon zu unterscheiden sind Lieferanten, die Katalogteile, also standardisierte Teile liefern und Lieferanten, die Detailvorgabeteile liefern, die nach genauen Plänen des auftrag-

- Der Zulieferer unterstützt die Zielkostenspaltung, indem er detaillierte Kosteninformationen zu der von ihm zu erstellenden Komponente liefert. Auf diese Weise können die Drifting Costs der Komponente ermittelt werden.[534]

- Der Zulieferer wird von dem Unternehmen über das Anforderungsprofil an das Gesamtprodukt sowie über mögliche Änderungen der Produktkonfiguration während der Entwicklungs- und Konstruktionsphase, soweit sie die vom Zulieferer zu erstellende Komponente betreffen, laufend informiert.[535]

- Das Unternehmen unterstützt den Zulieferer durch Kostenreduktionsberatung in Bezug auf die zu optimierende Komponente. Umgekehrt kann auch der Zulieferer seinerseits Vorschläge zur Zielkostenerreichung bei anderen nicht durch den Zulieferer erstellten Produktkomponenten einbringen.[536]

Weitere Erfolgsfaktoren der Zusammenarbeit zwischen Unternehmen und Zulieferer sind zudem Maßnahmen der Qualitätskontrolle des Zulieferers und die Schaffung von Anreizen zur Kostenreduzierung durch Beteiligung des Zulieferers an realisierten Kosteneinsparungen.[537]

Das Kostenstrukturmanagement setzt an der Beeinflussbarkeit von Kostenstrukturen an, die sich hinsichtlich Zurechenbarkeit zu Produkten (Einzel- und Gemeinkosten) sowie hinsichtlich ihrer Abhängigkeit vom Beschäftigungsgrad (fixe und variable Kosten) unterscheiden. Neben der Gemeinkostenwertanalyse und dem Zero-Base-Budgeting, die als Verfahren zur Gemeinkostenreduzierung eingesetzt werden,[538] ist vor allem das **Fixkostenstrukturmanagement** zur Beeinflussung von beschäftigungsunabhängigen Kosten von Bedeutung.

Das Fixkostenstrukturmanagement versucht die Abbaubarkeit und Flexibilität von Fixkosten zu erhöhen, indem in einer Plankostenrechnung zusätzlich differenzierte Informationen zu den Einflussfaktoren auf die Abbaufähigkeit von Fixkosten wie beispielsweise Vertragslaufzeiten und Kündigungsfristen von Arbeitsverträgen, Mietverträgen etc. aufgenommen werden.[539] Die für das Fixkos-

---

gebenden Unternehmens erstellt bzw. die nach genau vorgegebenen Geschäftsprozessen (bei Dienstleistungen) durchgeführt werden. Vgl. dazu Burger (1999), S. 30 ff. und Müller (1998), S. 76 f.

[534] Vgl. Burger (1999), S. 34, Müller (1998), S. 78 und Freidank (1999), S. 388.

[535] Vgl. Coenenberg (1997), S. 481 und Burger (1999), S. 34 f.

[536] Vgl. Burger (1999), S. 35.

[537] Vgl. Müller (1998), S. 78 und Seidenschwarz (1993), S. 264.

[538] Vgl. Freidank (1999), S. 384 f.

[539] Vgl. Freidank (1999), S. 385 f. sowie zur ausführlicheren Darstellung des Instruments Kremin-Buch (2001), S. 14 ff.

tenmanagement notwendigen Informationen können in Vertragsdatenbanken zur Verfügung gestellt werden.[540] In den Vertragsdatenbanken werden die Fixkosten hinsichtlich ihrer zeitlichen Abbaubarkeit, ihrer Zuordnung zu Organisationseinheiten und – in erweiterter Form – ihrer Zuordnung hinsichtlich Haupt- und Teilprozessen („prozessorientierte Vertragsdatenbanken"[541]) erfasst, indem bereits in dezentralen Informationssystemen (Personalinformationssystem, Gebäudeinformationssystem, Anlagenbuchhaltung) vorhandene Daten nach den genannten Merkmalen strukturiert und aggregiert werden.[542] Mit diesen Informationen können Entscheidungen im Rahmen einer Prozessoptimierung unterstützt werden, wenn beispielsweise bei einer Prozessbereinigung geprüft wird, zu welchem Zeitpunkt entsprechende (Fix-)Kostenwirkungen tatsächlich eintreten werden. Ebenso ist bei einer Änderung des Leistungsprogrammes eine Information zu der Flexiblität der entsprechenden Fixkosten notwendig.[543]

Das **Benchmarking** stellt ein methodenübergreifendes Konzept dar und wird neben den produktkonstruktionsbezogenen Verfahren sehr häufig als Instrument zur Zielkostenerreichung genannt.[544] Benchmarking stellt einen kontinuierlichen Prozess dar, bei dem Produkte und Prozesse eines Unternehmens mit – in Bezug auf die zu untersuchenden Benchmarkingobjekte – führenden bzw. besten Unternehmen („best pratice") verglichen werden.[545] Ziel dabei ist die Aufdeckung von Einsparpotentialen und von Verbesserungspotentialen in Bezug auf kritische Erfolgsfaktoren der Leistungserstellung wie Kosten, Qualität und Zeit.[546] Das Benchmarking bezieht sich damit nicht nur auf die Beeinflussung von Kosten, sondern auch auf die Verbesserung der Qualität und zwar vor allem auf die Verbesserung der Prozess-und Ergebnisqualität.[547] Vom Grundsatz her umfasst der Benchmarking-Prozess eine Vorbereitungsphase, in der die Benchmarkingobjekte, also die zu verbessernden Produkte, Prozesse und Verfahren ausgewählt sowie entsprechende finanzielle und nicht-finanzielle Indikatoren bestimmt und die Vergleichsunternehmen ausgewählt werden.[548] Dabei ist auch ein Vergleich

---

[540] Vgl. Müller (1998), S. 99 ff., und Oecking (1994), S. 96 ff.

[541] Vgl. Haiber (1997), S. 357 ff.

[542] Vgl. Haiber (1997), S. 359.

[543] Vgl. Müller (1998), S. 97 sowie S. 92 ff. der Arbeit.

[544] So u.a. bei Niemand (1996), S. 67, Coenenberg (1997), S. 477 ff., Freidank (1999), S. 378 f., Müller (1998), S. 69 ff. und Rudolph (1998), S. 60.

[545] Vgl. Coenenberg (1997), S. 477.

[546] Vgl. Freidank (1999), S. 378.

[547] Vgl. Haiber (1997), S. 471 und 473 ff.

[548] Zu den Phasen des Benchmarking vgl. insbesondere Coenenberg (1997) S. 477 ff. und Haiber (1997), S. 470. Zu der Definition von nicht-finanziellen Indikatoren vgl. die Ausführungen auf S. 155 ff. der Arbeit.

mit unternehmensinternen Bereichen möglich (internes Benchmarking).[549] In der Analysephase werden die Leistungslücken im Vergleich zu dem Best-Pratice-Unternehmen oder -bereich ermittelt und hinsichtlich der Abweichungsursachen analysiert. Inhalt der Umsetzungsphase ist die Ableitung von konkreten Verbesserungsmaßnahmen im eigenen Unternehmen. Um eine dauerhafte Verbesserung der kritischen Erfolgsfaktoren zu erreichen, wird der Benchmarking-Prozess nicht einmalig, sondern wiederholt durchgeführt.[550]

Der Einsatz von Instrumenten des Qualitätsmanagement stellt eine weitere Maßnahme dar, die bei einer notwendigen Verbesserung der Funktionserfüllung durch die Produktkomponenten durchgeführt werden sollte. Qualität, bezogen auf den Target Costing-Prozess definiert als Erfüllung der Anforderungen an ein Produkt, erfordert ebenso wie bei dem Kostenmanagement einen möglichst frühzeitigen Einsatz der entsprechenden Instrumente, um die Qualität des Produktes noch während der Entwicklungs- und Konstruktionsphase beeinflussen zu können.[551] Dieses entspricht einem neueren Verständnis von Qualitätsmanagement, bei dem das frühzeitige Erkennen von Qualitätsproblemen und die Planung von entsprechenden Maßnahmen im Vordergrund steht und weniger von einer kontrollorientierten Sichtweise ausgegangen wird, bei der die Qualitätssicherung von Endprodukten dominiert.[552]

Mit dem wiederholten Einsatz der genannten Instrumente und der entsprechenden Kontrolle der reduzierten Standardkosten und verbesserten Erfüllung der Kundenanforderungen bis zur Zielkostenerreichung ist die Phase der Zielkostenerreichung abgeschlossen. Damit sind die wesentlichen Bestandteile des Target Costing-Prozess als Grundlage für das weitere Vorgehen dargestellt. Bevor die Übertragbarkeit von Elementen des Target Costing auf die öffentliche Verwaltung untersucht werden soll, wird zunächst eine Bewertung des Konzeptes vorgenommen.

4.1.3 Zwischenfazit: Bewertung des Target Costing-Konzepts

Unter besonderer Berücksichtigung einer möglichen Anwendbarkeit in der öffentlichen Verwaltung sind insbesondere folgende Vorteile des Target Costing für das weitere Vorgehen relevant:

- Durch die produktfunktionale Ausrichtung des Zielkostenmanagements ist die Planung und Kontrolle von formalzielorientierten und sachzielori-

---

[549] Vgl. Hoffjan (1997), S. 348 f.

[550] Vgl. Müller (1998), S. 72.

[551] Vgl. Seidenschwarz (1993), S. 227 f.

[552] Vgl. Seifert (1998), S. 200.

entierten Inhalten möglich.[553] Bei der Gesamtproduktkostenfestlegung sowie bei der Bestimmung der Zielkosten auf Komponentenebene werden nicht nur Kostenobergrenzen, sondern auch Kundenanforderungen an das Produkt und dessen Komponenten als Planvorgaben ermittelt. Mit dem Kontrollinstrument des Zielkostenindex, aber vor allem mithilfe der Kosten- und Nutzenabweichungen kann der Handlungsbedarf sowohl hinsichtlich notwendiger Kostenreduktionen als auch hinsichtlich der von den Kunden geforderten Produktwertverbesserungen abgeleitet werden. Das Target Costing ist damit ein Steuerungsinstrument, das neben dem Bewertungskriterium der Effizienz auch die Effektivität der Leistungserstellung miteinbezieht.

- Mit der Berücksichtigung von verhaltenssteuernden Wirkungen von Kosten- und Planungsinformationen stärkt das Target Costing die Steuerungsfunktion des Kostenmanagements. Insbesondere die Ableitung der Zielkosten aus dem Markt auf Produkt- und Komponentenebene führt zu erhöhter Akzeptanz der Vorgabewerte.

- Durch die Einbeziehung von Zulieferern in den Target Costing-Prozess ermöglicht das Zielkostenmanagement eine Betrachtung der Leistungserstellung über die gesamte Wertschöpfungskette und damit über die Unternehmensgrenzen hinweg. Für die Anwendung des Target Costing in der öffentlichen Verwaltung ist dieser Aspekt insbesondere für die Integration der Leistungserbringung durch externe Anbieter in das Kostenmanagement relevant.

- Die Ausrichtung des Target Costing auf eine mittel- bis langfristige Kostensteuerung und Produktwertsteigerung kann möglicherweise Ansatzpunkte für die Integration von langfristigen Kosten- und Qualitätszielen in den Planungs(bzw. Steuerungs-)prozess der öffentlichen Verwaltung liefern.

- Als Maßnahmen zur Zielkostenerreichung werden einige Instrumente genannt, die sich auch für einen Einsatz in der öffentlichen Verwaltung eignen und dort zum Teil bereits eingesetzt werden bzw. für deren Einsatz Konzepte vorliegen.[554] Dies gilt vor allem für die prozess- und strukturbezogenen Instrumente des Kostenmanagements (Prozesskostenmanagement, Reengineering, Outsourcing und Fixkostenstrukturmanagement) sowie für das Benchmarking und das Qualitätsmanagement.

---

[553] Vgl. Buggert/Wielpütz (1995), S. 220.

[554] Siehe zu den Maßnahmen zur Zielkostenerreichung in der öffentlichen Verwaltung S. 203 ff. der Arbeit.

Den Vorteilen stehen Kritikpunkte am Konzept des Target Costing und ein entsprechender Weiterentwicklungsbedarf des Konzeptes vor allem hinsichtlich folgender Faktoren gegenüber :

- Die erfolgszielorientierte Kostenplanung wird als wesentlicher Bestandteil des Zielkostenmanagements genannt.[555] Dennoch bleibt in den bisherigen Konzeptionen relativ unklar, wie die Zielkostenvorgaben auf Produkt- und Komponentenebene konkret in den Planungszyklus eines Unternehmens zu integrieren sind. Einerseits sind die Kosten- und Qualitätsziele auf einen mittel- bis langfristigen Planungshorizont ausgerichtet, andererseits sind operative, das heißt kurzfristige auf ein Kalenderjahr bezogene Zielkostenvorgaben notwendig, um eine Kontrolle der Zielkostenerreichung anhand der Informationen aus der laufenden Kostenrechnung zu ermöglichen.[556]

- Nicht ausreichend beantwortet ist die Frage des Umfangs der in den Target Costing-Prozess miteinzubeziehenden Kosten.[557] Geht man von dem von Seidenschwarz entwickelten Vorschlag der Einbeziehung der produktnahen Gemeinkosten aus, so bleibt die Problematik des Kostenmanagements für die übrigen Gemeinkosten bestehen. Als eine Lösungsmöglichkeit wird in der Literatur die Entwicklung von Vorgabewerten auch für die Budgetierung von produktfernen Gemeinkostenbereichen beispielsweise mithilfe eines Cost-Benchmarking gefordert.[558]

- Eine weitere Forderung betrifft die Verbesserung der Informationsbasis für die Ermittlung der Komponentenzielkosten und zwar insbesondere die Zuordnung der Komponenten zu den Funktionen.[559] Bei der Festlegung, in welchem Ausmaß die Komponenten zu der Realisation der Produktfunktionen beitragen, die wesentlich für die weitere Ableitung der funktionsorientierten Komponentengewichte ist, besteht ein großer Interpretationsspielraum, der von der subjektiven Einschätzung der in dem Produktteam vertretenen Mitarbeiter/-innen abhängt. Hinzu kommt, dass die Zuordnung der Komponenten zu Funktionen die Kenntnis einer (optimalen) technischen Lösung zur Realisation der Funktionseigenschaften des Produkts voraussetzt.[560] Diese ist aber in einem frühen Entwicklungsstadium des Produktes noch nicht vollständig bekannt bzw. wird nicht zuletzt

---

[555] Vgl. Schweitzer/Küpper (1995), S. 662 sowie Buggert/Wielpütz (1995), S. 220.

[556] Vgl. Schweitzer/Küpper (1995), S. 674 und Burger (1999), S. 84.

[557] Vgl. Dittmar (1996), S. 186 ff., Schweitzer/Küpper (1995), S. 674 und Kremin-Buch (2001), S. 134.

[558] Vgl. Dittmar (1996), S. 191.

[559] Vgl. Kremin-Buch (2001), S. 133 und Dittmar (1996), S. 184.

[560] Vgl. Dittmar (1996), S. 184 f.

durch den Einsatz von Zielkostenerreichungsinstrumenten erst erarbeitet. Möglicherweise muss also von einer Änderung der Zuordnung von Komponenten zu Funktionen und damit auch von geänderten Nutzenanteilen im Laufe des Target Costing-Prozesses ausgegangen werden.

- Aus Marketingsicht wird eine stärkere Integration der Kundensicht gefordert.[561] Die Kundenwünsche sollten nicht nur zu Beginn, sondern während des gesamten Target Costing-Prozesses Berücksichtigung finden. Dies impliziert aber die Aufhebung der Prämisse von unveränderten Nutzenanteilen der Produktfunktionen durch die Kunden.[562]

Insgesamt weist das Target Costing einige Vorteile auf, die dieses Kostenmanagementkonzept für die öffentliche Verwaltung geeignet erscheinen lassen. Bei der nun folgenden Entwicklung eines verwaltungsspezifischen Target Costing-Ansatzes sollen die Übertragbarkeit des Konzeptes geprüft sowie notwendige Anpassungen als Voraussetzung für die Entwicklung eines 'Public Target Costing' vorgenommen werden. Soweit wie möglich sollen dabei auch die Kritikpunkte am Target Costing wieder aufgegriffen werden.

4.2 Darstellung der Funktionsweise des Zielkostenmanagements für die öffentliche Verwaltung

Für die Entwicklung des Public Target Costing ist es zunächst notwendig, die Bedingungen für eine grundsätzliche Anwendbarkeit des Target Costing in der öffentlichen Verwaltung herauszuarbeiten. Besondere Bedeutung kommt der Auswahl eines geeigneten Verfahrens zur Festlegung der Gesamtproduktkosten und der Aufbau einer Indikatorenrechnung zur Abbildung des Zielsystems zu. Die konkrete Darstellung des Ablaufs des Public Target Costing erfolgt anhand eines Fallbeispiels aus dem Politikbereich Jugend und Familie.

4.2.1 Übertragung wesentlicher Merkmale des Target Costing auf die öffentliche Verwaltung

Im folgenden soll anhand der wesentlichen Merkmale des Target Costing geprüft werden, ob eine Übertragung des Konzeptes auf die öffentliche Verwal-

---

[561] Vgl. Dittmar (1996), S. 190 f.

[562] Eine veränderte Gewichtung der Produktfunktionen führt entsprechend zu veränderten Nutzenteilgewichten der Komponenten. Die Auswirkung auf die Interpretation der Ergebnisse im Zielkostenkontrolldiagramm sind von Fischer/Schmitz untersucht worden. Vgl. Fischer/Schmitz (1994), S. 431 f.

tung grundsätzlich möglich erscheint. Dabei sind die unter Kapitel 2 aufgeführten Spezifika der öffentlichen Leistungserstellung, also vor allem die Besonderheiten des öffentlichen Zielsystems, die Charakteristika öffentlicher Leistungen und das weitgehende Fehlen eines marktlichen Wettbewerbs für öffentliche Leistungen zu berücksichtigen. Um eine Übertragbarkeit des Target Costing auf die öffentliche Verwaltung feststellen zu können, müssen im einzelnen folgende Fragen beantwortet werden:

- Lässt sich Target Costing auf Dienstleistungen anwenden?

- Bezieht sich das Target Costing ausschließlich auf Neuprodukte oder auch auf Kostensenkungsstrategien bereits bestehender Produkte?

- Ist eine Anwendung ausschließlich in gewinnorientierten Unternehmen, die auf Märkten mit hoher Wettbewerbsintensität agieren, möglich oder ist ein Einsatz auch für nicht marktgängige Leistungen wie diejenigen der öffentlichen Verwaltung denkbar?

Bei der Beantwortung der Fragen wird auf die vorhandene Literatur zur Anwendung des Target Costing in Dienstleistungsbereichen, in öffentlichen Betrieben und Unternehmen und - soweit vorhanden - in der öffentlichen Verwaltung Bezug genommen. Besonderes Augenmerk wird auf Anhaltspunkte für die Entwicklung eines Public Target Costing-Ansatzes unter Berücksichtigung der spezifischen Fragestellung der Arbeit (Verbindung von Kosten- und Effektivitätssteuerung) gerichtet.

Übertragbarkeit des Target Costing auf Dienstleistungen

Zunächst stellt sich die Frage, inwieweit der **Dienstleistungscharakter der öffentlichen Leistungen** einer Übertragbarkeit des Target Costing auf die öffentliche Verwaltung entgegensteht. Schwerpunkt der Überlegungen zu den Anwendungsbereichen des Target Costing in der Privatwirtschaft bildet bisher die industrielle Sachgüterproduktion. Aber auch als Kostenmanagementansatz für die Dienstleistungsproduktion findet das Target Costing sowohl in der Literatur als auch in der Praxis zunehmende Beachtung.[563] Neben der bereits erwähnten Entwicklung eines Target Costing-Ansatzes für industrielle Dienstleistungen von Niemand[564] stellt Rudolph eine Anwendungsmöglichkeit des Zielkostenmanagement für Kreditinstitute dar.[565] Auf der Ebene der Dienstleistung „Ver-

---

[563] Zu Hinweisen zu den Anwendungen in der Praxis vgl. Haiber (1997), S. 364.

[564] Vgl. S. 132 ff. der Arbeit.

[565] Siehe dazu Rudolph (1998).

gabe eines Kleinkredits" wird beispielhaft die Durchführung der Zielkosten-planung und -spaltung entwickelt.[566] Ausgangspunkt der produktfunktionalen Betrachtung sind dabei Qualitätsmerkmale der Dienstleistung, wie beispiels-weise die Betreuungsqualität bei Bereitstellung und Abwicklung des Kredits oder die Bedienungsschnelligkeit bei Umsetzung des Kreditwunsches, also Merkmale der Prozessqualität. Die Teilprozesse der Dienstleistung, u.a. die Kreditberatung oder die Überprüfung des Antrags auf Vollständigkeit stellen die der Zielkostenspaltung zugrunde liegenden Komponenten dar.

Eine ähnliche Vorgehensweise findet sich auch bei den Überlegungen von Funke zur Anwendung des Target Costing in der öffentlichen Verwaltung:[567] So wird für das Produkt „Gewährung von Sozialhilfe" eine produktfunktionale Aufspaltung nach Qualitätsmerkmalen und zwar überwiegend nach Merkmalen der Prozess- aber auch der Potentialqualität (u.a. freundliche Mitarbeiter/-innen des Sozialamtes, geringe Wartezeit, schnelle Bearbeitungszeit, ansprechende Räumlichkeiten) vorgenommen. Die Aufspaltung nach Komponenten erfolgt auf der Ebene der Teilprozesse, wie beispielsweise Aufnahme der Anträge inkl. Be-ratung, Überprüfung der Angaben, Festsetzen der zu gewährenden Sozialhilfe etc.[568]

Die Prozessebene als Ansatzpunkt für die komponentenorientierte Aufspaltung des Produkts wird von mehreren Autoren, die sich mit Anwendungsmöglich-keiten des Zielkostenmanagement im Bereich öffentlicher Betriebe und Unter-nehmen beschäftigen, hervorgehoben.[569] Müller geht bei der Entwicklung eines Target Costing-Ansatzes für Krankenhausleistungen von Geschäftsprozessen aus.[570] Als Komponenten, die zur Erfüllung der Kundenanforderungen beitra-gen, dienen sowohl Tätigkeiten eines Prozesses, also Teilprozesse, als auch Res-sourcen.[571] Ebenso schlägt Haiber bei der Vorgehensweise des Target Costing für öffentliche Dienstleistungsunternehmen eine Aufspaltung der Zielkosten in Teilprozesszielkosten vor.[572]

Die verschiedenen Ansätze in der Literatur gehen also von einer grundsätzlichen Anwendbarkeit des Target Costing auf Dienstleistungsprodukte aus. Die Kon-zentration auf eine prozessorientierte Sichtweise und die daraus folgende über-wiegende Betrachtung der Prozessqualität muss aber um die Betrachtung der

[566] Vgl. Rudolph (1998), S. 36 ff.

[567] Vgl. Funke (1998), S. 191 und S. 195 f.

[568] Vgl. Funke (1998), S. 190.

[569] Siehe dazu Müller (1998) insb. S. 56 ff., Kastrup (1999), insb. S. 82 ff. sowie Haiber (1997), S. 366 f.

[570] Vgl. Müller (1998), S. 56.

[571] Vgl. Müller (1998), S. 59 und 113.

[572] Vgl. Haiber (1997), S. 366 f.

Ergebnisqualität, also der Effektivität der Leistungserstellung erweitert werden. Die bisher in der öffentlichen Verwaltung verwendeten, relativ detaillierten Produktdefinitionen ermöglichen die Betrachtung der Effektivität der Leistungserstellung in der Regel nicht. Insbesondere hinsichtlich seiner Eignung für eine politisch-strategische bzw. fachlich-strategische Steuerung erfährt dieser Produktansatz zunehmende Kritik:[573]

- Mit den Produkten wird nur die Output-Ebene des Leistungsprozesses abgebildet, nicht aber die Outcome-Ebene. Die Wirkungsdimension der Leistungserstellung bleibt damit unberücksichtigt. Statt also beispielsweise die Gewährung von Sozialhilfe als Produktdefinition zugrunde zu legen,[574] sollte die mit dem Produkt beabsichtigte Wirkung, also die Integration von sozial benachteiligten Menschen in der Produktabgrenzung Berücksichtigung finden.

- Eine Budgetierung auf der Ebene des einzelnen Produkts ist aufgrund des Detaillierungsgrades der Produktkataloge zu aufwendig und sowohl aus Sicht der Politik als auch aus Sicht der fachbereichsbezogenen Gesamtsteuerung weder aussagefähig noch handhabbar.

Eine Möglichkeit ist die Steuerung auf Ebene der Produktgruppe bzw. des Produktbereichs, die von mehreren Autoren vorgeschlagen wird und auch von der KGSt in den Konzepten zur Erweiterung des Neuen Steuerungsmodells um das strategische Management als Aggregationsgrad für die Strategieentwicklung und zielbezogene Budgetierung vorgeschlagen wird.[575] Eine Steuerung auf Produktgruppen- bzw. Produktbereichsebene ist aber nur möglich, wenn die Bezugsgrößen der einzelnen Produkte, also die Stückzahlen jeweils auf den übergeordneten Hierarchieebenen aggregierbar sind.[576]

Die Definition von **wirkungsorientierten Produkten** ist eine weitere Möglichkeit, die Wirkungsdimension der Leistungserstellung auf der Produktebene zu berücksichtigen und die Integration von Produktkatalog und Zielsystem zu gewährleisten. Im Unterschied zu einer rein outputorientierten Produktdefinition ist hier die mit der Produkterstellung bezweckte Wirkung Teil der Produktdefinition.[577] In dem von der Stadtverwaltung Rüsselsheim umgesetzten Produktkatalog wird dabei zwischen strategischen Produkten und operativen Produkten

[573] Vgl. zur dieser Kritik insb. Reichard (1998c), S. 93 ff. und Bals (1999), S. 18.

[574] Vgl. Funke (1998), S. 180.

[575] Vgl. Bals (1999), S. 22 Schedler/Proeller (2000), S. 130 und KGSt (2000), S. 23.

[576] Vgl. zu dieser Problematik Hauser/Furch (1998), S. 78 ff.

[577] Vgl. Schaad (1998), S. 22.

unterschieden, für die jeweils Effektivitätsziele definiert werden.[578] Während die strategischen Produkte aus den strategischen Handlungsfeldern einer Kommunalverwaltung abgeleitet werden, konkretisieren die operativen Produkte die Zielsetzung des übergeordneten strategischen Produkts, indem sie beispielsweise das Handlungsfeld nach Zielgruppen differenzieren. So wird in dem Produktkatalog das strategische Produkt „Integration von sozial benachteiligten Menschen" u.a. durch das Produkt „Integration von sozial benachteiligten Jugendlichen" weiter differenziert.[579] Erst auf der Ebene der Leistungen, die wiederum den operativen Produkten zugeordnet werden, wird der Output des Verwaltungshandelns ausgewiesen. Dabei werden neben den selbst erbrachten Leistungen der Verwaltung auch die finanzierten Leistungen, also Leistungen, die durch Dritte/externe Leistungsersteller erbracht werden, als alternative Produktionsvarianten ausgewiesen.[580] Für eine Beurteilung von alternativen Maßnahmen zur Erreichung der übergeordneten Zielsetzungen des operativen Produkts ist diese zusätzliche Information, die in der Regel in gegenwärtig implementierten Produktkatalogen und den darauf aufbauenden Berichtssystemen noch nicht enthalten ist, besonders interessant.

Anwendbarkeit des Target Costing auf bereits bestehende Produkte

Die Auswertung der Literatur zur Anwendung des Target Costing in Dienstleistungsunternehmen sowie in öffentlichen Unternehmen und Verwaltungen zeigt, dass zumindest aus konzeptioneller Sicht davon ausgegangen wird, dass sich das Target Costing nicht nur für ein frühzeitiges Kostenmanagement bei Neuprodukten, sondern **auch für Kostensenkungsstrategien bei bereits bestehenden Produkten** eignet.[581] Zwar impliziert das Merkmal der frühzeitigen Kostenbeeinflussung in den frühen Phasen der Produktentstehung eine Ausrichtung des Target Costing auf Neuprodukte.[582] Zweck der frühzeitigen Kostenbeeinflussung ist jedoch die Einbeziehung eines größeren Kostenbeeinflussungspotentials in den Kostenmanagementprozess. Dieses kann für die öffentliche Verwaltung auch durch den Einsatz des Target Costing auf einer höheren Aggregationsebene der Leistungserstellung erreicht werden: Wie bereits oben erläutert, kann durch einen weniger detaillierten Produktbegriff ein größeres Kostenvolumen zumindest langfristig beeinflusst werden, da auch verwal-

---

[578] Vgl. Furch/Hauser/Scholtysik (1997), S. 20 ff.

[579] Vgl. Furch/Hauser/Scholtysik (1997), S. 21.

[580] Vgl. Furch/Hauser/Scholtysik (1997), S. 21.

[581] Vgl. Rudolph (1998), S. 14, Müller (1998), S. 49 f. und vor allem Horváth/ Niemand/Wiebold (1993) (1993), S. 5.

[582] Vgl. S. 105 ff. der Arbeit.

tungsexternene, gegebenenfalls kostengünstigere Alternativen der Leistungserstellung in Betracht gezogen werden können.

Zudem ist der dienstleistungsspezifische Produktionsprozess dadurch gekennzeichnet, dass zwar in Bezug auf die Phase der Leistungsbereitstellung die
Kostenentwicklung ähnlich wie in der industriellen Produktion relativ frühzeitig
bestimmt wird, Änderungen in der Anpassung der Infrastruktur also mit hohen
Kosten verbunden sind. In der Phase der tatsächlichen Leistungserstellung
(Endkombination)[583] erfordern Änderungen dagegen nicht so einen hohen finanziellen Aufwand und können deswegen nicht nur bei einer Neuproduktentwick-
lung vorgenommen werden.[584]

Bezieht man die Gesetzgebung als Grundlage der Leistungen der öffentlichen
Verwaltung in die Betrachtungen mit ein, so könnte der Aspekt der Kostenbeeinflussung in der Produktentstehungsphase auch unter dem Thema Gesetzesfolgenabschätzung betrachtet werden. Mit dem Instrument der Gesetzesfolgenabschätzung sollen für geplante (aber auch bereits vorhandene) Rechtsnormen
die mit dem Vollzug der Rechtsnormen entstehenden Kosten geschätzt werden.
Unter Berücksichtigung der mit den Rechtsnormen bezweckten gesellschaft-
lichen Wirkungen können dann mögliche Regelungsalternativen beurteilt
werden bzw. vorhandene Rechtsvorschriften hinsichtlich der mit ihnen verbundenen Kosten und Wirkungen bewertet werden.[585] Eine mögliche Anwendung des Target Costing unter diesem Gesichtspunkt geht aber über den Rahmen der vorliegenden Arbeit hinaus und wird daher im folgenden nicht weiter
betrachtet.

Eignung des Target Costing für nicht marktgängige Leistungen

Target Costing wurde zunächst für den Einsatz in gewinnorientierten Unternehmen, die auf wettbewerbsintensiven Märkten tätig sind, entwickelt. Sowohl die
Gewinnorientierung als auch ein Angebot unter den Bedingungen eines voll-
kommenen Wettbewerbs sind, wie bereits mehrfach in der Arbeit erläutert, bei
der öffentlichen Leistungserstellung überhaupt nicht, bzw. was die Existenz eines Marktes betrifft, nur bei wenigen Leistungen vorhanden. Entscheidend ist
hier aber das konstitutive Merkmal der **marktorientierten Kostenbeeinflus-**

---

[583] Zu den verschiedenen Phasen des Dienstleistungsprozesses vgl. die Ausführungen auf S.
20 ff. der Arbeit.

[584] Vgl. Müller (1998), S. 49 f.

[585] Siehe zu dem Thema Gesetzesfolgenabschätzung beispielsweise Böhret (2000), S. 549 ff.
sowie den Abschlussbereicht der Expertenkommission Staatsaufgabenkritik der Senatsverwaltung für Finanzen des Landes Berlin (2001a), S. 32, in dem Maßnahmen zur Gesetzesfolgenabschätzung im Rahmen der Verwaltungsreform Berlin vorgeschlagen werden.

sung: Über die Ableitung eines Marktpreises als Produktkostenvorgabe soll eine Anpassung der Leistungserstellung an Markt- und damit Kundenanforderungen erfolgen. Der potentielle Marktpreis erfüllt dabei zwei Funktionen: Zum einen fungiert er als Kostenobergrenze und gibt durch die Information, zu welchen Kosten die Konkurrenten am Markt produzieren können, einen Hinweis auf mögliche Einsparpotentiale innerhalb der betrachteten Organisation. Zum anderen drückt er die Zahlungswilligkeit der Kunden und damit den Kundennutzen eines Produkts bzw. einer Dienstleistung aus.[586]

Ein für öffentliche Leistungen zu bestimmender Zielpreis muss diese Funktionen ebenso erfüllen, also eine Kostenvorgabe *und* qualitative Zielvorgaben enthalten. Mithilfe der Zielvorgaben soll die Erfüllung von Kundenanforderungen sowie von Anforderungen weiterer Anspruchsgruppen gemessen werden. Dabei sollte sowohl die Ableitung dieser Vorgaben als auch deren Kontrolle unter Berücksichtigung von Leistungs- und Kostenvergleichen innerhalb und außerhalb der öffentlichen Verwaltung erfolgen. Werden auf diese Weise wettbewerbsähnliche Bedingungen geschaffen, ist weder der Aspekt der Gewinnorientierung noch derjenige des marktlichen Wettwerbs als notwendige Voraussetzung für die Übertragbarkeit des Target Costing auf die öffentliche Leistungserstellung zu betrachten.[587]

Für die Übertragbarkeit des Target Costing auf die öffentliche Verwaltung gilt somit das gleiche wie es bereits für das „industrielle" Target Costing als Ergebnis der Analyse der Interpretationsmöglichkeiten des Zielkostenindexes[588] festgestellt wurde: Die Zielsetzung des Target Costing ist nicht nur die Umsetzung von Kostenstrategien, sondern auch eine **Verbesserung der Qualität durch Erhöhung des Kundennutzens**. Die Gleichwertigkeit der Zielsetzungen Produktwertverbesserung und Kostensenkung wird auch in der Literatur zur Anwendung des Target Costing in Dienstleistungsunternehmen bzw. in der öffentlichen Verwaltung betont.[589]

---

[586] Vgl. dazu Haiber (1997), S. 396.

[587] Zu der Möglichkeit der Übertragbarkeit des Gewinns existiert die Überlegung, diesen beispielsweise anhand von zu erwartenden Wählerstimmen oder geschaffenen und besetzten Arbeitsplätzen auszudrücken. Dieser Vorschlag wird aber im weiteren nicht weiter verfolgt, da zum einen die Gewinnerzielung nicht als notwendige Voraussetzung für die Anwendbarkeit des Target Costing gesehen wird und zum anderen bei diesem Vorschlag nicht klar ist, wie eine Integration dieses Gewinnbegriffs in die weitere Funktionsweise des Target Costing erfolgen könnte. Vgl. zu dem Vorschlag Wegmann (2001), S. 50.

[588] Vgl. S. 122 ff. der Arbeit.

[589] Vgl. Rudolph (1998), S. 16 und Funke (1998), S. 87 f.

Zusammenfassend können damit folgende Ergebnisse formuliert werden:

- Das industrielle Target Costing ist auf Dienstleistungen übertragbar. Für die öffentliche Verwaltung sollte allerdings auf einen weniger detaillierten Produktbegriff, als er derzeitig den Produktkatalogen zugrunde liegt, zurückgegriffen werden. Stattdessen sollte ein Produktansatz gewählt werden, der in ein Zielsystem integriert ist und eine Abbildung der Wirkungsdimension ermöglicht. Im folgenden sollte daher von dem Begriff des wirkungsorientierten Produktes ausgegangen werden. Dieses ist charakterisiert als Dienstleistung, „...die sich an eine bestimmte Zielgruppe richtet und ein bestimmtes Ziel bzw. Wirkung für diese Zielgruppe beschreibt."[590]

- Das Target Costing kann auch bei der Umsetzung von Kostensenkungsstrategien für bestehende Produkte angewendet werden. Entscheidend ist, dass durch das Kostenmanagement ein größeres Kostenbeeinflussungspotential miteinbezogen werden kann, als dies mit bisherigen Kostenrechnungs(bzw. -management-)instrumenten möglich war.

- Das wesentliche Merkmal der Marktorientierung kann aufgrund der fehlenden Marktgängigkeit der öffentlichen Leistungen nicht direkt übertragen werden. Die mit der Marktorientierung bezweckte Kundenorientierung ist stattdessen über die Festlegung von entsprechenden Zielvorgaben und der Messung der Zielerreichung unter Berücksichtigung von verwaltungsinternen und -externen Leistungsvergleichen zu gewährleisten. Dabei ist der Kundenbegriff um die für die jeweilige Leistungserstellung relevanten Anspruchsgruppen zu erweitern.

- Neben der Umsetzung von Kostensenkungsstrategien dient das Public Target Costing damit ebenso wie das industrielle Target Costing auch der Erhöhung der mit der Leistungserstellung verbundenen Nutzenstiftung (=Wirkung).

Im folgenden sollen zunächst die Festlegung der Gesamtzielkosten sowie die Bestimmung der Funktionsstruktur für öffentliche Leistungen in allgemeiner Form dargestellt werden, bevor die konkrete Funktionsweise des Public Target Costing anhand eines Beispiels aus dem Bereich der Jugendhilfe entwickelt wird.

---

[590] Lidke (1999), S. 187.

4.2.2 Festlegung von Zielkosten und Funktionsstruktur des Produkts

4.2.2.1 Bestimmung der Gesamtproduktzielkosten

Für die Bestimmung der Zielkosten für die nicht marktgängigen öffentlichen Leistungen müssen aus den vorangehend erläuterten Gründen alternative Verfahren zur Marktpreisbildung gefunden werden. Grundsätzlich werden die Zielkosten in diesem Fall nicht aus den vom Markt erlaubten Kosten abgeleitet,[591] sondern die Zielkostenfestlegung muss durch die Trägerkörperschaft mittels politischer Vorgabe, also durch die politischen Entscheidungsträger, erfolgen.[592] Das Parlament bzw. die Regierung ersetzen damit den Markt als „Institution zur Preisfestlegung"[593].

Für die Ermittlung der durch die Politik zu verabschiedenden Zielkosten werden vor allem folgende Verfahren vorgeschlagen:[594]

- Ermittlung auf Basis der monetären Bewertung der mit der Leistung verbundenen Nutzenstiftung beim Kunden *(entspricht dem Market into Company-Verfahren)*

- Ableitung aus den Kosten vergleichbarer öffentlicher Einrichtungen *(entspricht dem Out of Competitor-Verfahren)*

- Ableitung der Zielkosten aus den geschätzten Standardkosten *(entspricht dem Out of Standard Costs-Verfahren).*

Das ebenfalls genannte Verfahren „vom Träger zur Verfügung gestellte Budget"[595] stellt dagegen keine gleichwertige Alternative dar, da mit dieser Vorgehensweise die Frage der Ermittlung der Zielpreise der in dem jeweiligen Budget enthaltenen Produkte unbeantwortet bleibt. Dies gilt insbesondere dann, wenn man wie unter den Elementen des Neuen Steuerungsmodells beschrieben,[596] davon ausgeht, dass das Budget produktorientiert ermittelt wird, sich also aus einer Produktmengen- und Produktpreisvorgabe zusammensetzt.

---

[591] Da wie oben erläutert die Gewinnerzielung unberücksichtigt bleibt, können im folgenden Zielpreis und vom Markt erlaubte Kosten bzw. Target Price und Allowable Costs gleichgesetzt werden. Vgl. zu den Begriffen S. 111 ff. der Arbeit.

[592] Vgl. Haiber (1997), S. 365 und Ebert/Steinhübel (1997), S. 254.

[593] Haiber (1997), S. 365.

[594] Die Unterscheidung der Verfahren erfolgt in Anlehnung an die Differenzierung bei Funke (1998), S. 92 ff.

[595] Vgl. Funke (1998), S. 99.

[596] Vgl. S. 41 ff. der Arbeit.

Die **Ermittlung des monetären Werts des Nutzens der Leistung** als Verfahren zur Zielpreisfestlegung kommt aufgrund dessen Ausrichtung an den Kundenbedürfnissen der Reinform des Target Costing zur Bestimmung der Zielkosten am nächsten, entspricht also am ehesten dem Market into Company-Verfahren, bei dem die Zielkosten mit den vom Markt erlaubten Kosten gleichgesetzt oder diesen zumindest angenähert werden. Im Rahmen der Kosten-Nutzen-Analyse werden verschiedene Verfahren zur monetären Bewertung des Nutzens von öffentlichen Leistungen vorgeschlagen, wie beispielsweise die Ermittlung der mit der Inanspruchnahme einer Leistung erzielten Kostenersparnisse für den Konsumenten oder die Ermittlung der Zahlungsbereitschaft der potentiellen Nachfrager der öffentlichen Leistung.[597]

Für die Ermittlung der Zahlungsbereitschaft ist die Befragung von Bürgern bzw. Unternehmen bzgl. ihrer Preis(=Zahlungs-)bereitschaft hinsichtlich geplanter Dienstleistungen notwendig.[598] Hier bietet sich beispielsweise eine entsprechende Kundenbefragung mithilfe des conjoint measurement an, das neben der monetären Bewertung der Leistungsvarianten durch die Kunden auch eine Ermittlung der Funktionsstruktur des zu untersuchenden Produkts ermöglicht.[599] Für diese Vorgehensweise finden sich in der Literatur eine beispielhafte Anwendung aus dem Bereich des öffentlichen Personennahverkehrs von Haiber sowie ein Beispiel für die Preisermittlung bei der Nutzung eines öffentlichen Parkhauses von Hoffjan.[600] Auf Basis der Ergebnisse des conjoint measurement, also der durch Kombination verschiedener Merkmalsausprägungen und Addition der entsprechenden Teilnutzenwerte bewerteten Leistungsalternativen, können Nutzwertanalysen durchgeführt werden.[601]

Einschränkend in Bezug auf die Anwendbarkeit des Verfahrens auf die öffentliche Verwaltung ist aber festzuhalten, dass es sich in dem genannten Bereich zum einen um Leistungen öffentlicher Unternehmen und zum anderen um Leistungen handelt, zu denen bei den potentiellen Kunden zumindest ungefähre Vorstellungen über ein aus ihrer Sicht angemessenes Preisniveau besteht.[602] Dieses ist für die überwiegende Zahl der öffentlichen Leistungen aufgrund ihrer Marktferne nicht der Fall. Selbst wenn diese zu administrierten Preisen in Form von Gebühren angeboten werden, ist die Preisgestaltung weitaus mehr durch verteilungspolitische Gesichtspunkte als durch Nutzen- oder Kostenüberlegungen be-

---

[597] Vgl. Reichard (1987), S. 357 f., Hanusch/Schlumberger (1989), Sp. 995 ff. sowie Zimmermann/Henke (1994), S. 89.

[598] Vgl. Wegmann (2001), S. 50.

[599] Vgl. Ebert/Steinhübel (1997), S. 254. Zur Funktionsweise des conjoint measurement vgl. die Ausführungen auf S. 114 ff der Arbeit.

[600] Vgl. dazu Haiber (1997), S. 438 und Hoffjan (1994), S. 24 ff.

[601] Vgl. Haiber (1997), S. 439.

[602] Vgl. Funke (1998), S. 94.

stimmt (Beispiel Kitagebühren), so dass die existierenden Gebühren auch keinen Anhaltspunkt für angemessenes und ein den Bedingungen eines funktionierenden Wettbewerbs angenähertes Preisniveau geben könnten. Darüber hinaus weisen einige Leistungen die Eigenschaften öffentlicher Güter aus, bei denen es für die Konsumenten nicht rational ist, ihre Präferenzen zu offenbaren.[603]

Die **Ableitung der Zielkosten aus den Kosten vergleichbarer öffentlicher Einrichtungen** entspricht dem Out of Competitor-Verfahren, bei dem die Zielkosten aus den Kosten vergleichbarer Produkte der Konkurrenz abgeleitet werden.[604] Diese Vorgehensweise ist unter folgenden Voraussetzungen sinnvoll:

- Als Vorgabe sollten nicht die durchschnittlichen Kosten vergleichbarer Produkte verschiedener Einrichtungen, sondern möglichst - im Sinne eines Benchmarking - eine Orientierung an der Einrichtung mit den niedrigsten Produktkosten erfolgen.[605] Bei einer Berücksichtigung von Durchschnittskosten können eventuell bestehende Kostensenkungspotentiale, die bei einer Orientierung an dem „Besten" möglicherweise aufgedeckt werden würden, nicht zur Erreichung der Zielkosten herangezogen werden.

- Soweit die betrachtenden Leistungen auch von externen Anbietern erstellt werden, sollten für die Auswahl des kostengünstigsten Leistungsanbieters neben den vergleichbaren Verwaltungseinrichtungen auch privatwirtschaftliche und gemeinnützige Einrichtungen miteinbezogen werden.

- Entsprechend müssen die miteinbezogenen verwaltungsinternen und -externen Einrichtungen vergleichbar strukturierte Kosteninformationen zu den Produkten liefern können. Dies erfordert den Einsatz von standardisierten Kostenrechnungsverfahren bei den Einrichtungen. Bereits bei der Betrachtung der Ausgestaltung der Kostenrechnung in der Kommunalverwaltung wurde deutlich, dass die Abstimmung über einheitliche Kostenrechnungsstandards der Kommunen untereinander noch nicht sehr weit fortgeschritten ist.[606] Für den Vergleich von verwaltungsinternen und -externen Anbietern liegt daher die Vermutung nahe, dass in der Regel nicht von einheitlichen Kostenrechnungsverfahren (Standards zur Verrechnung von Gemeinkosten, Rechnungslegungsstandards etc.) ausgegangen werden kann.

---

[603] Vgl. S. 20 ff. der Arbeit.

[604] Vgl. Funke (1998), S. 96.

[605] Vgl. Funke (1998), S. 97.

[606] Vgl. dazu die Ausführungen auf S. 92 ff. der Arbeit.

Die **Ableitung der Zielkosten aus den geschätzten Standardkosten** des zu betrachtenden Produkts abzüglich eines Kostensenkungsabschlages entspricht dem Out of Standard Costs-Verfahren. Die Ableitung der Zielkosten aus den Standardkosten der Verwaltung stellt im Unterschied zu den anderen beiden Verfahren eine rein binnenorientierte Vorgehensweise dar, die aus diesem Grund im folgenden nicht weiter berücksichtigt werden soll. Zudem bleibt bei der Festlegung der Zielkosten unklar, auf welche Weise der vorzugebende Kostensenkungsabschlag abzuleiten ist.

Im Ergebnis scheint damit das Out of Competitor-Verfahren, also die Ableitung der Zielkosten aus den Kosten vergleichbarer Einrichtungen am ehesten als Alternative zur Marktpreisermittlung geeignet, da es einerseits für die Mehrzahl der Leistungen der öffentlichen Verwaltung realisierbar erscheint (die Produktkosten können ermittelt werden) und es andererseits zumindest eine mittelbare Markt- bzw. Wettbewerbsorientierung über den Einsatz des Benchmarking aufweist.

Eine weitere Möglichkeit stellt darüber hinaus die **Ermittlung der Zielkosten im Gegenstromverfahren** (Into and Out of Company) dar.[607] Auf Basis der bisherigen Ergebnisse würden allerdings die mittels des Out of Competitor-Verfahrens bestimmten Zielkosten (als Alternative zur Marktpreisermittlung) den geschätzten Standardkosten des Produktes gegenübergestellt werden. Im Rahmen von Zielvereinbarungsverhandlungen müssen die Kostensätze einander angenähert werden. Diese Vorgehensweise bietet größeren Verhandlungsspielraum zur Bestimmung der Zielkosten, der insbesondere dann notwendig werden kann, wenn die Zielkosten vergleichbarer Einrichtungen aufgrund unterschiedlicher Rahmenbedingungen deutlich geringer sind.[608] Nachteilig bei diesem Verfahren wirkt sich ein höherer Abstimmungsaufwand sowie die mögliche Nichtausschöpfung vorhandener Kostensenkungspotentiale aus.

Unter Berücksichtigung der unter Gliederungspunkt 4.2.1 abgeleiteten Voraussetzungen für die Übertragbarkeit des Target Costing auf die öffentliche Verwaltung[609] ist mit der Bestimmung der Produktzielkosten eine Funktion erfüllt, die der Marktpreis für die Ableitung der Zielkosten hat, und zwar die Festlegung einer Kostenobergrenze. Gleichzeitig muss eine sachzielbezogene Vorgabe für das zu betrachtende Produkt festgelegt werden, auf deren Basis die mit der Produkterstellung verbundenen Ergebnis- und Wirkungsziele (= Ergebnisqualität) gemessen werden können. Unter den Bedingungen der vollkomme-

---

[607] Vgl. S. 111 ff. der Arbeit.

[608] So kann beispielsweise der Betreuungsaufwand in bestimmten Leistungsbereichen der Sozial- oder Jugendhilfe aufgrund einer unterschiedlichen Sozialstruktur der Bevölkerung höher sein als in anderen Kommunalverwaltungen.

[609] Vgl. S. 142 ff. der Arbeit.

nen Konkurrenz trifft der Kunde eine Kaufentscheidung zu einem bestimmten Marktpreis und gibt damit ein Werturteil darüber ab, „ob..die mit den Leistungen verknüpften Wirkungen den verlangten Preis „wert" sind."[610] Aus dem mit einem Produkt erzielten Umsatz lässt sich somit eine Bewertung des quantitativen und qualitativen Leistungsangebots ablesen.[611] Als Äquivalent für den Umsatz als Maßgröße des Kundennutzens dient für die öffentliche Leistungserstellung die Messung der quantitativen und qualitativen Sachzielerreichung anhand von Indikatoren.[612] Somit sind für das Produkt zur Bestimmung der Zielkosten neben einer Kostenobergrenze Vorgaben zu quantitativen und qualitativen Sachzielen festzulegen.

Aus dem quantitativen Sachziel wird vor allem die erforderliche Produktmenge (beispielsweise „Zahl der zu integrierenden Jugendlichen") abgeleitet. Das qualitative Sachziel ist in mehrere Unterziele aufzuspalten, die verschiedene Aspekte des übergeordneten Wirkungsziels wiedergeben und mit diesem in einer Zweck-Mittel-Beziehung stehen. So kann beispielsweise das Produkt „Vorhalten, Entwickeln und Unterhalten von Naherholungsgebieten" unter anderem durch die Unterziele „ausreichende Naherholungsmöglichkeiten", „stadtklimatische Verbesserungen" und „Erhaltung einer artenreichen Baumsubstanz" konkretisiert werden.[613] Mit der Definition von Unterzielen werden verschiedene Anforderungen an das Produktangebot (Produktfunktionen) definiert und untereinander gewichtet, um so deren relative Bedeutung für die Anspruchsgruppen wiederzugeben. Auf diese Weise lässt sich in ähnlicher Weise wie bei dem industriellen Target Costing eine Funktionsstruktur des Produktangebotes festlegen.[614]

Aufgrund der Schwierigkeiten einer direkten Messung vor allem der qualitativen Sachzielerreichung empfiehlt sich zur Messung der Zielerreichung und Ableitung von Zielvorgaben für die einzelnen Unterziele die Verwendung von Indikatoren.[615]

---

[610] Brixner (2000), S. 295.

[611] Vgl. Haiber (1997), S. 399 f., Brixner (2000), S. 295 und Schubert (2000), S. 44.

[612] Vgl. S. 26 ff. der Arbeit.

[613] Vgl. Lidke (1999), S. 200.

[614] Vgl. dazu S. 114 ff. der Arbeit.

[615] Vgl. Schmidberger (1994), S. 296 und Haiber (1997), S. 400.

4.2.2.2 Auswahl geeigneter Indikatoren zur Messung der Sachzielerreichung

Begriffsdefinition und Funktionen von Indikatoren

In allgemeiner Form können Indikatoren definiert werden als „...ersatzweise messbare Hilfsgrößen.., deren Wertausprägung begründet auf die Ausprägung einer nicht direkt messbaren Zielgröße, d.h. eines nicht unmittelbar wahrnehmbaren Phänomens schließen lässt."[616] Indikatoren zeichnen sich also dadurch aus, dass ihre jeweilige Ausprägung eine Schlussfolgerung in Bezug auf eine übergeordnete Zielsetzung zulässt, wobei in der Regel über den Zusammenhang zwischen Indikatorausprägung und Zielerreichung nur Vermutungen aber keine gesicherten theoretischen Erkenntnisse bestehen.[617] Mit der Präzisierung des übergeordneten Ziels durch die Zuordnung von quantifizierbaren Indikatorgrößen wird das nicht direkt messbare Sachziel operationalisiert (Operationalisierungsfunktion von Indikatoren).[618] So kann beispielsweise das Ziel „Verringerung der Luftverschmutzung" durch den Indikator „Höhe der Emissionswerte" oder das Ziel „Verbesserung des Fahrkomforts bei öffentlichen Verkehrsmitteln" unter anderem durch den Indikator „Wahrscheinlichkeit, einen Sitzplatz zu finden" gemessen werden.[619] Die Operationalisierung des Sachziels ermöglicht gleichzeitig die Festlegung von Sollwerten und damit die indirekte Messung der Zielerreichung durch einen Soll-/Ist-Vergleich (Messfunktion der Indikatoren).[620]

Zusätzlich unterschieden werden kann eine Motivationsfunktion der Indikatoren, die sich zum einen darin ausdrückt, dass die Operationalisierung selbst, also die Präzisierung der Ziele zu höherer Akzeptanz der Zielvorgabe bei den betroffenen Mitarbeiten führt.[621] Zum anderen hängt die Motivationsfunktion auch von der Art und Weise der Beteiligung der Mitarbeiter/-innen an der Ableitung der Indikatoren ab.[622]

---

[616] Haiber (1997), S. 400.

[617] Vgl. Küpper (1997), S. 322 und Schmidberger (1994), S. 300 f.

[618] Vgl. Hoffjan (1998), S. 282 f. und Haiber (1997), S. 400.

[619] Vgl. Hanusch (1994), S. 166.

[620] Vgl. Haiber (1997), S. 400, Hoffjan (1998), S. 283 und Schmidberger (1994), S. 298.

[621] Vgl. Hoffjan (1998), S. 283.

[622] Vgl. Küpper (1997), S. 326.

Arten von Indikatoren

Neben der Unterscheidung zwischen subjektiven und objektiven Indikatoren[623] ist vor allem die Unterscheidung zwischen Input- und Outputindikatoren wesentlich. Die Inputindikatoren umfassen dabei sowohl Indikatoren zur Messung der Potentialqualität als auch Indikatoren zur Messung der Prozessqualität. Während Inputindikatoren sich somit auf die Potential- und Prozessphase der Dienstleistungen beziehen und für die Betrachtung der Sachzielerreichung nur mittelbar relevant sind, dienen die Outputindikatoren der Abbildung der Ergebnisseite.

Entsprechend der Differenzierung der Ergebnisqualität zwischen Qualität des Endergebnisses der Leistungserstellung einerseits und Wirkung der Leistungserstellung andererseits soll bei den Ergebnisindikatoren zwischen Outputindikatoren im engeren Sinne und Outcomeindikatoren unterschieden werden.[624] Die Outputindikatoren i. e. Sinne umfassen dabei wert-, mengen- und auch zeitbezogene Indikatoren als Leistungskategorien. Mengenbezogene Indikatoren sind beispielsweise die Anzahl der bereitgestellten und gepflegten Quadratmeter Grünfläche oder die Zahl der angebotenen Musikunterrichtsstunden. Die Outcomeindikatoren messen die Ergebnisqualität über die direkte Nutzenwirkung beim Kunden, u.a. mittels Zufriedenheitsindizes bzw. über die gesellschaftlich erwünschte Nutzenwirkung bei einer bestimmten Zielgruppe anhand von Indikatoren wie „Zahl der Nutzer einer Einrichtung", „Ausmaß der Verringerung der Luftverschmutzung" oder „Anzahl der verhinderten Unfälle pro Jahr".[625] Beispielsweise könnten Besucherzahlen und Zufriedenheitsindizes als Indikatoren zur Messung der gewünschten Wirkung „Schaffung von ausreichenden Naherholungsmöglichkeiten" definiert werden. Die Anzahl der am Musikunterricht teilnehmenden Kinder im Verhältnis zu der Zahl der angemeldeten Kinder sowie ebenfalls Zufriedenheitsindices wären mögliche Indikatoren zur Messung einer gewünschten Wirkung „ausreichendes und bedarfsgerechtes Angebot von Musikschulunterricht für Kinder". Die Ausprägung der Outcomeindikatoren, also der Grad der Sachzielerreichung ist dabei wesentlich durch die Ausprägung der Outputindikatoren i. e. S. bestimmt. Häufig wird daher - wie in den genannten Beispielen angeführt - der Output selbst, also die abgegebene Leistungsmenge als Indikator für die Sachzielerreichung vorgegeben.[626]

---

[623] Vgl. S. 26 ff. der Arbeit.

[624] Vgl. S. 32 ff. der Arbeit.

[625] Vgl. Haiber (1997), S. 411 ff. und Hanusch (1994), S. 177.

[626] Vgl. Haiber (1997), S. 425 und 430.

Anforderungen an Indikatoren

Bei der Auswahl geeigneter Indikatoren sind vor allem folgende **Anforderungen** zu berücksichtigen:

- Die Indikatoren müssen eine hohe Validität aufweisen, also Informationen liefern, mit deren Hilfe die zu messende Realität möglichst vollständig beschrieben wird. Zwischen Indikatorausprägung und Sachzielerreichung muss ein definitionslogischer bzw. ein kausaler Zusammenhang (Ursache-Wirkungsbeziehung) bestehen.[627] Im Idealfall ist die Beziehung durch eine empirisch-theoretische Gesetzesmäßigkeit begründet. Weit häufiger erfolgt die Ableitung von Indikatoren aus einem übergeordneten Ziel dagegen mittels einer empirisch-induktiven Vorgehensweise auf Basis von Expertenurteilen, Plausibilitätsbegründungen oder Datenauswertungen mit statistischen Methoden.[628]

- Die ausgewählten Indikatoren sollten eine hohe Reliabilität, das heißt Zuverlässigkeit der Erhebungen garantieren, so dass unter gleichen Bedingungen der Messung jeweils unveränderte Wertausprägungen der Indikatoren vorliegen.[629] Dies schließt implizit eine Forderung nach Objektivität der Indikatoren ein. Nullmeier weist aber auf die Notwendigkeit der Einbeziehung von subjektiven Indikatoren (subjektive Einschätzungen durch Kunden, Fachexperten, Mitarbeiter/-innen) hin, ohne die eine vollständige Bewertung vor allem der Effektivität der öffentlichen Leistungserstellung nicht möglich ist.[630]

- Um die vollständige Abbildung des Sachverhalts zu gewährleisten sind zudem mehrere Indikatoren pro Ziel notwendig, die zugleich verschiedene Aspekte des Sachverhalts wiedergeben, also mehrdimensional sein sollten.[631] Notwendig ist demnach der Aufbau eines Indikatorensystems.

- Gleichzeitig sollte der Aufwand zur Datengewinnung möglichst gering sein. Die Indikatoren sollten demnach soweit wie möglich aus bereits vorhandenen Datenquellen ableitbar sein.[632]

---

[627] Vgl. Nullmeier (2001), S. 387 und Gladen (2001), S. 95 ff.

[628] Vgl. dazu Schmidberger (1994), S. 300 f., Küpper (1997), S. 332 ff. und Gladen (2001), S. 107 ff.

[629] Vgl. Schmidberger (1994), S. 301 und Nullmeier (2001), S. 387.

[630] Vgl. Nullmeier (2001), S. 385.

[631] Vgl. Hoffjan (1998), 284 f., Schubert (2000), S. 89 und Schmidberger (1994), S. 302 und 304.

[632] Vgl. Schmidberger (1994), S. 303, Nullmeier (2001), S. 388 und Hoffjan (1998), S. 285.

Steht die Steuerungsfunktion der Indikatoren bzw. des Indikatorensystems im Vordergrund – was für den Einsatz der Indikatoren als Instrument des Public Target Costing der Fall ist, da für die einzelnen Indikatoren Soll-Größen als Zielvorgaben entwickelt werden sollen – sind insbesondere auch die Zielausrichtung der Indikatoren, ihre Beeinflussbarkeit durch Verwaltungsmaßnahmen sowie die Vermeidung von zu hoher Komplexität des Indikatorensystems als weitere Anforderungen zu berücksichtigen.[633] Die Zielausrichtung der Indikatoren impliziert, dass auch für zunächst schwer operationalisierbar erscheinende Zielbereiche Indikatoren gefunden werden müssen und nicht nur diejenigen Ziele durch Indikatoren abgebildet werden, für die entsprechende Kennzahlen relativ einfach zu bestimmen sind.[634]

Ein weiteres wesentliches Kriterium ist die partizipative Herleitung von geeigneten Indikatoren, die für die Akzeptanz und damit für positive Anreizeffekte des Kennzahlensystems eine wichtige Rolle spielt.[635] An der Auswahl der Indikatoren aber auch an der Festlegung des Zielniveaus, also der Sollmesswerte der Indikatoren sind dementsprechend verschiedene Anspruchgruppen zu beteiligen. Neben den politischen Entscheidungsträgern und der Verwaltungsführung sind dieses

- die fachverantwortlichen Mitarbeiter/-innen, die über das entsprechende Fachwissen für die Indikatorenentwicklung verfügen,

- die Bürger als Kunden, die über den Nutzen der empfangenen Leistung Auskunft geben können sowie

- wissenschaftliche Experten, die fachliche Standards aus verwaltungsexterner Sicht vertreten.[636]

Messung und Verdichtung von Indikatoren

Nicht unproblematisch, aber für Aussagen zur Zielerfüllung des übergeordneten Sachziels notwendig ist die **Verdichtung der Indikatoren zu einem Gesamtzielerreichungsgrad** (jeweils Soll und Ist). Neben dem damit verbundenen noch zu erläuternden Informationsverlust stellen vor allem messtheoretische Probleme ein Hindernis bei der rechnerischen Verknüpfung von Indikatoren dar, die im folgenden kurz dargestellt werden sollen.

---

[633] Vgl. Nullmeier (2001), S. 389.

[634] Vgl. KGSt (2001), S. 32 sowie Nullmeier (2001), S. 385 und 391.

[635] Vgl. KGSt (2001), S. 37 und Nullmeier (2001), S. 389.

[636] Vgl. Schmidberger (1994), S. 307 ff. und Broekmate/Dahrendorf/Dunker (2001), S. 45.

Indikatorausprägungen können grundsätzlich anhand drei verschiedener Skalen gemessen werden:[637]

- Eine Nominalskala ermöglicht lediglich Messungen in Form einfacher Klasseneinteilungen ohne Rangordnung (gleich/nicht gleich, zufrieden/ unzufrieden).

- Eine Ordinalskala ermöglicht eine vergleichende Messung anhand einer Rangfolge der Merkmalsausprägungen (höher/geringer/gleich).

- In einer Kardinalskala werden die Merkmalsausprägungen eindeutig einem abgestuften Maßstab zugeordnet, so dass Aussagen über die numerische Differenz zwischen den Ausprägungen gemacht werden können (Kostenhöhe, prozentualer Zielerreichungsgrad).[638]

Während alle drei Skalen eine Messung ermöglichen, ist eine Quantifizierung der Ergebnisse nur mit einer Kardinalskala möglich.[639] Die Nominal- und Ordinalskala ermöglichen dagegen ausschließlich eine qualitative Messung. Um dennoch alle Soll- und Istwerte der Indikatoren in quantitativer Form beschreiben zu können, was eine Voraussetzung für deren rechnerische Verknüpfung ist, muss eine Transformation der unterschiedlichen Werte in eine einheitliche Kardinalskala erfolgen.[640] Als Methode zur Ermittlung der Gesamtzielerreichung bietet sich hier vor allem die Nutzwertanalyse an,[641] mit deren Hilfe unterschiedlich dimensionierte Zielwirkungen in einen gemeinsamen Wertmaßstab über-

---

[637] Vgl. zum folgenden insbesondere Reichard (1987), S. 98 und Hanusch (1994), S. 164.

[638] Zusätzlich kann die Kardinalskala noch in eine Intervall-Skala und eine Verhältnis-Skala unterschieden werden. Die Verhältnis-Skala umfasst zusätzlich noch ein absoluten Nullpunkt, d.h. der Nullpunkt hat empirische Bedeutung, während bei der Intervallskala kein echter Nullpunkt existiert. Vgl. dazu Meyer (1994), S. 4, Gerull (1999), S. 35 und Knorr/ Halfar (2000), S. 82.

[639] Vgl. Meyer (1994), S. 4.

[640] Vgl. Hanusch (1994), S. 175.

[641] Bei der Nutzwertanalyse handelt es sich um ein Bewertungsverfahren zur Beurteilung komplexer Maßnahmen der öffentlichen Verwaltung (Nutzen-Kosten-Untersuchungen). Neben der Nutzwertanalyse werden die Kosten-Nutzen-Analyse und die Kostenwirksamkeitsanalyse unterschieden. Im Unterschied zu der bereits erwähnten Kosten-Nutzen-Analyse wird bei der Nutzwertanalyse keine monetäre Bewertung der zu beurteilenden Maßnahmenwirkungen vorgenommen. Siehe dazu Reichard (1987), S. 332. Gegenüber der Kostenwirksamkeitsanalyse unterscheidet sich die Nutzwertanalyse dadurch, dass sie einerseits die Kostenwirkungen der Maßnahmen nicht berücksichtigt, andererseits aber nicht nur Teilwirksamkeiten sondern auch die Gesamtwirksamkeit (= Nutzwert) von öffentlichen Vorhaben ausweist. Siehe dazu Hanusch/Schlumberger (1989), Sp. 1000 und Hanusch (1994), S. 173.

führt werden können.[642] Dies geschieht, indem für die unterschiedlich skalierten Indikatorausprägungen eine Punktskala von beispielsweise 0 – 10 Punkten als einheitlicher Bewertungsschlüssel zugrunde gelegt wird. Durch Zuordnung der Indikatorausprägungen zu den Punktwerten (Transformation) können die einzelnen Zielwirkungen in einheitliche kardinale Zielerfüllungsgrade überführt werden.[643] Hanusch zeigt dies am Beispiel der Beurteilung alternativer Verkehrsprojekte, die sowohl bezogen auf Ziele, die mittels ordinaler Skalierung gemessen werden (z.B. Verminderung der Luftverschmutzung gemessen anhand des Ausmaßes der Luftverschmutzung: sehr groß, erheblich etc.) als auch bezogen auf Ziele, die mittels kardinaler Skalierung gemessen werden (z.B. geringere Wartezeit gemessen anhand Wartezeit in Minuten) beurteilt werden.[644] Dabei wird deutlich, dass die Zuordnung der Ausprägungen zu den einheitlichen Punktwerten jeweils anhand subjektiver Einschätzungen erfolgt, was bei der Interpretation der Ergebnisse zu berücksichtigen ist.

Eine modifizierte, häufig in der Praxis angewandte Methode besteht darin, die Punktzahl der Skala auf 100 zu erweitern und den Wert 100 als höchstmöglichen Zielerreichungsgrad zu definieren. Darunter liegende Ist-Ausprägungen der Indikatoren können dann als prozentuale Zielerfüllungsgrade in Bezug auf den vorgegebenen Höchstwert interpretiert werden.[645] Bei der im konkreten Fallbeispiel des Public Target Costing zu erläuternden Bestimmung von Soll- und Istwerten für die definierten Unterziele soll diese Vorgehensweise gewählt werden.[646]

Unter Berücksichtigung von **Zielgewichten** der Unterziele können die einzelnen Zielerreichungsgrade zu einem Gesamtzielerreichungsgrad Soll und Ist verdichtet werden. Die Ermittlung der Zielgewichtung kann anhand von Kunden- bzw. Bürgerbefragungen durchgeführt werden. So betont beispielsweise Haiber den möglichen Einsatz des bereits erwähnten conjoint measurement als Kundenbefragungsinstrument auch für outcomeorientierte Indikatoren, schränkt aber gleichzeitig ein, dass sich dieses nur für standardisierte Leistungen mit begrenztem bzw. gar keinem Kundenkontakt, wie beispielsweise Leistungen des öffentlichen Personennahverkehrs bzw. Leistungen der Energie- und Wasserversorgung eignet, da es sich bei dem conjoint measurement um einen merkmalsorientieren Ansatz zur Erfassung von Dienstleistungsqualität handelt, der die Phasen der Dienstleistungserstellung (potential,- prozess- und ergebnisorien-

---

[642] Vgl. Reichard (1987), S. 98.

[643] Vgl. zur Vorgehensweise der Transformation insbesondere Reichard (1987), S. 98 ff. und Hanusch (1994), S. 175 ff.

[644] Vgl. Hanusch (1994), S. 176 f.

[645] Vgl. Hanusch (1994), S. 176.

[646] Siehe zu der Bestimmung der Soll- und Istwerte im Fallbeispiel S. 171 ff. und 187 ff. der Arbeit.

tierte Phase) und damit die Interaktion mit dem Kunden unberücksichtigt lässt.[647] Die alleinige Durchführung von Kundenbefragungen reicht zudem häufig für die Bewertung der öffentlichen Leistungserstellung nicht aus. Vielmehr müssen in der Regel weitere Anspruchsgruppen berücksichtigt werden: Neben Kunden- bzw. Bürgerbefragungen sollten auch Befragungen von politisch Verantwortlichen und Expertenbefragungen Grundlage der Ermittlung einer Zielgewichtung bilden.[648] Unabhängig von der Vorgehensweise zur Ermittlung der Gewichtung und der Auswahl der einzubeziehenden Anspruchsgruppen liegt die Verantwortung für die endgültige Festlegung der Gewichtung bei den jeweiligen Fachverantwortlichen bzw. bei der Leitung des jeweiligen Fachbereichs.

Die Verdichtung von Kennzahlen bzw. Indikatoren durch deren additive Verknüpfung bedeutet für die Informationsempfänger einerseits eine Informationsentlastung, da zunächst eine einzelne, verdichtete Kennzahl statt einer Vielzahl von Indikatoren als Bewertungsgrundlage genutzt werden kann. Andererseits ist mit der Aggregation von Kennzahlen ein Informationsverlust verbunden, da diese an Realitätsnähe verlieren und zunächst nicht erkennbar ist, in welchem Ausmaß die einzelnen Indikatoren zur Abweichung auf der Ebene des übergeordneten Ziels beitragen.[649] Zudem kann die in einem Gesamtzielerreichungsgrad verdichtete Aussage im Widerspruch zu Zielerreichungsgraden von einzelnen Indikatoren stehen, wenn sich deren Ausprägungen (teilweise) gegenseitig nivellieren.[650] Bei der Verwendung derartiger Indizes als Planungs- und Kontrollinstrument muss außerdem berücksichtigt werden, dass die Gewichtung der Indikatoren durch subjektive Einschätzungen der Befragten geprägt ist.[651]

Um die Daten dennoch vollständig interpretieren zu können, müssen die zugrunde liegenden Werturteile in Bezug auf die vorgenommene Zielgewichtung aber auch in Bezug auf die bei der Nutzwertanalyse vorgenommene Klassenzuordnung transparent gemacht werden. Für die Ableitung von Handlungsmaßnahmen reicht die Betrachtung verdichteter Kennzahlen nicht aus. Stattdessen müssen die einzelnen Indikatoren auf der darunterliegenden Ebene betrachtet werden.[652]

Trotz der genannten Nachteile kann eine Verdichtung von Soll- und Istausprägungen der Indikatoren für eine Steuerung über Sachzielvorgaben auf Ebene des wirkungsorientierten Produkts oder auf der Ebene einzelner Organisationsein-

---

[647] Vgl. Haiber (1997), S. 438 f. und S. 401.

[648] Vgl. Hanusch (1994), S. 178 und Schmidberger (1994), S. 311.

[649] Vgl. Gladen (2001), S. 12 f. und Nullmeier (2001), S. 391.

[650] Vgl. Schmidberger (1994), S. 316.

[651] Vgl. Buchholtz (2000), S. 298, Nullmeier (2001), S. 391 und Schmidberger (1994), S. 311.

[652] Vgl. Buchholtz (2000), S. 299.

heiten sinnvoll sein.[653] Eine Möglichkeit der Verwendung von verdichteten Indikatoren als Steuerungskennzahlen soll mit der Entwicklung des Public Target Costing-Ansatzes aufgezeigt werden.[654]

Für die Funktion der Indikatoren im „Modell" des Public Target Costing gilt somit folgendes: Mithilfe von Indikatoren können für die definierten Unterziele Zielvorgaben bestimmt und die jeweilige Zielerreichung gemessen werden. Mithilfe einer Gewichtung der Unterziele sind zudem Aussagen zur Gesamtzielerreichung des Produktangebotes, also zu der Zielerreichung des übergeordneten Wirkungsziels möglich. Die gewichteten Unterziele stellen Produktfunktionen im Sinne des Target Costing dar und bilden so die Funktionsstruktur des Produktangebotes ab.

4.2.3 Ablauf des Public Target Costing am Beispiel des Produkts Kindertagesbetreuung

Für die Entwicklung der Funktionsweise des Public Target Costing wird im folgenden eine fachspezifische Darstellung gewählt: Der Ablauf des Public Target Costing soll anhand des Produktes Kindertagesbetreuung aus dem strategischen Politikfeld Jugend und Familie exemplarisch dargestellt werden.

Bevor das Produkt und seine Komponentenstruktur genauer abgegrenzt werden, muss zunächst die Ausgangssituation im Bereich der Kindertagesbetreuung dargestellt werden. Ebenso müssen die Besonderheiten der Leistungserstellung und Steuerung in dem ausgewählten Politikfeld und soweit notwendig speziell für das zu betrachtende Produkt bestimmt werden, um daraus an späterer Stelle Voraussetzungen für die Übertragbarkeit des Beispiels auf Produkte anderer Politikbereiche ableiten zu können.[655]

Nach der Abgrenzung des Produktes erfolgt die Darstellung der einzelnen Phasen des Public Target Costing, also die Bestimmung der Zielvorgabe für das Produkt, die Durchführung der Zielkostenspaltung sowie die Zielkostenerreichung. Im Anschluss wird die mögliche Nutzung der entwickelten Steuerungskennzahlen im Planungs- und Steuerungsprozess der Kommunalverwaltung aufgezeigt.

---

[653]   Ein Vorschlag zu Verwendung von verdichteten Kennzahlen zur (Wirkungs-) Zielerreichung in einem Managementinformationssystem für die öffentliche Verwaltung findet sich bei Hauser/Furch (1998), S. 56 ff. und Furch/Hauser/Scholtysik (1997), S. 22.

[654]   Siehe dazu S. 174 ff. der Arbeit.

[655]   Siehe dazu S. 224 ff. der Arbeit.

4.2.3.1 Ausgangssituation im Bereich der Kindertagesbetreuung

Die Angebote zur Betreuung, Erziehung und Bildung von Kindern gehören zu den wichtigsten Dienstleistungen einer Kommunalverwaltung. Die hohe gesamtgesellschaftliche Bedeutung der Dienstleistung resultiert zum einen aus dem Bildungs- und Erziehungsauftrag, den die Einrichtungen zur Kindertagesbetreuung erfüllen müssen und aus dem daraus resultierenden Einfluss der Kindertagesbetreuung auf die Bildung und Entwicklung von Kindern. Die Kindertagesbetreuung ist zudem zu einem festen Bestandteil kindlicher Sozialisation geworden und gewinnt mit steigendem Betreuungsumfang (Beginn der Betreuung bereits im Krippenalter, zunehmende Ganztagsbetreuung) auch als Ergänzungsleistung zur Erziehung in der Familie zunehmende Bedeutung.

In Bezug auf die darzustellende Funktionsweise des Public Target Costing weist der Bereich der Kindertagesbetreuung folgende Eigenschaften auf, die eine exemplarische Darstellung einer verwaltungsspezifischen Form des Target Costing für diesen Bereich sinnvoll erscheinen lassen:

- Aus dem Bildung-, Erziehungs- und Betreuungsauftrag der Tagesbetreuungseinrichtungen für Kinder können Wirkungsziele und entsprechende Indikatoren zur Zielerreichungsmessung abgeleitet werden.

- Die Übertragbarkeit des Begriffs Markt auf den Bereich Kindertagesbetreuung ist zwar nur eingeschränkt möglich: Ein Markt für die Leistungen der Kindertagesbetreuung existiert nicht, da das Angebot aufgrund politischer Zielsetzungen (Bedarfsdeckung) zu administrierten Preisen – in diesem Fall zu einkommensabhängigen Gebühren - erfolgt. Dennoch gibt es eine gesetzlich angestrebte Trägerpluralität, deren Ziel es ist, die Wahlmöglichkeiten der Kunden/Leistungsempfänger im Sinne einer "mixed economy of care"[656] zu gewährleisten. Durch die Vielfalt der Träger entsteht eine Art Wettbewerbssurrogat, das den Vergleich von Kosten und Qualität der Leistungserstellung ermöglicht.[657]

- Anbieter sind sowohl verwaltungsinterne Leistungsersteller als auch verwaltungsexterne Leistungsersteller, also Kindertageseinrichtungen in freier oder gewerblicher Trägerschaft sowie Eltern-Initiativ-Einrichtungen. Das Jugendamt als Träger der öffentlichen Jugendhilfe tritt demnach als Auftraggeber, also Leistungskäufer (Jugendamtleitung) aber auch als Leistungsersteller (kommunale Kindertageseinrichtungen) auf. Dass neben der Gewährleistungsverantwortung somit für die öffentliche Verwaltung auch eine Leistungsverpflichtung besteht, ist gesetzlich vorgeschrie-

---

[656] Jordan/Reismann (1998), S. 90.

[657] Allerdings ist zum gegenwärtigen Zeitpunkt eine wesentliche Voraussetzung - die einheitliche Definition von Kosten- und Qualitätsindikatoren - nicht erfüllt.

ben.[658] Die Höhe des Anteils der in Eigenerstellung erbrachten Leistungen am Gesamtangebot der Kindertagesbetreuung ist dabei allerdings immer stärker in der Diskussion: Zum einen lässt sich beispielsweise für das Land Berlin eine politisch indentierte zunehmende Bedeutung der Tagesbetreuung in freier Trägerschaft beobachten.[659] Zum anderen gibt es unter den Stichworten „Subjektsubventionierung" und „Gutscheinmodell" verstärkte Überlegungen das Angebot dezentral über die Nachfrage der Kunden zu steuern.[660] Für das zu untersuchende Fallbeispiel wird von dem Auftraggeber/Auftragnehmermodell ausgegangen, bei dem zumindest eine Art Quasi-Wettbewerb durch die Leistungserstellung in unterschiedlichen Organisationsformen besteht, die Angebotsplanung und Bedarfsermittlung aber weiterhin zentral erfolgt.

- Die Informationen zu den Kosten, Leistungsmengen und Erlösen sind relativ transparent, da die Leistungen zumindest auf der Output-Ebene leicht voneinander abzugrenzen sind (und zwar anhand der Bezugsgröße Platzzahl bzw. Betreuungsstunde) und somit Kosten und Erlöse ohne größere inhaltliche Probleme outputbezogen erfasst werden können.

- Die Leistung Kindertagesbetreuung ist vom Kostenvolumen her in Bezug auf die Gesamtkosten einer Kommunalverwaltung zweifellos bedeutsam und zeigt damit ein hohes Kostenbeeinflussungspotential auf: Eine bezirkübergreifende Auswertung der Senatsverwaltung für Finanzen der Stadt Berlin auf Basis der Kostenrechnung hat allein für das Produkt Kindertagesbetreuung für Kinder im Alter von 3-6 Jahren eine Kostenanteil von 11,92 % an den Gesamtkosten der Bezirke ermittelt.[661]

---

[658] Vgl. KGSt (2000b), S. 15.

[659] Vgl. So soll der Anteil aller Kindertagesangebote in freier Trägerschaft einschl. Eltern-Initiativ-Einrichtungen bis 2004 einen Anteil von 50 % erreicht haben. Vgl. Senatsverwaltung für Finanzen des Landes Berlin (2001a), S. 158.

[660] Vgl. dazu Kreyenfeld/Spieß/Wagner (2001), S. 106 ff sowie Tietze (1998), S. 384 ff.

[661] Vgl. Senatsverwaltung für Finanzen des Landes Berlin (2003), S. 15. Dabei muss allerdings einschränkend berücksichtigt werden, dass die Kosten für Transferleistungen, die besonders im Jugend- und Sozialhilfebereich einen großen Anteil umfassen, nicht in den Kostenvergleich miteinbezogen sind. Vgl. Senatsverwaltung für Finanzen des Landes Berlin (2003), S. 13.

4.2.3.2 Charakteristika der Leistungserstellung im Jugendhilfebereich und besondere Voraussetzungen des Produktes Kindertagesbetreuung

Bei den Jugendhilfeleistungen handelt es sich um überwiegend personenbezogene Dienstleistungen,[662] die neben den konstituierenden Merkmalen von Dienstleistungen - Immaterialität und Existenz eines externen Faktors bei der Produktion der Leistung[663] - folgende Besonderheiten aufweisen: Sie sind in der Regel durch einen hohen Individualisierungsgrad sowie durch einen hohen Interaktionsgrad zwischen Leistungsersteller und Empfänger der Leistung charakterisiert.

Aus sozialwissenschaftlicher Sicht wird der Kunde über den Begriff des externen Faktors hinausgehend als Koproduzent der Leistung bezeichnet, ohne dessen aktive Mitwirkung ein Ergebnis nicht erreicht werden kann.[664] Entscheidend vor allem für die Prozess- und Ergebnisqualität der Dienstleistungen ist somit nicht nur der Input (bzw. die Potentialqualität), sondern auch die persönlichen Voraussetzungen der Kunden, ihre Bereitschaft zur Mitwirkung und die Art und Weise der Interaktion zwischen Leistungsersteller und Kunden. Dieser Sachverhalt führt zu einem entsprechend heterogenen und komplexen Prozess der Leistungserstellung, so dass aus Sicht der Fachexperten der Jugend- und Sozialhilfe von einem „strukturellen Technologiedefizit" gesprochen wird, bei dem ein eindeutiger Ursache-/Wirkungszusammenhang zwischen eingesetzten Mitteln, beispielsweise pädagogischer Tätigkeit, und der mit dem Mitteleinsatz angestrebten Zielerreichung nicht vorausgesetzt werden kann.[665]

Auch bei dem Produkt der Kindertagesbetreuung handelt es sich um eine heterogene Dienstleistung, deren Erstellung ohne die Kinder aber auch ohne die Eltern als weitere Leistungsempfänger nicht möglich ist. Das strukturelle Technologiedefizit besteht dabei weniger auf der Output-Ebene, sondern vielmehr auf der Outcome-Ebene: So kann für das Verhältnis von eingesetzten Personalstunden und bereitgestellten Betreuungsstunden bzw. Betreuungsplätzen durchaus ein eindeutiger Zusammenhang definiert werden - vorausgesetzt es sind feste Ausstattungsstandards vereinbart. Für das Verhältnis von eingesetzten Personalstunden und der mit der Betreuung beabsichtigten Wirkungszielerreichung (Out-

---

[662] Dies betrifft vor allem Beratungs- und Betreuungsleistungen. Dagegen ist das Kriterium der Personenbezogenheit bei der Vermittlung von Geld- oder Sachleistungen (z.B. Aufnahme und Bearbeitung eines Sozialhilfeantrags oder Zahlbarmachung von Sozialhilfe) nicht so ausgeprägt. Vgl. Brülle/Reis/Reiss (1998), S. 68.

[663] Vgl. die Ausführungen auf S. 20 ff. der Arbeit.

[664] Vgl. Reis/Schulze-Böing (1998), S. 15, Kühn (1999), S. 65 und Brülle/Reis/Reiss (1998), S. 64.

[665] Vgl. Jordan/Reismann (1998), S. 31, Ortmann (1996), S. 66 und Kühn (1999), S. 107.

come), aber auch für das Verhältnis zwischen bereitsgestellten Betreuungsplätzen und Outcome gilt dies hingegen nicht.

In der Konsequenz führen diese spezifischen Eigenschaften der zu betrachtenden Dienstleistungen dazu, dass die bereits bei der Diskussion des Produktbegriffs geäußerten Kritikpunkte[666] für den Bereich der personenbezogenen sozialen Dienstleistungen besonders deutlich hervortreten:

- Aufgrund der Heterogenität der Leistungen erscheint eine Standardisierung zumindest auf der Prozessebene nur sehr schwer möglich.

- Der rein outputorientierte Produktbegriff spiegelt nur das Leistungsangebot, nicht aber die tatsächliche Leistung wieder und berücksichtigt weder die gemeinsam mit dem Kunden erfolgende Leistungserstellung noch die damit verbundene Zielsetzung.[667] Es sollte also ein um die Prozessebene (und damit um die Mitwirkung des Kunden) und Wirkungsebene erweiterter Produktbegriff verwendet werden.[668]

Mit der Verwendung eines wirkungsorientierten Produktbegriffs verbunden sowie für den Einsatz des Public Target Costing notwendig ist, wie bereits ausführlich dargestellt, der Aufbau einer Indikatorenrechnung zur Abbildung des Zielsystems. Aufgrund des „multifaktoriellen Zusammenwirkens"[669] bei der Leistungserstellung im Jugendhilfebereich wird die Operationalisierung von Zielen durch entsprechende Indikatoren aus fachlicher Sicht zumindest teilweise als problematisch betrachtet.[670] Dies gilt vor allem für die Qualitätsmessung auf der Prozess- und Ergebnisebene, während Indikatoren auf der Ebene der Potential- bzw. Strukturebene schon seit längerem beispielweise in Form von gesetzlich oder vertraglich festgeschriebenen Ausstattungsstandards (z.B. Personalbemessung und Raumbedarf bei Kindertagesstätten) in der Praxis verwendet werden.[671] So wird auf den Informationsverlust hingewiesen, der mit der Abbildung von qualitativen Informationen durch quantitative Daten verbunden ist und daraus teilweise der Schluss gezogen, dass eine indikatorgestützte Erfassung der Ergebnis- und Wirkungseite vollständig abzulehnen wäre. Dieses wird auf der anderen Seite durch das Argument entkräftet, dass ein Ursache-/Wirkungszusammenhang zwar auf der Einzelfallebene schwer festzustellen ist, auf der Ebene von bestimmten Bevölkerungs- bzw. Zielgruppen durchaus Hypothesen

---

[666] Vgl. dazu die Ausführungen auf S. 142 ff. der Arbeit.

[667] Vgl. Kühn (1999), S. 64 f. und Ortmann (1996), S. 67.

[668] Vgl. Brülle/Reis/Reiss (1998), S. 73 ff.

[669] Jordan/Reismann (1998), S. 30.

[670] Vgl. Kühn (1999), S. 78 ff. und Jordan/Reismann (1998), S. 30 ff.

[671] Vgl. Jordan/Reismann (1998), S. 22 f.

über den Zusammenhang von Maßnahmen- und Zielebene und auf deren Basis Wahrscheinlichkeitsaussagen möglich sind.[672]

Insgesamt aber wird von Jugendhilfeexperten der Definition von Indikatoren und der Messung von Qualität zunehmend Bedeutung beigemessen. Dabei wird die Notwendigkeit betont, Ziele und Indikatoren in das Neue Steuerungsmodell zu integrieren und dabei die Auswahl von geeigneten Zielen, Indikatoren und Messverfahren vor allem als fachliche Aufgabe, also als Aufgabe der Jugendhilfe(-planung) bzw. des Fachbereichscontrolling zu definieren und nicht der betriebswirtschaftlichen Steuerung zu überlassen.[673]

Für den Bereich der Kindertagesbetreuung lässt sich eine zunehmende Beachtung des Themas Qualität zweifellos feststellen. Dies gilt zum einen für wissenschaftliche Untersuchungen aus fachlich-pädagogischer Sicht[674] aber auch für konzeptionelle Vorschläge zum Aufbau eines Qualitätsmanagements für den Bereich der Kindertagesbetreuung und dessen Integration in das Neue Steuerungsmodell.[675] So ist von der KGSt ein Konzept für ein kommunales Qualitätsmanagement für Kindertageseinrichtungen entwickelt worden, in dem sich auch ein Überblick über verschiedene für den Einsatz in Kindertageseinrichtungen zur Verfügung stehende Qualitätsmanagementmodelle befindet.[676] Deutlich wird auch für den Bereich der Kindertagesbetreuung, dass die Qualität der Leistungserstellung durchaus operationalisierbar und messbar ist und dass zudem die Definition von Qualitätsstandards eine notwendige Voraussetzung für die Umsetzung des Neuen Steuerungsmodells in diesem Bereich ist.[677]

Die Ziel- und Indikatorenauswahl sowie die Bestimmung von Sollwerten und die Messung der Zielerreichung erfolgt auch im Jugendhilfebereich unter Berücksichtigung der Kundenbedürfnisse und weiterer zu beteiligender Anspruchsgruppen. Neben den individuellen Kundenbedürfnissen steht der gesamtgesellschaftliche Auftrag, der mit der Bereitstellung von Jugend- und Sozialhilfeleistungen erfüllt werden soll.[678] Ein Beispiel für die „politische und fachliche Filterung" der Kundenbedürfnisse liefert die Definition des Begriffs Bedarfsermittlung der Jugendhilfeplanung der Senatsverwaltung für Schule, Jugend und Sport des Landes Berlin: „Bedarfsermittlung stellt...einen Prozess dar, in dem die `Wünsche, Bedürfnisse und Interessen der jungen Menschen und der Personensorgeberechtigten` (§ 80 Abs. 1 SGB VIII) auf das fachlich und poli-

---

[672] Vgl. Jordan/Reismann (1998), S. 31.

[673] Vgl. Kühn (1999), S. 80 und Jordan/Reismann (1998), S. 10.

[674] Vgl. dazu Tietze (1998), Tietze/Roßbach/Schuster (1997) und Spieß/Tietze (2001).

[675] Siehe dazu beispielsweise Goebel (1999) sowie KGSt (2000b).

[676] Vgl. KGSt (2000b), insb. S. 17 ff.

[677] Vgl. Tietze (1998), S. 380.

[678] Vgl. Brülle/Reis/Reiss (1998), S. 69 f.

tisch für notwendig und machbar Gehaltene übersetzt und eingegrenzt werden."[679] Die Bedarfsermittlung ergibt sich aus einem Aushandlungsprozess, bei dem unter anderem Rechtsansprüche der Leistungsempfänger, Wirkungsanalysen aus fachlicher Sicht sowie jugendpolitische Ziele von Politikern, Parteien, freien Trägern sowie organisierter Nutzergruppen miteinbezogen werden müssen.

4.2.3.3 Produktbeschreibung und Festlegung der Komponenten

Vorangehend wurde bereits ausgeführt, dass die wirkungsorientierte Produktdefinition sich besonders als Produktbegriff für den Einsatz im Public Target Costing eignet.[680] Abgeleitet aus einem strategischen Ziel „Förderung der Entwicklung, Bildung und Erziehung von Kindern", das gleichzeitig als strategisches Produkt definiert ist, werden die darunter liegenden operativen Produkte nach Altersstufen differenziert. Ausgangspunkt ist somit folgende Produkthierarchie für den Bereich der Kindertagesbetreuung:[681]

strategisches Produkt: Förderung der Entwicklung, Bildung und Erziehung von Kindern

operative Produkte: Förderung der Entwicklung, Bildung und Erziehung von Kindern bis 3 Jahren

Förderung der Entwicklung, Bildung und Erziehung von Kindern von 3 bis 6 Jahren

Förderung der Entwicklung, Bildung und Erziehung von Kindern von 6 bis 12 Jahren

Förderung der Entwicklung, Bildung und Erziehung von Kindern mit besonderem Integrationsbedarf

Während das strategische Produkt relativ allgemein formuliert ist, bildet das operative Produkt einzelne Zielfelder des strategischen Produktes ab. Erst mit der Definition der operativen Produkte wird eine zielgruppenbezogene Steuerung von Produktmengen, Produktkosten und Qualitätszielen möglich.

Die operativen Produkte sind damit zielgruppenbezogen differenziert, aber unabhängig von der jeweiligen leistungserstellenden Organisationseinheit definiert. Um den Beitrag einer Einrichtung zu den Produktzielen aufzeigen zu kön-

---

[679] Senatsverwaltung für Schule, Jugend und Sport des Landes Berlin (1999), S. 14.

[680] Vgl. S. 142 ff. der Arbeit.

[681] Die Definition der Produkte erfolgt in Anlehnung an die von der Stadtverwaltung Rüsselsheim vorgeschlagene Systematisierung. Vgl. dazu Lidke (1999), S. 187 ff.

nen, erfolgt eine Aufspaltung in verschiedene alternative Produktionsvarianten erst unterhalb der Ebene des Produkts. Die operativen Produkte können auf der darunter liegenden Leistungsebene beispielsweise nach Plätzen in städtischen Einrichtungen, in Eltern-Initiativ-Einrichtungen oder nach Plätzen in kirchlichen Kindertagesstätten unterschieden werden. Auf diese Weise können die mit der Produkterstellung beabsichtigten Wirkungen unabhängig von der leistungserstellenden Organisation definiert und der Beitrag der verschiedenen Organisationsalternativen zur Wirkungszielerreichung insgesamt differenziert ausgewiesen werden.

Für das Fallbeispiel wird das Produkt „Förderung der Entwicklung und Bildung und Erziehung von Kindern von 3 bis 6 Jahren" mit folgenden Produktionsvarianten ausgewählt:

- Tagesbetreuung in städtischen Einrichtungen,

- Tagesbetreuung in Einrichtungen freier Träger,

- Tagesbetreuung in Eltern-Initiativ-Kindertagesstätten.

Ausgangspunkt der Betrachtung ist demnach nicht wie beim industriellen Target Costing das einzelne Produkt, sondern das **Gesamtangebot des Produktes** (Produktpreis x angebotene Menge), welches in verschiedenen Produktionsvarianten bzw. durch verschiedene Leistungserbringer (Provider) erstellt wird (vgl. Abbildung 18). Die Provider weisen folgende Merkmale auf:

- Sie erstellen ein und dasselbe Produkt mit jeweils unterschiedlichen pädagogischen Schwerpunkten. Dies kann zu unterschiedlichen Zielsetzungen auf der Ebene der Prozessqualität führen. Die Ziele auf der Ebene der Ergebnisqualität werden dagegen einrichtungsunabhängig und damit für alle einheitlich definiert.

- Ziel eines Angebotes in verschiedenen Einrichtungsformen ist die Realisierung einer ausreichenden Angebots- und Trägervielfalt, um den individuellen Kundenwünschen sowie dem festgestellten Bedarf gerecht zu werden. In diesem Sinne können die **Produktionsvarianten als Komponenten des Produktangebotes**, also als einander ergänzende Bestandteile eines Gesamtangebotes betrachtet werden.

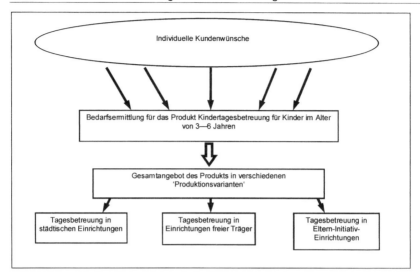

Abbildung 18:   Angebotssituation für das Produkt Kindertagesbetreuung für Kinder im Alter von 3 - 6 Jahren

Die Betrachtung des Produktangebotes und die Aufspaltung des Produktangebotes in Produktionsvarianten bzw. Leistungserstellungsvarianten haben Auswirkungen auf die im weiteren Verlauf der Arbeit darzustellende Zielkostenspaltung im Public Target Costing-Prozess: Die Gesamtzielkosten müssen bei der Zielkostenspaltung nicht auf einzelne Produktkomponenten, sondern auf die definierten Leistungserstellungsvarianten aufgeteilt werden.[682]

Diese Vorgehensweise stellt eine **Abweichung gegenüber dem Verfahren der Zielkostenspaltung des industriellen Target Costing** dar.[683] Unter Berücksichtigung der Zielsetzung der Arbeit scheint der hier vorgenommene Konzeptwandel aber gerechtfertigt: Bezogen auf das Fallbeispiel würde eine Betrachtung der einzelnen Komponenten des operativen Produktes „Förderung der Entwicklung und Bildung und Erziehung von Kindern von 3 bis 6 Jahren" eine Aufspaltung des Produktes auf die einzelnen Prozesse des Produktes bedeuten.[684] Damit könnte die Zielkostenspaltung unter Berücksichtigung des Beitrags der Komponenten zur Prozessqualität durchgeführt werden. Wie bereits an verschiedenen

---

[682] Vgl. dazu die Ausführungen auf S. 181 ff. der Arbeit.

[683] Vgl. dazu die Ausführungen auf S. 114 ff. der Arbeit.

[684] Diese könnten beispielsweise nach Art der durchgeführten Tätigkeiten im Rahmen der Betreuungsleistung differenziert werden.

Stellen der Arbeit erläutert, soll bei der Entwicklung des verwaltungsspezifischen Target Costing-Ansatzes schwerpunktmäßig die Ergebnisqualität
und zwar insbesondere die Effektivität der Leistungserstellung miteinbezogen
werden. Eine Steuerung der Wirkungszielerreichung des operativen Produktes
insgesamt ist aber nur möglich, indem die Beiträge der verschiedenen Provider
zu der Wirkungszielerreichung des Produktes betrachtet werden. Hierzu ist eine
Aufspaltung des Gesamtangebotes des Produkts in die Produktionsvarianten
notwendig. Mit der Aufteilung des operativen Produktes in Leistungserstellungsvarianten wird somit eine zusätzliche Betrachtungsebene eingeführt. Erst
innerhalb der Leistungserstellungsvarianten erfolgt eine Aufspaltung des Produkts in Einzelleistungen (= Prozesse).

4.2.3.4 Festlegung der Zielvorgabe und Bestimmung der Funktionsstruktur des Produktangebotes

Für das Gesamtangebot des Produktes Kindertagesbetreuung muss eine Zielvorgabe entwickelt werden, die – entsprechend der Funktion, die der Zielpreis für
das Target Costing erfüllt[685] – eine Kostenobergrenze sowie einen Sollmesswert
zu der mit dem Produkt verbundenen qualitativen Sachzielerreichung enthält.[686]
Gleichzeitig muss eine Funktionsstruktur des Produktangebotes festgelegt werden, die Unterziele zu dem übergeordneten Sachziel umfasst und die durch eine
entsprechende Gewichtung die Bedeutung der Unterziele aus der Sicht der Anspruchsgruppen ausdrückt.

4.2.3.4.1 Bestimmung der Zielvorgabe für das Produktangebot

Die Zielkostenvorgabe im folgenden Beispielfall bezieht sich auf das Gesamtangebot des Produktes für den Bedarf einer Kommune einer Größenordnung von
ca. 180.000 Einwohnern und umfasst eine Mengen- und eine Preiskomponente.
Die Zielmenge leitet sich aus dem von Politik und Verwaltungsführung festgelegten Ergebnisziel für das Produkt ab und lautet im Fallbeispiel:

*100 % aller Kinder im Alter von 3 – 6 Jahren erhalten eine Tagesbetreu-
ung im Rahmen ihres Rechtsanspruches.*

---

[685] Vgl. S. 150 ff. der Arbeit.

[686] Diese Vorgehensweise entspricht auch aktuellen Überlegungen zur Neugestaltung der
kommunalen Budgetierung, deren Grundidee es ist, die Budgetvorgaben mit konkreten
Leistungsvorgaben hinsichtlich der mit dem Budget verfolgten Ziele, der erwarteten Wirkungen und der dazu notwendigen Produkte zu verbinden. Vgl. zum 'produktorientierten
Haushalt' Bals (1999) sowie zu der 'zielorientierten Budgetierung' KGSt (2000).

Dieses *quantitative* Sachziel wird umgesetzt in ein Produktmengenziel, also in die zur Erfüllung des Ergebnisziels notwendige Anzahl an Plätzen in Kindertageseinrichtungen, in diesem Fall 6000.[687] Unter Berücksichtigung der zu gewährleistenden Angebots- und Trägervielfalt wird gleichzeitig eine Zielmenge pro Produktionsvariante, also eine Mengenstruktur festgelegt: Tagesbetreuung in städtischen Einrichtungen: 50 % des Platzangebotes, Tagesbetreuung in Einrichtungen freier Träger: 37,5 % des Produktangebotes, Tagesbetreuung in Eltern-Initiativ-Einrichtungen: 12,5 % des Platzangebotes.

Bei der Festlegung der Mengenstruktur sind neben der Gewährleistung von Angebots- und Trägervielfalt weitere politische Zielsetzungen, Elternpräferenzen, gesetzliche Vorgaben sowie weitere Kriterien, die für die Entscheidung über den Anteil von Eigen- und Fremderstellung in diesem Bereich relevant sind, zu berücksichtigen.[688]

Die Zielkosten pro Stück werden zunächst entsprechend des Out of Competitor-Verfahrens aus den Stückkosten derjenigen vergleichbaren Einrichtung übernommen, die für das zu betrachtende Produkt den niedrigsten Kostensatz aufweist. Die Auswahl des Cost Benchmark ist dabei an eine Nebenbedingung gebunden: Für das ausgewählte Produkt muss gleichzeitig ein Mindestzielerreichungsgrad von 90 % in Bezug auf das mit dem Produkt verbundene Wirkungsziel realisiert sein. In den Produktkosten- und Qualitätsvergleich sollten sowohl Einrichtungen innerhalb der betrachteten Kommune als auch Einrichtungen in anderen Kommunen und zwar hinsichtlich aller vergleichbaren Leistungserstellungsvarianten miteinbezogen werden. Voraussetzung für den interkommunalen Vergleich sind vollständige Kosteninformationen zu den Produkten sowie vergleichbare Aussagen zur Effektivität der Leistungserstellung.

Im Fallbeispiel wird davon ausgegangen, dass eine vergleichbare verwaltungsexterne Einrichtung einen Stückkostensatz von 6.250 EUR bei gleichzeitiger

---

[687] Die Fallzahl ist fiktiv. Die Ableitung der Größenordnung erfolgt in Anlehnung an Angaben der Senatsverwaltung des Landes Berlin zu dem Verhältnis von Betreuungsstunden für Kinder im Alter von 3 – 6 Jahren in städtischen Tagesbetreuungseinrichtungen zu der Gesamtzahl der Einwohner in den Bezirken. Vgl. Senatsverwaltung für Finanzen des Landes Berlin (2001), S. 21 und 49. Bei der Festlegung der Fallzahl wurde von der Annahme ausgegangen, dass die städtischen Einrichtungen 60 % des Gesamtangebotes abdecken. Zudem wird statt von Betreuungsstunden von Fallzahlen ausgegangen.

[688] Vgl. dazu insbesondere die Ausführungen zur Ausgangssituation im Bereich der Kindertagesbetreuung auf S. 163 ff. der Arbeit sowie zu den zu Kriterien für die Entscheidung über Eigenerstellung Jordan (2003), S. 45 f. Jordan nennt beispielsweise als „Soll-Kriterien", die für eine Eigenerstellung durch die öffentliche Verwaltung sprechen könnten, den Kompetenzerhalt und die Qualitätssicherung, also Kriterien, die für den Bereich der Kindertagesbetreuung eine wichtige Rolle spielen.

Einhaltung der Mindestzielerreichung aufweist.[689] Die Zielkosten pro Platz werden demnach in Höhe von 6.250 EUR festgelegt, so dass die Zielkosten für das Gesamtangebot des Produkts 37.500.000 EUR betragen. Die Ableitung der Zielkostenvorgabe ist in Abbildung 19 nochmals verdeutlicht:

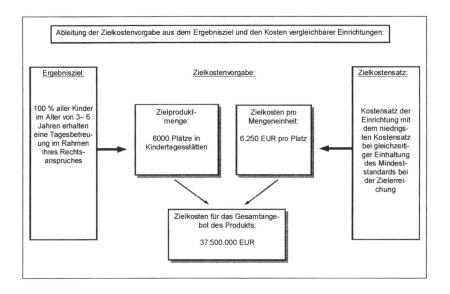

Abbildung 19: Ableitung der Zielkostenvorgabe

Neben dem Ergebnisziel wird für das Gesamtangebot des Produkts ein Wirkungsziel, also ein *qualitatives* Sachziel definiert, das durch die Definition von Unterzielen konkretisiert und durch die den Unterzielen zugeordneten Indikatoren bzw. Erfolgskriterien operationalisiert wird. Im Ergebnis setzt sich die Zielvorgabe für das Gesamtangebot des Produktes Kindertagesbetreuung für Kinder im Alter von 3 - 6 Jahren aus der Zielvorgabe für das qualitative Sachziel und den Zielkosten gesamt in Höhe von 37.500.000 EUR zusammen (vgl. Abbildung 20).

---

[689] Hierbei handelt es sich um einen fiktiven Kostensatz. Die Ableitung der Größenordnung des Kostensatzes erfolgte in Anlehnung an die von dem Landesjugendamt Berlin festgesetzten Gesamtkosten pro Platz und Jahr für die Betreuung in Kindertageseinrichtungen. Siehe dazu Landesjugendamt Berlin (2002), insb. S. 5.

4.2.3.4.2 Festlegung der Funktionsstruktur

Die Bestimmung der Funktionsstruktur umfasst die Ableitung von Unterzielen aus dem qualitativen Sachziel, die Gewichtung der Unterziele und die Auswahl von entsprechenden Indikatoren zur Messung der Zielerreichung. Sie erfordert auch – analog der Ermittlung der Funktionsstruktur beim industriellen Target Costing[690] – die Festlegung von Sollwerten für die Indikatoren, also Aussagen zum gewünschten Niveau der Zielerreichung. Auf diese Weise ist gleichzeitig die Operationalisierung des qualitativen Sachziels und die Vorgabe eines Sollwertes auf der Ebene der Gesamtzielerreichung möglich.

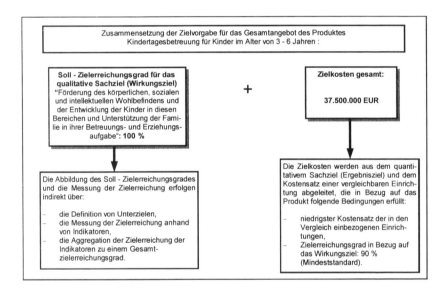

Abbildung 20:   Zusammensetzung der Zielvorgabe

In Abbildung 21 sind für das im Fallbeispiel betrachtete Produktangebot ein übergeordnetes Wirkungsziel, die entsprechenden Unterziele und deren Gewichtung sowie Indikatoren einschließlich Messverfahren und Sollmesswerten aufgeführt.

---

[690] Vgl. S. 114 ff. der Arbeit.

Wirkungsziel: Förderung des körperlichen, sozialen und intellektuellen Wohlbefindens und der Entwicklung der Kinder in diesen Bereichen und Unterstützung der Familie in ihrer Betreuungsund Erziehungsaufgabe

Unterziel (=Funktion)	Gewichtungsfaktor	Indikatoren zur Messung der Zielerreichung	Messverfahren	Sollmesswert
Bedarfsgerechte Betreuung	0,15	Zufriedenheit der Eltern mit Betreuungszeiten in der Einrichtung	Befragung von Eltern	mindestens 90 % der Eltern sind mit den Betreuungszeiten in der Einrichtung zufrieden oder sehr zufrieden
		Anteil der Betreuungstageausfälle an allen satzungsgemäßen Betreuungstagen	statistische Auswertung	der Anteil der Betreuungs-tageausfälle ist nicht höher als 1 %
Hohes Wohlbefinden der Kinder	0,25	Zufriedenheitswertungen von Eltern, Fachpersonal, Kindern	Befragung von Eltern und Kindern, Bewertung durch Erzieherinnen	das Wohlbefinden ist bei min. 90 % der Kinder als gut oder sehr gut
Altersentsprechende Entwicklungsförderung	0,4	Entwicklungsstand der Kinder in aus pädagogischer Sicht wesentlichen Entwicklungsbereichen im Zusammenhang mit der Gesamtheit des pädagogischen Angebotes der Einrichtung	Evaluation und Dokumentation der Entwicklung der Kinder z. B. über regelmäßige Entwicklungsbeobachtung Bewertung durch Kitaleitung, Erzieherinnen, Eltern etc.	die altersentsprechende Entwicklung ist bei mind. 90 % der Kinder zufriedenstellend oder besser
Ausreichende pädagogische Kooperation mit den Eltern	0,1	Erfolgreiche Beratungen in individuellen Erziehungsfragen aufgrund von Eltern- und Erzieherinneninitiativen	Auswertung des Elterngesprächs, Elternbefragung	mind. 90 % der initiierten Beratungen werden erfolgreich durchgeführt
		Anzahl der Angebote an Elternabenden etc.	Zählung	mindestens 4 Angebote pro Jahr und Betreuungsgruppe
Allgemeine Zufriedenheit der Eltern	0,1	Zufriedenheitswertungen von Eltern	Befragung von Eltern	mindestens 90 % der Eltern sind mit der Betreuung ihrer Kinder in der Einrichtung zufrieden oder sehr zufrieden

Abbildung 21:　Ableitung der Funktionsstruktur des Produktangebotes

Die so ermittelte Funktionsstruktur dient als Grundlage für die weitere Entwicklung der Funktionsweise der Zielkostenspaltung im Fallbeispiel und muss dementsprechend plausibel sein. Dagegen können die aufgeführten Ziele, Indikatoren und Messverfahren keinen Anspruch auf Vollständigkeit aus fachlicher Sicht erfüllen und sollen auch nicht als konkreter Umsetzungsvorschlag für den Aufbau eines Zielsystems für das betrachtete Produkt aus dem Bereich Kindertagesbetreuung verstanden werden.

Für die Herleitung des Wirkungsziels gilt folgendes: Grundsätzlich können Wirkungsziele aus gesetzlichen Grundlagen sowie aus Definitionen der mit dem Produkt bezweckten Wirkungen aus wissenschaftlicher Sicht abgeleitet werden. Das im Fallbeispiel aufgeführte übergeordnete Wirkungsziel bezieht sich auf eine bei Tietze aufgeführte Definition pädagogischer Qualität.[691]

Die genannten Unterziele und Indikatoren sind abgeleitet aus ersten Vorschlägen der Stadtverwaltung Rüsselsheim zur Definition von Wirkungszielen und Erfolgskriterien für das wirkungsorientierte Produkt Kindertagesbetreuung für Kinder im Alter von 3 bis 6 Jahren sowie aus beispielhaften aufgeführten Indikatoren zur Messung der Wirkungs- und Ergebnisqualität, die von der KGSt als Teil des Qualitätsmanagementkonzepts für den Bereich der Kindertagesbetreuung entwickelt wurden.[692]

Aus der für die Indikatorenauswahl angegebenen Literatur wird bereits ansatzweise deutlich, dass die Festlegung der konkreten Inhalte der Funktionsstruktur für das betrachtete Produktangebot der Kindertagesbetreuung Aufgabe der Fachverantwortlichen der Jugendhilfe ist und durch die Fachbereichsleitung (also durch die Jugendamtsleitung), die Jugendhilfeplanung und die Leitung des Bereichs Kindertagesbetreuung ggf. unter Unterstützung externer Fachexperten erfolgen sollte. Zudem wird in der Literatur zur Verwaltungsmodernisierung in der Jugendhilfe mehrfach auf die Notwendigkeit der Einbeziehung von freien Trägern in den Prozess der Ziel- und Indikatorenbestimmung sowie auf die notwendige Beteiligung von Mitarbeiter/-innen in diesem Prozess hingewiesen.[693]

Von entscheidender Bedeutung ist die Gewichtung der Ziele, da sie die bei der Zielkostenspaltung vorzunehmende Aufteilung der Ressourcen auf die Produktionsvarianten beeinflusst. Demzufolge müssen zu deren Festlegung neben den Fachverantwortlichen weitere Anspruchsgruppen, das heißt vor allem die Eltern als Kunden bzw. Leistungsempfänger sowie die politische Ebene miteinbezogen werden.[694]

---

[691] Vgl. Tietze (1998), S. 340 f.

[692] Vgl. Lidke (1999), S. 197 und KGSt (2000b), S. 27.

[693] Vgl. dazu beispielsweise Jordan/Reismann (1998), S. 37 f. und S. 113 sowie und Brülle/Reis/Reiss (1998), S. 75.

[694] Vgl. S. 155 ff. der Arbeit.

Beim mehreren Indikatoren pro Unterziel ist außerdem eine Gewichtung dieser Indikatoren untereinander notwendig. Im Beispielfall trifft dies für die Indikatoren zu den Zielen „Bedarfsgerechte Betreuung" und „Ausreichende pädagogische Kooperation mit den Eltern" zu, die jeweils mit dem selben Gewichtungsfaktor (0,5) bewertet werden.

Bei der Festlegung der Sollwerte sind jeweils unterschiedliche kardinale Skalierungen zugrundegelegt. Um diese zu vereinheitlichen, werden alle Sollmesswerte über eine Transformationsfunktion mit dem Wert 100 einer Punktskala bewertet, so dass die Ist-Werte entsprechend als prozentuale Zielerreichungsgrade ausgedrückt werden können. Auf diese Weise können Wertausprägungen der definierten Indikatoren verdichtet und eine Messung der Gesamtzielerreichung durchgeführt werden.[695]

Dabei ist zu berücksichtigen, dass es sich bei den in Abbildung 21 aufgeführten Indikatoren sowohl um subjektive als auch objektive Indikatoren (Zufriedenheitseinschätzungen einerseits, statistisch ermittelbare Ausprägungen andererseits) handelt, die sich hinsichtlich der Messverfahren und des damit verbundenen Aufwands sehr stark unterscheiden: Die quantitaven Indikatoren zur Messung des Unterziels „Bedarfsgerechte Betreuung" sowie der Indikator „Anzahl der Angebote an Elternabenden etc." können anhand einer (allerdings unterschiedlichen) kardinalen Skalierung gemessen werden. Die Ermittlung der Ist-Werte ist mit relativ geringem Arbeitsaufwand verbunden, da diese aus statistischen Erhebungen abgeleitet bzw. direkt gezählt werden können.

Die Messung der subjektiven Indikatoren setzt dagegen die Durchführung eines umfassenden Qualitätsmanagementprozesses in den einzelnen Kindertageseinrichtungen voraus, auf dessen Basis Sollmesswerte für die Indikatoren definiert werden können. So basiert beispielweise die Zielformulierung „die altersentsprechende Entwicklung ist bei 90 % der Kinder zufriedenstellend" auf einer kardinalen Skalierung (bei 0 – 100 % aller Kinder einer Einrichtung ist die altersentsprechende Entwicklung im Zusammenhang mit der Gesamtheit des pädagogischen Angebotes zufriedenstellend). Um entsprechende Messwerte ableiten zu können, muss aber zunächst eine qualitative Messung, also eine Evaluation des Entwicklungsstandes erfolgen. Ebenso können die Sollvorgaben für die Indikatoren zur Messung des Wohlbefindens der Kinder und der Zufriedenheit der Eltern nur nach einer entsprechenden qualitativen Bewertung durch die Beteiligten bestimmt werden.

Als Bewertungsinstanzen für die qualitative Messung von Indikatoren sind zum einen Eltern und Kinder als Leistungsempfänger mittels schriftlicher und mündlicher Befragung (mittels Fragebogen, durch Elternrat etc.) zu nutzen. Daneben

---

[695] Vgl. dazu die auf S. 155 ff. der Arbeit dargestellte Methode zur Transformation von unterschiedlich skalierten Indikatorausprägungen im Rahmen der Nutzwertanalyse.

ist eine Selbstevaluation der Einrichtungen durch Befragung der Mitarbeiter/-innen und der Leitung sowie eine Fremdevaluation der Einrichtung (durch Fachberatung und/oder Wissenschaft) notwendig.[696] Obgleich die Entwicklung von Methoden zur Qualitätsmessung in Kindertageseinrichtungen insgesamt noch in den Anfängen steht, so gibt es derzeit durchaus Kommunalverwaltungen in Deutschland, die auf Basis der gegenwärtig vorhandenen Qualitätsmanagementmodelle einen Prozess zur Ist-Analyse und Definition von Sollstandards angestoßen haben.[697]

Für die Entscheidung über die nach Durchführung der Ist-Analyse festzulegenden Sollwerte gilt das bereits allgemein zur Bedarfsermittlung für Jugendhilfeleistungen Festgestellte:[698] Die Bestimmung der Zielwerte ist das Ergebnis eines Aushandlungsprozesses, bei dem die Sichtweise der Kunden (Kundenbedürfnisse und Rechtsansprüche), der verwaltungsinternen und -externen Fachlichkeit sowie der Politik (gesetzliche Anforderungen und jugendpolitische Zielsetzungen von Politikern, Parteien und Verbänden) zu berücksichtigen sind.[699] Es müssen also Verhandlungen zwischen dem Fachbereich Jugend (Jugendamt), der Verwaltungsführung und der politischen Leitung der Kommunalverwaltung sowie zwischen dem Jugendamt und den internen (eigene Kindertageseinrichtungen) und externen Leistungserstellern (Verbände freier Träger insgesamt bzw. einzelne Einrichtungen) geführt werden.[700]

Die im Beispielfall aufgeführten Sollwerte sind nicht empirisch begründet, da aufgrund des Umsetzungsstandes des Qualitätsmanagements nicht in gleichem Maße wie bei der Kostenrechnung auf entsprechende Daten als Beispielwerte zur Qualitätsmessung zurückgegriffen werden kann. Sie können demnach keinesfalls als korrekte Werte aus fachlich-pädagogischer Sicht verstanden werden. Mit der Fomulierung der gewählten Werte als Mindeststandards und der Festlegung der Sollwerte unterhalb der maximal möglichen Ausprägung sollen lediglich folgende Sachverhalte verdeutlicht werden:

- Die gewählten Indikatoren können das Anforderungskriterium der Beeinflussbarkeit (bezogen auf die jeweilige Einrichtung) insbesondere bei qualitativen Indikatoren nicht vollständig erfüllen: So wird beispielsweise der Indikator „Entwicklungsstand der Kinder" zwar explizit im Zusammenhang mit dem pädagogischen Angebot betrachtet, dennoch ist die alters-

---

[696] Vgl. KGSt (2000b), S. 33.

[697] Vgl. KGSt (2000b), S. 18 ff. zur Übersicht über Qualitätsmanagementmodelle in Kindertageseinrichtungen sowie S. 46 ff. zu Umsetzungsbeispielen in verschiedenen Kommunalverwaltungen.

[698] Vgl. S. 165 ff. der Arbeit.

[699] Vgl. Bericht zum Stand der Gesamtjugendhilfeplanung der Senatsverwaltung für Schule, Jugend und Sport des Landes Berlin (1999), S. 13 f. und KGSt (2000b), S. 34.

[700] Vgl. KGSt (2000b), S. 34.

entsprechende Entwicklung der Kinder von weiteren außerhalb der Einrichtung liegenden Faktoren, wie dem Einfluss der Eltern, dem sozialen Umfeld der Kinder außerhalb der Einrichtung oder den persönlichen Voraussetzungen der Kinder bestimmt.

- Die Festlegung einer maximal möglichen Zielerreichung als Vorgabe erscheint unrealistisch und in Bezug auf die mit einer Zielvorgabe bezweckten Anreizwirkungen zu „streng".

4.2.3.4.3 Zwischenergebnisse für die Durchführung der verwaltungsspezifischen Zielkostenspaltung

Für das weitere Vorgehen sind folgende Zwischenergebnisse festzuhalten:

- Mit der Festlegung einer Funktionsstruktur des Produktangebotes liegt ein Zielsystem einschließlich Zielgewichtung als Grundlage für die im folgende zu entwickelnde verwaltungsspezifische Methodik der Zielkostenspaltung vor. Dabei wird das qualitative Sachziel durch verschiedene Unterziele aufgespalten, die unterschiedliche Aspekte des übergeordneten Wirkungsziels konkretisieren.

- Gleichzeitig können die Indikatorausprägungen zu den einzelnen Unterzielen unter Berücksichtigung der Gewichtung addiert werden, so dass Aussagen zur Gesamtzielerreichung der einzelnen Produktionsvarianten möglich sind. Diese dienen wiederum als Ausgangspunkt für eine rechnerische Verknüpfung der Zielerreichung und jeweiligen Kostenanteile der Produktionsvarianten.

- Die Istdaten zu der Zielerreichung werden auf Einrichtungsebene erhoben und zu einer Gesamtzielerreichung pro Produktionsvariante verknüpft.[701] Zur Messung der Zielerreichung der Produktionsvarianten erfolgt somit eine Verdichtung in zweifacher Hinsicht: Zum einen eine Aggregation innerhalb der Zielhierarchie und zum anderen eine organisatorische Aggregation, bei der die einer Produktionsvariante zugeordneten Einrichtungen zusammengefasst werden. Die einzelnen Indikatoren müssen demnach so gewählt werden, dass sie eine einrichtungsbezogene Messung der Zielerreichung ermöglichen.

- Die im Fallbeispiel aufgeführte Funktionsstruktur kann weder in Bezug auf ausgewählte Indikatoren noch in Bezug auf die genannten Messverfahren einem Anspruch auf Vollständigkeit aus fachlicher Sicht (das heißt aus Sicht der Verwaltungspraxis der Jugendamtes sowie aus fachwissenschaftlicher pädagogischer Sichtweise) genügen bzw. insbesondere, was

---

[701] Vgl. S. 187 ff. der Arbeit.

die Annahmen bei der Festlegung von Sollwerten betrifft, einen Anspruch auf fachliche Korrektheit erfüllen. Sie sollte aber im Hinblick auf die definierten Eigenschaften und Anforderungen von Indikatorensystemen plausibel sein. Vor allem sollten die Indikatoren bzw. die Unterziele mit dem jeweils übergeordneten Ziel in einem kausalen Zusammenhang stehen, so dass eine Erreichung der Vorgabe des Indikators tatsächlich Rückschlüsse auf die Zielerreichung zulässt. Zudem müssen unterschiedliche Aspekte der Zielerreichung durch mehrere, auch subjektive Indikatoren abgebildet werden.

- Die Auswahl geeigneter Indikatoren und Messverfahren sowie die Entscheidung über die Höhe der Sollwerte ist nur mit entsprechendem Fachwissen möglich. An dieser Stelle wird das Ineinandergreifen von fachlichen Aufgaben und Aufgaben eines zentralen Controlling besonders deutlich: Während letzteres für die Steuerung des Target Costing-Prozesses insgesamt und die Berücksichtigung der methodischen Anforderungen der einzelnen Instrumente des Target Costing verantwortlich ist, müssen die Informationsinhalte bei dem Aufbau einer Indikatorenrechnung von den Fachbereichen geliefert werden. Gleichzeitig ist eine enge methodische Zusammenarbeit notwendig: Unter Berücksichtigung der spezifischen Anforderungen eines Verwaltungscontrollings gilt, dass auch das zentrale Controlling Methodenwissen aufbauen muss, um fachspezifische Effektivitätskontrollen durchführen zu können.[702]

- Sowohl bei dem Beispiel der Stadtverwaltung Rüsselsheim als auch bei dem Qualitätsmanagementkonzept der KGSt ist die Ziel- und Indikatorendefinition sowie die Festlegung der Sollmesswerte Teil eines umfassenden Qualitätsmanagementprozesses. Die KGSt hat neben Wirkungs- und Ergebniszielen (Outcome-Ebene) auch für die Qualitätsdimensionen Programme/Produkte (Output-Ebene), Prozesse/ Strukturen (Prozess- und Ergebnisqualität) und Ressourcen (Inputebene) entsprechende Ziele und beispielhafte Indikatoren für die Kindertagesbetreuung definiert.[703] Ebenso erfolgt im Rahmen der in der Kommunalverwaltung realisierten wirkungsorientierten Steuerung eine Qualitätssteuerung auch auf der Ebene der Prozess- und Strukturqualität. Für die Zielkostenplanung ist zunächst die Definition von Zielen auf der Wirkungs- und Ergebnisebene

---

[702] Vgl. Schmidberger (1994), S. 234 f.

[703] Diese entsprechen den von der KGSt empfohlenen Zielfeldern des strategischen Managements der Kommunen. Vgl. KGSt (2000b), S. 20 f. Allerdings handelt es sich bei dem Zielfeld Ressourcen genau genommen nicht um eine Qualitätsdimension, sondern um Zielsetzungen in Bezug auf die Bewertungskriterien Effizienz und Kostenwirtschaftlichkeit.

erforderlich. Die Qualitätssicherung auf der Ebene der Prozess- und Strukturqualität ist Teil der Zielkostenerreichung.[704]

4.2.3.5 Durchführung der Zielkostenspaltung

Mit der Zielkostenspaltung sollen die Gesamtzielkosten auf die einzelnen Produktkomponenten entsprechend der durch sie realisierten Produktfunktionen verteilt werden. Die Aufspaltung auf die Produktkomponenten soll demnach in der Weise erfolgen, dass der Kostenanteil der Komponente dem Nutzenanteil der Komponente entspricht.

Wie bereits bei der Produktbeschreibung und Festlegung der Komponenten dargestellt, werden bei der verwaltungsspezifischen Funktionsweise des Target Costing die Gesamtzielkosten nicht auf die Produktkomponenten, sondern auf die definierten Leistungserstellungsvarianten aufgespalten.[705] Dementsprechend wird beim Public Target Costing die mit der Zielkostenspaltung zu erfüllende Anforderung in abgewandelter Form formuliert: Die festgelegten Gesamtzielkosten des Produktangebotes müssen so auf die einzelnen Produktionsvarianten aufgeteilt werden, dass sie deren Beitrag an der Gesamtzielerreichung des Produktangebotes entsprechen. Um entsprechenden Handlungsbedarf zur Erfüllung dieser Anforderung bestimmen zu können, müssen zunächst die Kostenanteile der Produktionsvarianten ermittelt werden (*Gliederungpunkt 4.2.3.5.1*). Im Anschluss daran werden die Beiträge der Produktionsvarianten zur Gesamtzielerreichung des Produktangebotes bestimmt (*Gliederungpunkt 4.2.3.5.2*).

4.2.3.5.1 Ermittlung der Kostenanteile

Für die Ermittlung der Kostenanteile ist eine Schätzung der Standardkosten (Drifting Costs) der Produktionsvarianten notwendig. Im vorliegenden Fall ist der Ansatzpunkt des Target Costing nicht das einzelne Produkt, sondern das Gesamtangebot des Produktes (Preis x Menge). Dementsprechend stellen die Kostenanteile den jeweiligen Anteil der Kosten des Angebotes einer Produktionsalternative an den Gesamtkosten des Produktangebotes dar, für deren Ermittlung jeweils **Kostensatz** und **geplante Produktmenge** zu bestimmen sind.

Für die Ermittlung der **Drifting Costs pro Produkt**, also derjenigen Kosten, die „...unter Beibehaltung der [bisherigen] Infrastruktur und..Ablauforganisation erreicht werden könnten"[706], werden die aus der Kostenrechnung vorliegenden

---

[704] Siehe dazu S. 203 ff. der Arbeit.

[705] Vgl. die Ausführungen auf S. 168 ff. der Arbeit.

[706] Müller (1998), S. 55.

Standardkosten des Produktes zugrundegelegt. Um die Kosten der Produktionsvarianten untereinander vergleichbar zu machen, sind in dem Kostensatz der Produktionsvariante 3, also der Betreuung in Eltern-Initiativ-Einrichtungen, die Kosten für den Eigenleistungsanteil der Eltern als kalkulatorische Kosten enthalten. Damit wird der Tatsache Rechnung getragen, dass den Kindertageseinrichtungen, die durch eine Elterninitiative betrieben werden, zusätzliche Elternbeiträge in Form von Personalleistungen (Kochen, Reinigung aber auch Vertretung von Erzieher/-innen) durch die Eltern zur Verfügung stehen.

Exkurs: Für die Einbeziehung der durch die Eltern erbrachten Eigenleistungen als kalkulatorische Kosten spricht insbesondere folgendes: Auch die von Eltern erbrachten Personalleistungen stellen einen Ressourceneinsatz für die in den Einrichtungen erstellten Betreuungsleistungen dar. Dies gilt insbesondere dann, wenn für alle Einrichtungen einheitliche Standards für die Personalausstattung zur Betreuung der Kinder zugrundegelegt werden. Ein Vergleich von Einrichtungen mit Elternbeteiligung und solchen, die ausschließlich Erzieher/-innen einsetzen, würde zu einem Kostenanpassungsbedarf zu Lasten einer notwendigen einheitlichen Struktur- bzw. Potentialqualität der Leistungserstellung führen.

Für die Bestimmung des Standardkostensatzes ist zunächst der Umfang der in den Target Costing-Prozess einzubeziehenden Kosten festzulegen. Dieser Frage kommt entscheidende Bedeutung zu, da an dieser Stelle das mittels des Public Target Costing-Instrumentariums zu steuernde Kostenvolumen festgelegt wird. Voraussetzung für eine Einbeziehung der Kosten ist, dass diese zu der Realisierung von Produktfunktionen beitragen und sich Produktkomponenten zuordnen lassen.[707] Geht man von dem Einsatz einer Prozesskostenrechnung aus, bedeutet dies, dass neben den Produkteinzelkosten diejenigen prozessorientierten Gemeinkosten miteinzubeziehen sind, die sich auf Komponenten zurechnen lassen und deren Bezugsgrößen in einem eindeutigen Verhältnis zur Produktbezugsgröße stehen. Prozesskosten ohne direkten Produktbezug und leistungsmengenneutrale Gemeinkosten, die auf der Gesamtverwaltungsebene anfallen, bleiben unberücksichtigt.

Im ersten Schritt der Produktkalkulation werden die Produkteinzelkosten ermittelt. Dieses sind Personalkosten für das Fachpersonal sowie für die Leiterin/den Leiter der Tagesbetreuungseinrichtung soweit diese/r direkt mit der Kinderbetreuung befasst ist. Bei den Sachkosten können vor allem Kosten für Verpflegung sowie für Spiel- und Beschäftigungsmaterial direkt dem Produkt zugeordnet werden.

Alle übrigen Sachkosten fallen auf Einrichtungsebene, also auf Ebene der Kostenstelle an: Das betrifft vor allem Reinigungskosten, Bewirtschaftungskosten

---

[707] Vgl. Seite 117 ff. der Arbeit.

(Wasser, Strom, Heizung, Verbrauchsmittel), Abschreibungen auf bewegliche Anlagegüter sowie tatsächliche bzw. kalkulatorische Mietkosten. Da diese Sachkosten überwiegend raumbezogen anfallen, ist eine produktbezogene Verrechnung anhand der von der Produktmenge (Anzahl der Plätze) genutzten Quadratmeter eindeutig möglich (gemeinschaftlich genutzte Räume wie Küche etc. werden im Verhältnis der direkt zuordnenbaren Quadratmeterzahl zu der Gesamtfläche aufgeteilt).

Auf der Kostenstellenebene fallen außerdem Verwaltungskosten für administrative Tätigkeiten wie beispielsweise Personalsachbearbeitung, Haushaltsangelegenheiten, Einziehung von Elternbeiträgen, Anmeldeverfahren oder möglicherweise dezentrale Lohnbuchhaltung an. Hierbei handelt es sich um interne Vorleistungen (Teilprozesse), die prozessbezogen erfasst und auf das Produkt verrechnet werden: Als Bezugsgröße dienen die Anzahl der Vorfälle (Personalsachbearbeitung), die Zahl der Mitarbeiter/-innen (Lohnbuchhaltung), die Platzzahl (Einziehung von Elternbeiträgen) sowie die Zahl der Anmeldungen (Anmeldeverfahren). Während die Kosten für Personalsachbearbeitung und Lohnbuchhaltung anhand der mit der Zeiterhebung ermittelten Zeitanteile pro Produkt auf das Produkt verrechnet werden können, ist eine Verrechnung der übrigen Leistungen anhand der Bezugsgröße des Produkts, also der Platzzahl möglich.

In gleicher Weise können die Kosten für Qualitätsmanagement leistungsmengenbezogen erfasst und auf das Produkt verrechnet werden: Hierunter fallen in Anspruch genommene externe Fachberatung bzw. bezirks- (oder auch träger-) interne Beratung der Tagesbetreuungseinrichtung sowie Fort- und Weiterbildung der Mitarbeiter/-innen, also jeweils Leistungen, die anhand der Bezugsgröße Anzahl der Teilnehmertage prozessbezogen erfasst werden und dem Produkt entsprechend der mit der Zeiterhebung ermittelten Zeitanteile pro Produkt zugerechnet werden können.

Unberücksichtigt bleiben – bezogen auf die Organisationsstruktur der Kommunalverwaltung – leistungsmengenneutrale Verwaltungs- und Leitungskosten auf Ebene des gesamten Fachbereichs Jugend und Familie und der gesamten Verwaltung, die bei einer Vollkostenbetrachtung mittels Umlage auf die Produkte verrechnet werden würden. Die Produktkalkulation ist in Abbildung 22 am Beispiel der Produktionsvariante 1 aufgeführt:

Kostenart	Stück-kosten pro Jahr in EUR	Zurechnung zu dem Produkt
Personalkosten:		
Kosten für Fachpersonal sowie Leitungskosten	4.039,00 €	Fachpersonal und anteilige Leitungskosten für Kinderbetreuung direkt zurechenbar, übrige Leitungskosten mittels Platzzahl
Sachkosten:		
Spiel- und Beschäftigungsmaterial	24,00 €	direkt zurechenbar
Verpflegungskosten[1]	643,00 €	Zurechnung über Platzzahl
Kosten für Reinigung einschl. Haus- und Gartenpflege	672,00 €	
Bewirtschaftungskosten (Wasser, Strom, Heizung, Verbrauchsmittel etc.)	336,00 €	Zurechnung über QM bzw. Platzzahl, da ein fester Ausstattungsstandard QM pro Platz besteht
laufende Unterhaltung des beweglichen Inventars, Abschreibungen	52,00 €	
Gebäude- und Grundstückskosten/ Außenanlagen einschl. Spielgeräte (Miete, Erhaltungsaufwand)	367,00 €	
Verwaltungskosten der Einrichtung(Telefongebühren, Porto etc.)	21,00 €	Zurechnung über Platzzahl
Kosten Arbeitsmedizin	5,00 €	Zurechnung über Platzzahl
Verrechnungskosten:		
Verwaltungstätigkeiten (Personal- und Haushaltsangelegenheiten, Einziehung von Elternbeiträgen, Anmeldeverfahren)	262,00 €	prozessbezogene Erfassung teilweise möglich, Verrechnung auf Produkt über Platzzahl
Qualitätsmanagement (Kita-Beratung/Fachberatung, Fort- und Weiterbildung)	79,00 €	prozessbezogene Erfassung möglich (Zahl der Beratertage bzw. Zahl der Teilnehmertage), Verrechnung auf Produkt über Platzzahl
Gesamtkosten	**6.500,00 €**	

[1] Die Kosten werden unabhängig von der Art der Beköstigung - Eigenerstellung oder Fremdbeköstigung - als Sachkosten erfasst.

Abbildung 22:   Berechnung der Produktstückkosten am Beispiel der Produktionsvariante 1[708]

Im Ergebnis wird also für die Ermittlung der Produktstückkosten ein Teilkostenbegriff gewählt, der die auf Kostenstellenebene anfallenden Kosten miteinbezieht. Dabei wird mittels der Definition von Prozessen der auf der Kostenstelle anfallende Fixkostenblock differenzierter ausgewiesen. Bei den innerhalb der Einrichtung anfallenden Verwaltungsleistungen handelt es sich dabei zum einen um Teilprozesse, die Bestandteil der Prozesskette des Endproduktes (Einziehung von Elternbeiträgen und Anmeldeverfahren) sind und zum anderen um interne

---

[708] Die Berechnung der Stückkosten erfolgt in Anlehnung an die Durchschnittssätze für Kindertageseinrichtungen des Landesjugendamtes Berlin für das Haushaltsjahr 2002. Vgl. dazu Landesjugendamt Berlin (2002), S. 1 ff.

Serviceleistungen, die nur mit den bereits erwähnten Nachteilen auf Produkte verrechnet werden können.[709]

Insgesamt sprechen für den im vorliegenden Fallbeispiel ausgewählten erweiterten Teilkostenbegriff insbesondere folgende Gründe:

- Im Vordergrund der Betrachtung steht der kosten- und qualitätsbezogene Vergleich von Leistungserstellungsvarianten bzw. von unterschiedlichen Providern.[710] Die Kosten der einzelnen Produktionsvarianten müssen also unabhängig von der Art der organisatorischen Zuordnung der jeweiligen Tagesbetreuungseinrichtung (Kommunalverwaltung, Einrichtung in freier Trägerschaft oder Eltern-Initiativ-Einrichtungen) und des damit verbundenen hierarchischen Überbaus vergleichbar sein. Aus diesem Grund werden Gemeinkosten aus übergeordneten Hierarchieebenen, die in jedem Fall bei Tagesbetreuungseinrichtungen in kommunaler Trägerschaft anfallen, aber auch bei den Tagesbetreuungseinrichtungen in anderer Organisationsform anfallen können, nicht berücksichtigt.[711]

- Gleichzeitig werden aber alle Vorleistungen, die zur Erstellung des Produktes notwendig sind, unabhängig davon, ob sie dezentral in der Einrichtung erledigt oder als Leistungen einer internen oder auch externen Serviceeinheit in Anspruch genommen werden, berücksichtigt.

- Mit der Einbeziehung der Kosten für interne Vorleistungen in den Public Target Costing-Prozess umfasst der oben entwickelte Zielpreis implizit eine Vorgabe für diese Kosten. Damit ist ein Anreiz gegeben, auch bei den produktbezogenen Vorleistungen Kostensenkungspotentiale aufzudecken. Im Rahmen der Zielkostenerreichung können dann spezielle Cost Benchmarks für die Verbessserung der Produktgemeinkosten herangezogen werden.

- Unabhängig von der platzzahlbezogenen Zuweisung der gesamten Kosten der Einrichtung kann von der Kostenstellenleitung, also der Kitaleitung, für die Zwecke der unterjährigen Kostensteuerung und -kontrolle eine Kostenstellenbetrachtung vorgenommen werden. Dabei ist insbesondere zu berücksichtigen, dass innerhalb der Kostenstelle nur eine geringe Produktdifferenzierung vorliegt, also pro Kita höchstens 4 in der Regel aber

---

[709] Vgl. dazu die Ausführungen auf S. 76 ff. der Arbeit insbesondere zur relativen Standardprozesskostenrechnung.

[710] Vgl. zur Begründung dieser Vorgehensweise die Ausführungen auf S. 168 ff. der Arbeit.

[711] So können sowohl Kitas in freier Trägerschaft als auch Eltern-Initiativ-Kitas als einzelne Einrichtung oder als einem übergeordneten Trägerverband zugeordnet betrieben werden, was entsprechende Auswirkung auf die Organisation von Verwaltungsaufgaben (Anmeldeverfahren, Einziehung von Elternbeiträgen etc. haben kann).

weniger Produkte angeboten werden,[712] so dass eine Zuordnung von Gemeinkosten auf Produkte nicht sehr aufwändig ist und umgekehrt bei der Kostenkontrolle ein Rückschluss von Kostenträgerkosten auf Kostenstellenkosten relativ unproblematisch ist. Die Verrechnung von Gemeinkosten führt also in diesem Fall nicht zu einer erhöhten Komplexität des Berichtswesens.

Der in Abbildung 22 berechnete Kostensatz zeigt die Stückkosten für die Produktionsvariante 1. Für die anderen Produktionsvarianten werden die Stückkostensätze entsprechend ermittelt.[713]

Ausgangspunkt für die Planung der **Produktmenge** pro Produktionsvariante ist die als Ergebnisziel festgelegte Gesamtmenge von 6000 Plätzen. Die Aufteilung auf die Produktionsvarianten erfolgt nach Maßgabe der geplanten Angebotsstruktur.[714]

Auf Basis der ermittelten Stückkostensätze und der geplanten Produktmenge pro Produktionsvariante können die Standardkosten und entsprechenden Kostenanteile der Produktionsvarianten berechnet werden (vgl. Abbildung 23):

---

[712] So kann entsprechend der Differenzierung nach Altersstufen zwischen der Betreuung von Kindern im Altern von 0-2 Jahren, 2-3 Jahren, 3-6 Jahren und 6-12 Jahren (Hort) unterschieden werden. Eine Differenzierung nach unterschiedlichen Betreuungszeiten erfolgt dann erst auf der Leistungsebene. Vgl. dazu Landesjugendamt Berlin (2002), S. 5 und Lidke (1999), S. 189 f. sowie die Ausführungen auf S. 168 f. der Arbeit.

[713] Vgl. die in Abbildung 23 angegebenen Kostensätze. Die Zahlen sind fiktiv und von der Größenordnung her angelehnt an die festgelegten Gesamtkosten pro Platz für Kindertageseinrichtungen des Landesjugendamtes Berlin für das Haushaltsjahr 2002. Vgl. dazu Landesjugendamt Berlin (2002), S. 5.

[714] Vgl. zur der Gesamtmenge und der Aufteilung auf die einzelnen Produktionsvarianten S. 171 f. der Arbeit.

Produktionsvarianten	Standardkosten pro Jahr	Kostenanteil	Anzahl der Plätze	Stück-kosten
Produktionsvariante 1: Tagesbetreuung in städtischen Einrichtungen	19.500.000 €	50,57%	3.000	6.500 €
Produktionsvariante 2: Tagesbetreuung in Einrichtungen freier Träger	14.332.500 €	37,17%	2.250	6.370 €
Produktionsvariante 3: Tagesbetreuung in Eltern-Initiativ-Kindertagesstätten	4.725.000 €	12,25%	750	6.300 €
Produktangebot Kindertagesbetreuung für Kinder im Alter von 3 - 6 Jahren insgesamt	**38.557.500 €**	**100,00%**	**6.000**	**6.426 €**

Abbildung 23:   Ermittlung der Kostenanteile auf Basis der Drifting Costs (Standardkosten)

4.2.3.5.2 Bestimmung der Zielerreichungsbeiträge der Produktionsvarianten

Den Kostenanteilen werden bei der Zielkostenspaltung die Nutzenanteile der Komponenten gegenübergestellt. Um diese berechnen zu können, muss zunächst festgelegt werden, zu welchem Anteil die einzelnen Komponenten zur Realisierung der jeweiligen Produktfunktionen des Produkts beitragen. Die Summe der mit den Teilgewichten der jeweiligen Produktfunktion multiplizierten Komponentenanteile stellt den Nutzenanteil pro Komponente dar.[715]

Beim Public Target Costing werden die Nutzenanteile als Zielerreichungsbeiträge der Produktionsvarianten an der Gesamtzielerreichung des Produktangebotes definiert. Die Zuordnung von Produktionsvarianten zu Funktionen erfordert also zunächst für jede Produktionsvariante die Messung des Zielerreichungsgrades für die mit der Funktionsstruktur des Produktangebotes definierten Wirkungsziele.[716] In Abbildung 24 ist die Ermittlung des Gesamtzielerreichungsgrades Ist anhand der Produktionsvariante 1 dargestellt.[717]

---

[715] Vgl. S. 120 f. der Arbeit.
[716] Vgl. dazu Abbildung 21.
[717] Die aufgeführten Ist-Werte sind ebenso wie die Soll-Werte fiktiv. Vgl. dazu die Ausführungen zu der Festlegung der Sollwerte auf S. 174 ff. der Arbeit.

Unterziel (=Funktion)	Indikatoren zur Messung der Zielerreichung	Soll	Ist	Zielerrei-chungsgrad (ZEG)	Gewichtung	gew. ZEG
Bedarfsgerechte Betreuung	Zufriedenheit der Eltern mit Betreuungszeiten in der Einrichtung	mindestens 90 % der Eltern sind mit den Betreuungszeiten in der Einrichtung zufrieden oder sehr zufrieden	75 % der Eltern sind zufrieden oder sehr zufrieden	83,00%	0,075	6,23%
	Anteil der Betreuungstageausfälle an allen satzungsgemäßen Betreuungstagen	der Anteil der Betreuungstageausfälle ist nicht höher als 1 %	1,17 % Betreuungstageausfälle	83,00%	0,075	6,23%
Hohes Wohlbefinden der Kinder	Zufriedenheitswertungen von Eltern, Fachpersonal, Kindern	das Wohlbefinden wird bei min. 90 % der Kinder als gut oder sehr gut eingeschätzt	das Wohlbefinden wird bei 69 % der Kinder als gut oder sehr gut eingeschätzt	77,00%	0,3	19,25%
Altersentsprechende Entwicklungsförderung	Entwicklungsstand der Kinder in aus pädagogischer Sicht wesentlichen Entwicklungsbereichen im Zusammenhang mit der Gesamtheit des pädagogischen Angebotes der Einrichtung	die altersentsprechende Entwicklung ist bei mind. 90 % der Kinder zufriedenstellend oder besser	die altersentsprechende Entwicklung ist bei 73 % der Kinder zufriedenstellend oder besser	81,00%	0,4	32,40%
Ausreichende pädagogische Kooperation mit den Eltern	Erfolgreiche Beratungen in individuellen Erziehungsfragen aufgrund von Eltern- und Erzieherinneninitiativen	mind. 90 % der initiierten Beratungen werden erfolgreich durchgeführt	76,50 % der Beratungen waren erfolgreich	85,00%	0,05	4,25%
	Anzahl der Angebote an Elternabenden etc.	mindestens 4 Angebote pro Jahr	3 Angebote im Jahr	75,00%	0,05	3,75%
Allgemeine Zufriedenheit der Eltern	Zufriedenheitswertungen von Eltern	mindestens 90 % der Eltern sind mit der Betreuung ihrer Kinder in der Einrichtung zufrieden oder sehr zufrieden	71 % der Eltern sind zufrieden oder sehr zufrieden	79,00%	0,1	7,90%
			Gesamtzielerreichungsgrad			80,00%

Abbildung 24:   Berechnung des Gesamtzielerreichungsgrades IST für die Produktionsvariante 1

Dabei werden die Sollwerte für die einzelnen Unterziele mit dem Wert 100 einer gemeinsamen Punktskala bewertetet und die Istwerte entsprechend als prozentuale Zielerreichungsgrade ausgedrückt. Durch Addition der gewichteten Zielerreichungsgrade lässt sich der Gesamtzielerreichungsgrad für die Produktionsvariante ermitteln.[718]

Bei der Interpretation der Ergebnisse müssen die der Messung und Verdichtung zugrunde liegenden Prämissen und Werturteile verdeutlicht werden:

- Bei der Zuordnung der Wertausprägungen der Indikatoren zu einer Skala von 1- 100 wird implizit von einem linearen Verlauf der Wertausprägungen ausgegangen.

- Die Zuordnung der einzelnen Zielerträge zu einer gemeinsamen Werteskala unterliegt subjektiven Kriterien.

Ebenso wird die Gewichtung der Ziele auf Basis von subjektiven Einschätzungen vorgenommen.

Die Ergebnisse der Messung der Zielerreichung für alle Produktionsvarianten sowie deren Gesamtzielerreichung ist in Abbildung 25 aufgeführt.

Voraussetzung zur Ermittlung der Daten pro Produktionsvariante ist eine regelmäßige Erhebung zur Zielerreichung pro Kindertagesbetreuungseinrichtung. Wie bereits bei der Festlegung der Sollmesswerte dargestellt, muss diese Ist-Analyse Teil eines umfassenden Qualitätsmanagements sein. Entsprechend der definierten Indikatoren erfolgt die Erhebung mittels Kundenbeurteilung (Eltern- und ggf. Kinder) und Expertenbeurteilung (Fachpersonal und externe Fachexperten).

---

[718] Vgl. zu der Vorgehensweise S. 174 ff. der Arbeit.

	Wirkungsziele des Produkts					
Produktions-varianten	Bedarfs-gerechte Betreuung	Wohlbefinden der Kinder	Altersent-sprechende Entwicklungs-förderung	Pädagogische Kooperation mit den Eltern	Allgemeine Zufriedenheit der Eltern	Zielerrei-chungsgrad pro Produktions-variante
Gewichtung der Ziele	0,15	0,25	0,40	0,10	0,10	
Produktions-variante 1: Tagesbetreuung in städtischen Einrichtungen	83,00%	77,00%	81,00%	80,00%	79,00%	80,00%
Produktions-variante 2: Tagesbetreuung in Einrichtungen freier Träger	79,00%	87,00%	88,00%	86,00%	86,00%	86,00%
Produktions-variante 3: Tagesbetreuung in Eltern-Initiativ-Kindertages-stätten	77,00%	85,00%	85,00%	90,00%	82,00%	84,00%

Abbildung 25:　Berechnung des Zielerreichungsgrades pro Produktionsvariante

Aus dem Zielerreichungsgrad pro Produktionsvariante lässt sich ein Zielerrei-chungs*beitrag* pro Produktionsvariante ableiten, der dem Kostenanteil pro Pro-duktionsvariante gegenübergestellt werden kann. Dazu ist es notwendig, den Zielerreichungsgrad entsprechend des Anteils der jeweiligen Produktionsvari-ante an der Produktgesamtmenge zu gewichten und die gewichteten Zielerrei-chungsgrade der Varianten auf 100 % zu normieren. Der auf diese Weise be-stimmte Zielerreichungsbeitrag gibt an, wie groß der Anteil ist, den eine Pro-duktionsvariante zur Erreichung der gewichteten Ziele des Produktangebotes beiträgt (vgl. Abbildung 26).

Die Summe aus den gewichteten Zielerreichungsgraden der einzelnen Varianten gibt die Gesamtzielerreichung des Produktangebotes an, die im Beispielfall bei 82,75 % liegt.

Produktionsvarianten	Gewichtungs-faktor *	gewichteter Zielerreichungs-grad	Zielerreichungs-beitrag
Produktionsvariante 1: Tagesbetreuung in städtischen Einrichtungen	0,5	40,00%	48,34%
Produktionsvariante 2: Tagesbetreuung in Einrichtungen freier Träger	0,375	32,25%	38,97%
Produktionsvariante 3: Tagesbetreuung in Eltern- Initiativ-Kindertagesstätten	0,125	10,50%	12,69%
Summe	1	82,75%	100,00%

* Basis: Anzahl der Plätze pro Produktionsvariante

Abbildung 26:   Ermittlung der Zielerreichungsbeiträge der Produktionsvarianten

Im Ergebnis entspricht die Berechnung des Zielerreichungsbeitrages pro Produktvariante der Ermittlung der funktionsorientierten Komponentengewichtung beim industriellen Target Costing. Allerdings ist in der obigen Darstellung der Zielerreichungsbeitrag nur für die jeweiligen Produktionsvarianten insgesamt, nicht aber für die einzelnen Unterziele ermittelt worden. Genauso ist es möglich, pro Unterziel eine Gewichtung der Zielerreichung und entsprechende Normierung auf 100 % vorzunehmen und so die Zielerreichungsbeiträge wie beim industriellen Target Costing in einer Komponenten-/Funktionenmatrix darzustellen.

Während die Komponentengewichtung beim industriellen Target Costing auf einer den Kundenanforderungen entsprechenden (Soll-)Qualität basiert, stellen die ermittelten Zielerreichungsbeiträge die gegenwärtige aus der jährlichen Qualitätsmessung ermittelte Ist-Zielerreichung dar. Um den notwendigen Handlungsbedarf zur Erreichung der Zielkosten sowohl in Bezug auf die Kosten, aber auch in Bezug auf die mit den Zielkosten festgelegten Effektivitätsziele feststellen zu können, muss eine funktionsorientierte Komponentengewichtung auch für die Soll-Zielerreichung ermittelt werden. Bei der Festlegung der Soll-Zielerreichung wird zunächst von einer 100 %-igen Erreichung der Zielvorgabe für das Wirkungsziel insgesamt (vgl. Abbildung 20) und von einheitlichen Gesamtzielerreichungsgraden der Produktionsvarianten ausgegangen, so dass die entsprechenden Zielerreichungsbeiträge der Produktionsvarianten der Gewichtung, also der Mengenstruktur des Produktangebotes entsprechen (vgl. Abbildung 27).

Produktionsvarianten	Soll-Zielerreichungsbeitrag
Produktionsvariante 1: Tagesbetreuung in städtischen Einrichtungen	50,00%
Produktionsvariante 2: Tagesbetreuung in Einrichtungen freier Träger	37,50%
Produktionsvariante 3: Tagesbetreuung in Eltern-Initiativ-Kindertagesstätten	12,50%
Summe	**100,00%**

Abbildung 27:   Soll-Zielerreichungsbeiträge der Produktionsvarianten

Die Zielerreichung der Produktionsvarianten im Hinblick auf die definierten Wirkungsziele wird somit im Prozess des Public Target Costing als variabel betrachtet. Für die Mengenstruktur des Produktangebotes gilt dies hingegen nicht: Die Aufteilung der Produktmengen auf die einzelnen Produktionsvarianten erfolgt zwar bedarfsorientiert, also unter Berücksichtigung von Elternpräferenzen und politischen Zielsetzungen,[719] wird aber im weiteren Ablauf der Zielkostenspaltung und Zielkostenerreichung als konstant betrachtet.[720]

4.2.3.5.3 Berechnung und Interpretation des Wirkungs-/Kostenindexes

Die Abweichung zwischen der funktionsorientierten Komponentengewichtung und der aus der Schätzung der Standardkosten ermittelten Komponentengewichtung wird mithilfe des Zielkostenindex ausgedrückt. Beim Public Target Costing wird anstelle des Begriffs Zielkostenindex die Bezeichnung Wirkungs-/Kostenindex gewählt, da der Nutzenanteil einer Komponente mit dem Zielerreichungsbeitrag einer Produktionsvariante in Bezug auf die definierten Wirkungsziele gleichzusetzen ist. Indem der Zielerreichungsbeitrag der Produktionsvariante zu dem Kostenanteil laut Kostenschätzung ins Verhältnis gesetzt wird, lässt sich ein Wirkungs-/Kostenindex pro Produktionsvariante berechnen (vgl. Abbildung 28). Entsprechend der vorangegangenen Erläuterungen werden dabei die Soll-Zielerreichungsbeiträge der Produktionsvarianten zugrunde gelegt.

---

[719] Vgl. dazu die Ausführungen auf S. 171 f. der Arbeit insb. auch Fußnote 688.

[720] Siehe dazu auch die Ausführungen auf S. 227 ff. der Arbeit.

Produktionsvarianten	Soll-Zielerreichungs-beitrag	Kostenanteil	Wirkungs-/Kostenindex
Produktionsvariante 1: Tagesbetreuung in städtischen Einrichtungen	50,00%	50,57%	0,989
Produktionsvariante 2: Tagesbetreuung in Einrichtungen freier Träger	37,50%	37,17%	1,009
Produktionsvariante 3: Tagesbetreuung in Eltern-Initiativ-Kindertagesstätten	12,50%	12,25%	1,020

Abbildung 28:   Ermittlung des Wirkungs-/Kostenindex

Der auf diese Weise berechnete Wirkungs-/Kostenindex gibt Auskunft darüber, inwieweit bei vorgegebener Soll-Zielerreichung die gegenwärtige Aufteilung der Ressourcen auf die Provider zu einem von den Anspruchsgruppen gewünschten Kosten-Nutzenverhältnis pro Provider führt. Dabei wird deutlich, dass der Kostenanteil der Variante 1 im Verhältnis zu dem von der Variante zu leistenden Beitrag zur Gesamtzielerreichung des Produktangebotes zu hoch, die Kostenanteile der Varianten 2 und 3 dagegen im Vergleich zu den von den Varianten zu leistenden Beiträgen zur Gesamtzielerreichung zu niedrig sind.

Für eine weitergehende Interpretation des Wirkungs-/Kostenindexes sind die Ergebnisse der Analyse des industriellen Target Costing zu berücksichtigen:[721] Der Zielkostenindex bzw. in diesem Fall der Wirkungs-/Kostenindex weist lediglich auf Nutzenabweichungen bei den Produktvarianten hin. Um den zur Erreichung der Zielkosten bestehenden Handlungsbedarf bestimmen zu können, ist dagegen die Berechnung des absoluten Zielkostenreduktionsbedarfes pro Produktionsvariante notwendig. Wird dabei die Nutzenabweichung mithilfe der korrigierten Standardkosten berechnet, so kann auch hier - wie in Gliederungspunkt 4.1.2.2.5 erläutert[722] - die notwendige Anpassung der Kostenstruktur an das vorgegebene Kosten-/Nutzenverhältnis einerseits und die Anpassung des Kostenniveaus an die Zielkostenvorgabe andererseits berechnet werden.

Zur Berechnung der korrigierten Standardkosten werden die Standardkosten bei zunächst unverändertem Kostenniveau entsprechend der Soll-Zielerreichungsbeiträge auf die Produktionsvarianten aufgeteilt. Zur Bestimmung der Zielkosten pro Produktionsvariante werden die korrigierten Standkosten auf das niedrigere Zielkostenniveau abgesenkt.

---

[721] Vgl. S. 122 ff. der Arbeit.
[722] Vgl. S. 126 ff. der Arbeit.

Im Beispielfall liegen folgende Ergebnisse vor (vgl. Abbildung 29):[723]

Produktions-varianten	Sp. 1 Standard-kosten absolut	Sp. 2 Soll- Ziel-erreichungs-beitrag (Soll-ZEB)	Sp. 3 korrigierte Standard-kosten nach Soll-ZEB Sp. 2 x Standard kosten ges.	Sp. 4 reduziertes Kosten-niveau auf Zielkosten-basis	Sp. 5 Zielkosten Sp. 3 x Sp. 4	Sp. 6 Kosten-reduktions-bedarf Sp. 1 - Sp. 5
Produktions-variante 1: Tagesbetreuung in städtischen Einrichtungen	19.500.000 €	50,00%	19.278.750 €	97,26%	18.750.000 €	750.000 €
Produktions-variante 2: Tagesbetreuung in Einrichtungen freier Träger	14.332.500 €	37,50%	14.459.063 €	97,26%	14.062.500 €	270.000 €
Produktions-variante 3: Tagesbetreuung in Eltern-Initiativ-Kindertages-stätten	4.725.000 €	12,50%	4.819.688 €	97,26%	4.687.500 €	37.500 €
Summe	38.557.500 €	100,00%	38.557.500 €		37.500.000 €	1.057.500 €

Abbildung 29:   Berechnung der Zielkosten pro Produktionsvariante mithilfe der korrigierten Standard-kosten

Unter Berücksichtigung der zusätzlichen Informationen lässt sich ein Handlungsbedarf für die einzelnen Produktionsvarianten ableiten. Dabei ist zusätzlich die notwendige Anpassung der Ist - Zielerreichung an die Soll - Zielerreichung (vgl. Abbildung 25 und Abbildung 27) zu berücksichtigen:

- Bei der **Produktionsvariante 1** muss die Zielerreichung von 80 % auf 100 % verbessert werden. Auch bei Erhöhung der Zielerreichung auf 100 % ist aber das mit den Zielkosten vorgegebene Verhältnis von Effektivität und Kosten nicht erreicht. Die Standardkosten müssen um 221.250 EUR (19.500.000 EUR – 19.278.750 EUR) gesenkt werden, damit der Kostenanteil dem von dem Provider zu leistenden Beitrag zur Zielerreichung des Produktangebotes entspricht (Anpassung an Kostenstruktur). Es liegt also eine negative Nutzenabweichung vor,[724] das heißt die Produktionsvariante

---

[723] Vgl. dazu auch Abbildung 16 auf S. 131 der Arbeit.

[724] Im Zusammenhang mit der Interpretation der Ergebnisse des erweiterten Zielkosten-kontrolldiagramms bei dem industriellen Target Costing wurde die Differenz zwischen

ist im Vergleich zu dem durch sie zu realisierenden Zielerreichungsbeitrag zu aufwendig realisiert. Zudem müssen die Kosten noch zusätzlich um 528.750 EUR (19.278.750 EUR – 18.750.000 EUR) gesenkt werden, um das vorgegebene Zielkostenniveau zu erreichen (Anpassung an Kostenniveau).

- Unter der Voraussetzung, dass gleichzeitig die Zielerreichung bei beiden Varianten von 86 % auf 100 % bzw. von 84 % auf 100 % erhöht wird, weist bei den **Produktionsvarianten 2 und 3** ein Wirkungs-/Kostenindex > 1 zunächst darauf hin, dass der Ressourceneinsatz jeweils um 126.563 EUR bzw. um 94.688 EUR erhöht werden könnte. Es liegt also eine positive Nutzenabweichung vor, die einen Hinweis darauf geben kann, dass die jeweiligen Produktionsvarianten in Relation zu dem durch sie zu realisierenden Zielerreichungsbeitrag eventuell zu einfach realisiert sind (Anpassung an Kostenstruktur). Die erforderliche Anpassung der Kosten an das vorgegebene Zielkostenniveau (Anpassung an Kostenniveau) führt allerdings dazu, dass bei beiden Produktionsvarianten die zulässige Kostenerhöhung durch eine erforderliche Absenkung auf das Zielkostenniveau mehr als kompensiert wird, so dass für Produktionsvariante 1 insgesamt ein Kostensenkungsbedarf in Höhe von 270.000 EUR und für Variante 2 ein Kostensenkungsbedarf von insgesamt 37.500 EUR besteht.

Im Ergebnis muss demnach der Ressourceneinsatz für die Produktionsvarianten um die in Abbildung 29 aufgeführten Kostenbeiträge angepasst werden. Alle Produktionsvarianten müssen zudem ihren Zielerreichungsbeitrag verbessern, um die auf der Sollzielerreichung basierenden Zielkosten erreichen zu können. Insbesondere für die Produktionsvariante 1 erscheint der aus der Zielkostenspaltung abgeleitete Handlungsbedarf, also die Senkung der Kosten bei gleichzeitiger Erhöhung der Zielerreichung, nur schwer umsetzbar. Inwieweit die Zielvorgaben realistisch und erreichbar sind, ist anhand möglicher Maßnahmen zur Zielkostenerreichung zu überprüfen.[725]

---

korrigierten Standardkosten pro Komponenten und Standardkosten pro Komponenten bezogen auf die Standardkosten gesamt als Nutzenabweichung interpretiert. Vgl. dazu die Ausführungen auf S. 126 ff. der Arbeit.

[725] Siehe dazu S. 203 ff. der Arbeit.

Anreizwirkung der Kennzahlen zur Erhöhung der Zielerreichung

Die Zielkostenvorgabe soll als Kennzahl zur Steuerung der betrachteten Produktionsvarianten nicht nur den Handlungsbedarf zur Erreichung der Sollvorgaben aufzeigen, sondern gleichzeitig einen Anreiz zur Verbesserung der Kostensituation und der Zielerreichung liefern. Dies ist im vorliegenden Modell dadurch gewährleistet, dass eine Veränderung des Zielerreichungsbeitrages zu einer Veränderung des Kostenreduktionsbedarfes der einzelnen Varianten führt. Deutlich wird der Anreizeffekt, wenn man zunächst von unveränderten Zielerreichungsbeiträgen der Provider ausgeht (vgl. Abbildung 26) und auf dieser Basis die Aufteilung der Ressourcen auf die Produktionsvarianten (siehe Spalte Kostenvorgabe auf Basis Ist-Zielerreichungsbeitrag) und den daraus resultierenden Kostenreduktionsbedarf zur Erreichung der Zielkosten berechnet. Abbildung 30 zeigt, wie sich die unveränderte Zielerreichung auf den Kostenreduktionsbedarf auswirken würde:

Produktionsvarianten	Sp. 1 Standardkosten absolut	Sp. 2 Ist-Ziel- erreichungs- beitrag	Sp. 3 Kostenvorgabe auf Basis Ist- Zielerreichungs- beitrag	Sp. 4 Kosten- reduktions- bedarf bei Ist- Zielerreichung
			Sp. 2 x Zielkosten ges.	Sp. 1 - Sp. 3
Produktionsvariante 1: Tagesbetreuung in städtischen Einrichtungen	19.500.000 €	48,34%	18.126.888 €	1.373.112 €
Produktionsvariante 2: Tagesbetreuung in Einrichtungen freier Träger	14.332.500 €	38,97%	14.614.804 €	-282.304 €
Produktionsvariante 3: Tagesbetreuung in Eltern-Initiativ- Kindertagesstätten	4.725.000 €	12,69%	4.758.308 €	-33.308 €
Summe	38.557.500 €	100,00%	37.500.000 €	1.057.500 €

Abbildung 30:   Berechung des Kostenreduktionsbedarfs auf Basis der Ist-Zielerreichung

Vergleicht man die Ergebnisse mit dem in Abbildung 29 berechneten Kostenreduktionsbedarf, so wird folgendes deutlich:

- Die Berechnung der Zielerreichungsbeiträge auf Basis der Ist-Zielerreichung führt dazu, dass sich der Kostenreduktionsbedarf bei der Produktionsvariante 1 noch erhöht. Die Differenz zwischen Zielerreichungsbeitrag und Kostenanteil vergrößert sich, da der Zielerreichungsgrad der Variante im Ist niedriger als bei den Produktionsvarianten 2 und 3 ist (vgl. Abbildung 25).

- Bei den Varianten 2 und 3 ist dagegen die mögliche Erhöhung des Ressourceneinsatzes aufgrund einer positiven Nutzenabweichung größer als die notwendige Anpassung der Kosten an das vorgegebene Zielkostenniveau, so dass der Kostenreduktionsbedarf insgesamt kleiner als 0 ist.

Für die Produktionsvariante 1 wird somit der Anreiz deutlich, die Zielerreichung zu verbessern, da auf diese Weise der Kostenreduktionsbedarf zur Erreichung der Zielkosten reduziert werden kann. Aber auch für die Varianten mit zunächst höherer Zielerreichung besteht ein Anreiz, diese relativ zu verbessern oder zumindest im Vergleich zu den Mitbewerbern nicht zu verschlechtern. Andernfalls würde ein niedrigerer Zielerreichungsbeitrag zu einem sinkenden Anteil an den Zielkosten und damit zu einem höheren Kostenreduktionsbedarf als demjenigen, der bei der Erreichung der Sollvorgabe zu realisieren wäre, führen.

Mit der Aufteilung der Zielkosten entsprechend der Zielerreichungsbeiträge der Produktionsvarianten entsteht somit aus Sicht der einzelnen Provider ein systemimmanenter Anreiz zur Erhöhung der Zielerreichung: Eine relative Verbesserung der Zielerreichung gegenüber den übrigen in das Produktbudget miteinbezogenen Providern führt automatisch zu einer Verringerung des vorgegebenen Kostenreduktionsbedarfes.

4.2.3.5.4 Ergebnisse aus der Durchführung der Zielkostenspaltung beim Public Target Costing

Bevor die Maßnahmen zur Zielkostenerreichung und die mögliche Nutzung der Kennzahlen des Public Target Costing im Planungsprozess der Kommunalverwaltung dargestellt werden, erfolgt zunächst eine Zusammenfassung der wichtigsten Ergebnisse der verwaltungsspezifischen Zielkostenspaltung. Dabei sollen auch die Unterschiede zum industriellen Target Costing betrachtet werden (vgl. Abbildung 31 und Abbildung 32):

- Das industrielle Target Costing unterstützt die Planung des Ressourceneinsatzes: Die Aufteilung der Zielkosten auf die einzelnen Produktkomponenten erfolgt unter Berücksichtigung der Kundenanforderungen an die Produktfunktionen (Idealforderung Zielkostenindex $= 1$). Der Wirkungs-/Kostenindex unterstützt ebenfalls die Planung des Ressourceneinsatzes; allerdings soll der Ressourceneinsatz beim Public Target Costing unter Berücksichtigung der Zielerreichungsbeiträge der Produktionsvarianten erfolgen.

- Zum Erreichen der Zielkosten bzw. zum Abbau der „Zielkostenlücke" ist sowohl eine Anpassung der Kostenstruktur, also ein Abbau der Differenz zwischen Standardkosten und korrigierten Standardkosten nach Nutzenanteilen bzw. nach Zielerreichungsbeiträgen (entspricht der Anforderung Zielkostenindex = 1 bzw. Wirkungs-/Kostenindex = 1) als auch eine Anpassung des Kostenniveaus, also ein Abbau der Differenz zwischen korrigierten Standardkosten und Zielkosten notwendig.

- Um die für die einzelnen Produktvarianten vorgegebenen Zielkosten zu erreichen, muss beim Public Target Costing außerdem die Zielerreichung der einzelnen Produktionsvarianten so verbessert werden, dass diese der Sollvorgabe entspricht.

- Die Veränderung der Zielerreichung führt zu veränderten Zielbeiträgen der Produktionsvarianten. Die bei dem industriellen Target Costing zugrunde gelegte Prämisse von konstanten Nutzenteilgewichten ist damit aufgehoben: Die Zuordnung der Komponenten (Zielbeiträge der Produktionsvarianten) zu den Funktionen (definierte Unterziele) ändert sich im Verlauf des Target Costing-Prozesses.

- Damit wird ein bereits bei der Bewertung des industriellen Target Costing aufgeführter Kritikpunkt aufgegriffen:[726] Eine im Laufe des Target Costing-Prozesses unveränderte Zuordnung der Komponenten zu Funktionen erscheint unrealistisch, da deren optimale Zuordnung im Sinne einer technischen Lösung zur Realisierung der Produkteigenschaften zu einem frühen Zeitpunkt der Produktentwicklung möglicherweise noch nicht vollständig bekannt ist. Vielmehr erscheint es realistischer, von einer variablen, im Verlauf des Zielkostenerreichungsprozessses anzupassenden Zuordnung von Komponenten zu Produktfunktionen und dementsprechend auch von variablen Nutzenteilgewichten der Komponenten auszugehen.

- Überlegungen zur Aufhebung der Prämisse von konstanten Nutzenanteilen der Komponenten finden sich auch in der Literatur zur Weiterentwicklung des Target Costing: Zum einen zeigen Fischer/Schmitz eine veränderte Möglichkeit der Interpretation des Zielkostenkontrolldiagramms, wenn die Nutzenanteile als variabel betrachtet werden. Als Gründe für die Veränderung der Nutzenteilgewichte führen die Autoren eine mögliche Neugewichtung der Produktfunktionen durch die Kunden während der Produktentwicklung oder die Hinzunahme neuer bisher nicht betrachteter Produktfunktionen an.[727] Bei Mussnig wird der Sachverhalt als Teil eines umfassenden Konzepts zur Dynamisierung des Target

---

[726] Vgl. dazu die Ausführungen auf S. 139 ff. der Arbeit.

[727] Vgl. Fischer/Schmitz (1994), S. 431 f.

Costing erörtert.[728] Dabei wird neben einer möglichen Änderung des Funktionsumfanges, des Funktionsprofils oder der Komponentenstruktur auch die beim Public Target Costing betrachtete Veränderung des Beitrages der Produktkomponenten zur Erfüllung von Produktfunktionen genannt.[729]

- Die beim Public Target Costing auf der Ebene des Gesamtprodukts festgelegte Zielvorgabe besteht aus einem Zielkostensatz, einer Zielmenge sowie einer qualitativen Sachzielvorgabe.[730] Aufgabe der Zielkostenspaltung ist es, den Handlungsbedarf zur Erreichung dieser Zielvorgabe auf Ebene der einzelnen Varianten zu zeigen. Geht man davon aus, dass die Aufteilung der Produktmenge auf die einzelnen Varianten der Zielverteilung entspricht, also als konstant betrachtet werden kann, müssen demnach Zielerreichung und Stückkostensatz bei den einzelnen Varianten an die Gesamtvorgabe angenähert werden. Unter Berücksichtung der im Grundlagenteil definierten Bewertungskriterien handelt es sich hier um einen Vorgabewert zur Kosteneffektivität bzw. Outcome-Effizienz,[731] der bei allen Varianten erreicht werden muss. Betrachtet man die aufgeführten Maßnahmen zum Abbau der Zielkostenlücke gilt dabei folgendes:

  - Eine Anpassung der Kostenstruktur führt lediglich zu einheitlichen Werten der Kosteneffektivität, also des Verhältnisses von Outcome zu Kosten bei allen Varianten.

  - Das absolute Zielniveau der vorgegebenen Kosteneffektivität wird bei allen Produktionsvarianten erst dann erreicht, wenn zum einen die Zielerreichung an die vorgegebene Sachzielerreichung angepasst und zum anderen das Kostenniveau auf die Zielkostenhöhe gesenkt wird.

- Eine wesentliche Funktion der entwickelten Kennzahlen ist deren Anreizfunktion in Bezug auf die Erhöhung der Zielerreichung der Produktionsvarianten. Da sich der Ressourceneinsatz für die einzelnen Produktionsvarianten an deren Zielerreichungsbeitrag orientieren soll, besteht aus der Sicht der einzelnen Provider ein Anreiz, die eigene Zielerreichung mindestens in gleicher Höhe wie die übrigen in das Produktbudget miteinbezogenen Provider zu erhöhen. Auf diese Weise kann eine relative Verbesserung des auf den Provider anfallenden Zielkostenanteils bewirkt bzw. eine relative Verschlechterung des Zielkostenanteils verhindert werden.

---

[728] Siehe dazu Mussnig (2001), S. 229 ff.

[729] Vgl. Mussnig (2001), S. 272.

[730] Vgl. S. 171 ff. der Arbeit.

[731] Vgl. dazu die Ausführungen auf S. 26 ff. der Arbeit.

- Die definierten Kennzahlen, insbesondere der Zielerreichungsbeitrag der Produktionsvarianten und der Kostenreduktionsbedarf zur Errreichung der Zielkosten können für eine Art „kennzahlenorientierte Mittelvergabe"[732] genutzt werden. Voraussetzung dafür ist, dass die Kennzahlen als Steuerungsinstrumente in den Planungsprozess integriert werden und dass gewährleistet ist, dass eine unterplanmäßige Zielerreichung tatsächlich zu einem zusätzlichen Kostenreduktionsbedarf führt, um so den Anreizeffekt der Kennzahlen zu nutzen.

Im folgenden sollen zunächst Maßnahmen zur Zielkostenerreichung ausgehend von den in Gliederungspunkt 4.1.2.3 aufgeführten Instrumenten[733] erläutert und die Zielvorgaben endgültig festgelegt werden, um anschließend auf die Frage der Funktion und des konkreten Einsatzes der entwickelten Kennzahlen im Planungsprozess eingehen zu können.

---

[732] Nullmeier (2001), S. 390.

[733] Vgl. S. 132 ff. der Arbeit.

	industrielles Target Costing	Public Target Costing
Art der Zielkosten- vorgabe	Marktpreis	Budgetvorgabe abgeleitet aus quantitativem Ergebnisziel und Vorgabe zu der zu realisierenden Effektivität (Wirkungsziel)
Funktion der Zielkostenvorgabe	Kostenobergrenze und Ausdruck der Zahlungswilligkeit des Kunden und damit des Kundennutzens des Produktes	Budgetobergrenze und Steuerung der Zielerreichung im Hinblick auf vorgegebene Effektivitätsziele
Steuerungsobjekt	eine Produkteinheit	Produktangebot gesamt (Menge x Preis)
Produktfunktions- struktur	mittels Kundenbefragung gewichtete Produktfunktionen mit jeweils festgelegten Merkmalsausprägungen	mittels Befragung der relevanten Anspruchsgruppen gewichtete Unterziele (= Indikatoren mit Sollmesswerten), mit deren Hilfe das übergeordnete Effektivitätsziel operationalisiert wird
Produkt- komponenten	Bestandteile einer Produkteinheit, die zur Realisierung der definierten Produktfunktionen notwendig sind	unterschiedliche Leistungserstellungs- (= Produktions-) varianten als einander ergänzende Bestandteile eines Gesamtangebotes (mit ein und derselben Zielsetzung auf Ergebnis- und Wirkungsebene)
Berechnung der funktionsorien- tierten Kompo- nentengewichtung in der Komponenten-/ Funktionenmatrix	Pro Komponente wird die Summe aus den gewichteten prozentualen Beiträgen der Komponente zur Realisierung der einzelnen Produktfunktionen ermittelt (= Nutzenanteil der Komponente). Die Zuordnung wird durch Produktteams geschätzt und bleibt im Verlauf des TC-Prozesses konstant.	Für jede Produktionsvariante wird die Zielerreichung für die definierten Unterziele gemessen und mithilfe der Zielgewichtung zu einem Gesamtzielerreichungsgrad summiert. Durch Normierung der Zielerreichung auf 100 % lässt sich ein relativer Zielerreichungsgrad pro Produktionsvariante ermitteln. Die Messung der Zielerreichung erfolgt durch eine regelmäßige Erhebung im Rahmen des Qualitätsmanagementprozesses. Da die Zielerreichung im Target Costing - Prozess verbessert werden soll, sind die relativen Zielerreichungsbeiträge variabel (=> Annahme konstanter Nutzenteilgewichte der Komponenten ist aufgehoben).
Ermittlung der relativen Kostenanteile der Komponenten	auf Basis der Standardkosten	auf Basis der Standardkosten
Berechnung der Indices	Zielkostenindex (ZKI): Nutzenanteil der Komponente im Verhältnis zum relativen Kostenanteil der Komponente	Wirkungs-/Kostenindex (WKI): relativer Sollzielerreichungsbeitrag im Verhältnis zum relativen Kostenanteil der Produktionsvariante Da von einer 100%-igen Zielerreichung als Zielvorgabe ausgegangen wird (die vorgebenen Sollwerte müssen erreicht werden), entsprechen die relativen Soll-Zielerreichungsbeiträge dem relativen Anteil am Gesamtangebot (Anzahl der von der Variante angebotenen Plätze an der Gesamtzahl der Plätze).

Abbildung 31: Vergleich von industriellem Target Costing und Public Target Costing: Tabellarische Übersicht Teil 1

	industrielles Target Costing	Public Target Costing
Interpretation der Indices	Idealforderung ZKI = 1: Die Aufteilung der geplanten Kosten auf die Produktkomponenten soll so erfolgen, dass diese zu einer optimalen Erfüllung der Kundenanforderungen beitragen.	Idealforderung WKI = 1: Die Aufteilung der geplanten Kosten auf die Produktionsvarianten soll entsprechend der relativen Zielerreichungsbeiträge der Varianten erfolgen.
	ZKI < 1: Die Komponente ist zu aufwendig gestaltet, d.h. die vorgegebene Qualität wird mit zu hohen Kosten realisiert bzw. bei gegebenen Kosten wird eine über die Kundenwünsche hinausgehende Qualität realisiert (overengineering).	WKI < 1: Der Kostenanteil der Variante ist im Verhältnis zum Soll-Zielerreichungsbeitrag zu hoch, die Kosten müssen gesenkt werden.
	ZKI > 1: Die Komponente ist evtl. zu einfach realisiert, d.h. die gewünschte Qualität des Produktes ist noch nicht erreicht. Oder: Der Teilnutzen wird auch bei relativ niedrigem Kostenanteil erfüllt.	WKI > 1: Der Kostenanteil der Variante ist im Verhältnis zum Soll-Zielerreichungsbeitrag zu niedrig. Der Variante steht entweder ein höheres Kostenniveau zu oder die gewünschte Zielerreichung kann auch bei relativ niedrigem Kostenanteil erfüllt werden.
Funktion der Indices	Der Zielkostenindex unterstützt die Planung des Ressourceneinsatz entsprechend der Kundenwünsche.	Der Wirkungs-/Kostenindex unterstützt die Planung des Ressourceneinsatz unter Berücksichtigung der Zielerreichung der Produktionsvarianten. Zusätzlich: Mit der Nutzung des WKI als Steuerungsinstrument besteht ein Anreizeffekt zur Verbesserung der Zielerreichung für die Produktionsvarianten: Die Berechnung des WKI setzt ein Erreichen der Soll-Zielvorgabe voraus. Wird diese nicht erreicht, muss die Aufteilung der Ressourcen auf die Varianten auf Basis der Ist-Zielerreichung bzw. auf Basis einer verbesserten aber nicht optimalen Zielerreichung berechnet werden. Damit würde aber für Varianten mit einer relativ niedrigeren Zielerreichung der Anteil an den Zielkosten automatisch sinken.
insgesamt notwendig Schritte zur Erreichung der Zielkosten bzw. zum Abbau der "Zielkostenlücke"	1. Anpassung der Kostenstruktur: Abbau der Differenz zwischen Standardkosten und korrigierten Standardkosten nach Nutzenanteilen (entspricht der Anforderung Nutzenabweichung = 0 bzw. ZKI = 1) 2. Anpassung des Kostenniveaus: Abbau der Differenz zwischen korrigierten Standardkosten und Zielkosten	1. Anpassung der Kostenstruktur: Abbau der Differenz zwischen Standardkosten und korrigierten Standardkosten nach relativen Zielerreichungsbeiträgen (entspricht der Anforderung Nutzenabweichung = 0 bzw. WKI = 1) 2. Anpassung des Kostenniveaus: Abbau der Differenz zwischen korrigierten Standardkosten und Zielkosten 3. Erhöhung der Zielerreichung, so dass Sollvorgabe erreicht wird

Abbildung 32: Vergleich von industriellem Target Costing und Public Target Costing: Tabellarische Übersicht Teil 2

4.2.3.6 Ableitung von Maßnahmen zur Zielkostenerreichung und Festlegung der endgültigen Zielvorgaben

Ziel des Target Costing-Prozesses ist es, die ermittelten Zielkosten hinsichtlich Qualität und Kosten in den Planungsprozess für den Bereich der Kindertagesbetreuung zu integrieren. Im Ergebnis sollte also der ermittelte Handlungsbedarf Teil der mit den einzelnen Providern abzuschließenden Zielvereinbarungen sein.

Bevor die Ergebnisse der Zielkostenspaltung als Plandaten übernommen werden können, muss zunächst anhand der zur Verfügung stehenden Instrumente zur Zielkostenerreichung geprüft werden, inwieweit die Vorgaben tatsächlich erfüllt werden können, die Zielvorgaben also realistisch und umsetzbar sind. Dabei werden in einer Art Gegenstromverfahren die ermittelten Zielkosten und die geschätzten Standardkosten gegenübergestellt und die notwendigen Maßnahmen zur Zielkostenerreichung ausgewählt, um dann die nach Durchführung der Maßnahmen erreichbaren Zielkosten endgültig festzulegen. Während eingangs die Zielvorgabe nach dem Out of Competitor-Verfahren festgelegt wurde, werden somit an dieser Stelle die Ausgangsbedingungen der betrachteten Provider insbesondere, was die Durchführbarkeit von Instrumenten zur Zielkostenerreichung betrifft, miteinbezogen. Diese Art der Vorgehensweise entspricht dem Verfahren Into and out of Company.[734]

Entsprechend der im Beispielfall ermittelten Abweichungen von der Zielvorgabe sind als Instrumente zur Zielkostenerreichung sowohl Maßnahmen zur Erhöhung der Effizienz als auch Maßnahmen zur Erhöhung der Effektivität der Leistungserstellung einzusetzen. Bei der Darstellung der verschiedenen Verfahren zur Zielkostenerreichung wurde bereits darauf hingewiesen,[735] dass sich insbesondere die prozess- und strukturbezogenen Instrumente des Kostenmanagements, also Prozesskostenmanagement, Reengineering, Outsourcing und Fixkostenstrukturmanagement sowie das Benchmarking und das Qualitätsmanagement für die Anwendung in der öffentlichen Verwaltung eignen.

Der Einsatz des **Prozesskostenmanagements** erfordert zunächst eine Differenzierung zwischen wertschöpfenden und nicht wertschöpfenden Prozessen. Ausgangspunkt der Betrachtung ist die bei der Ermittlung der Kostenanteile aufgeführte Produktkalkulation für die durchschnittlichen Produktstückkosten bei der Produktionsvariante 1 (vgl. Abbildung 22).[736] Demnach werden in dem Target Costing-Prozess die direkten Kosten der Betreuungsleistung (wertschöpfender Prozess) und die Vorleistungen, die sich der Betreuungsleistung über Bezugs-

---

[734] Vgl. zu den Verfahren zur Bestimmung der Gesamtzielkosten beim Public Target Costing S. 150 ff. der Arbeit.

[735] Vgl. dazu S. 132 ff. der Arbeit.

[736] Vgl. dazu S. 181 ff. der Arbeit.

größen zurechnen lassen (nicht wertschöpfende aber notwendige Prozesse), miteinbezogen.

Die Betreuungsleistung ist als Hauptprozess definiert, der wie bereits im Rahmen der relativen Standardprozesskostenrechnung dargestellt, dem Produkt gleichzusetzen ist.[737] Eine weitere Differenzierung der Betreuungsleistung in Teilprozesse ist aufgrund der fehlenden Standardisierbarkeit der Prozesse nicht sinnvoll. So wird in der Literatur zur Kosten- und Leistungsrechnung für Kindertageseinrichtungen beispielsweise vorgeschlagen, die Betreuungsleistung auf Tätigkeitsebene (also nach Art der mit den Kindern ausgeübten Aktivität wie Basteln, Singen etc.) in Teilprozesse aufzuspalten.[738] Da aber Art und Umfang der im Rahmen der Betreuungsleistung durchgeführten Tätigkeiten stark variieren, sind die Voraussetzungen für eine prozessorientierte Steuerung der Kosten, das heißt insbesondere für eine Kostenplanung und -kontrolle auf Teilprozessebene nicht gegeben.[739] Im Gegenteil würde eine notwendige Erfassung von Personalkosten auf Tätigkeitsebene zusätzlichen Aufwand verursachen, dem kein zusätzlicher Nutzen gegenübersteht.

Im Rahmen des Prozesskostenmanagements sollen die wertschöpfenden Prozesse hinsichtlich Kosten und Nutzen optimiert werden. Unter den der Betreuungsleistung zugeordneten Kostenarten fallen vor allem die Personalkosten ins Gewicht. Diese sind aber auf der Ebene der Potentialqualität der Leistungserstellung eindeutig determiniert: Bezogen auf die Zahl der betreuten Kinder existieren gesetzlich festgelegte Personalstandards, die nicht unterschritten werden dürfen.[740] Eine Senkung der Personalausstattungsstandards würde - neben anderen Faktoren, die Einfluss auf die Prozess- und Ergebnisqualität der Leistung haben - zu einer niedrigeren Prozessqualität und damit auch zu einer niedrigeren Ergebnisqualität der Betreuungsleistung führen. Gesenkte Betreuungsstandards würden somit die Zielerreichung in Bezug auf die im Fallbeispiel definierten Wirkungsziele beeinflussen.[741]

In gleicher Weise sind die Raumkosten durch gesetzliche Vorgaben (Nutz-/Betreuungsfläche je Kind) bestimmt. Gegen eine Senkung der Ausstattungs-

---

[737] Vgl. dazu die Ausführungen zur Prozesskostenrechnung und relativen Standardprozesskostenrechnung auf S. 76 ff. der Arbeit.

[738] Vgl. Herbert/Goebel (1998), S. 213 f.

[739] Vgl. Siems (2002), S. 375 f.

[740] Vgl. dazu beispielsweise die Regelungen zur Personalausstattung der Kindertagesstätten im Kindertagesbetreuungsgesetz des Landes Berlin, Senatsverwaltung für Bildung, Jugend und Sport des Landes Berlin (2002), S. 7 f.

[741] Die Frage, inwieweit der Zusammenhang zwischen den verschiedenen Qualitätsebenen (Potentialqualität, Prozessqualität und Ergebnisqualität) quantifizierbar und empirisch nachweisbar ist, kann im Rahmen dieser Arbeit nicht beantwortet werden. Dies kann nur durch empirische Unter-suchungen aus fachlicher Sicht festgestellt werden.

standards spricht auch hier, dass eine Verschlechterung der Potentialqualität der Dienstleistung nicht nur die Prozessqualität, sondern auch die Ergebnisqualität der Leistung beeinflussen würde. Geht man von den im Fallbeispiel definierten Wirkungszielen aus, so ist beispielsweise anzunehmen, dass ein verringertes Raumangebot aufgrund der damit verbundenen Einschränkung der Spiel- und Bewegungsmöglichkeiten Auswirkungen auf das Wohlbefinden der Kinder und deren altersentsprechende Entwicklung haben könnte.

Einsparpotentiale liegen dagegen möglicherweise in der Entscheidung, ob die jeweiligen Einrichtungen im Eigentum der öffentlichen Verwaltung bzw. eines freien Trägers sein sollen oder ob eine Senkung der Raumkosten über eine Anmietung der benötigten Räume möglich ist. Ein weiterer Vorschlag in diesem Zusammenhang ist die Mehrfachnutzung einer Kindertagesstätte außerhalb der Öffnungszeiten, soweit diese im Eigentum des jeweiligen Trägers ist.[742]

Ein vielfach genannter Vorschlag zur Kostensenkung stellt die Senkung der Verpflegungskosten durch die Umstellung von der Selbsterstellung der Beköstigung durch eigenes Personal auf Fremdbeköstigung dar.[743] Auch an dieser Stelle ist die mit der Kostensenkung verbundene Nutzenminderung durch eventuell geringere Qualität der Mahlzeiten zu berücksichtigen. Bei der Kalkulation der Kostenersparnis sind außerdem die zeitliche Abbaubarkeit der Kosten zu berücksichtigen: So können vor allem Raumkosten für die Küche zunächst weiterhin anfallen, soweit diese nicht anderweitig genutzt wird.[744]

Ansatzpunkte zur Beeinflussung der weiteren Sachkosten, die dem Produkt direkt oder per Platzzahl zugerechnet werden können, liegen bei den Bewirtschaftungskosten, die durch technische und bauliche Maßnahmen sowie durch energie- und ressourcensparendes Verbrauchsverhalten gesenkt werden können.[745]

Notwendige Voraussetzung für eine effizientere Verwendung der Sach- und Personalkosten insgesamt ist die dezentrale Mittelverwaltung in den einzelnen Einrichtungen, um den Handlungsspielraum zur Realisierung von Einsparpotentialen zu vergrößern und Anreize für deren wirtschaftlichere Nutzung zu schaffen.[746]

Neben den Kosten des Hauptprozesses müssen auch die Kosten für interne Vorleistungen optimiert werden. Hierbei handelt es sich vor allem um standardisierte Prozesse, die überwiegend der Phase der Potentialbereitstellung der

---

[742] Vgl. Wehrmann/Abel (2000), S. 161 f.

[743] Vgl. Senatsverwaltung für Finanzen des Landes Berlin (2001a), S. 162 f. und Wehrmann/ Abel (2000), S. 174 f.

[744] Siehe dazu auch die Ausführungen auf S. 92 ff. der Arbeit.

[745] Vgl. Wehrmann/Abel (2000), S. 167 ff.

[746] Vgl. Müller-Trimbusch/Horváth (1997), S. 21 f. und Wehrmann/Abel (2000), S. 175 f.

Dienstleistung zugeordnet werden können.[747] Dies gilt insbesondere für die Verwaltungstätigkeiten, wie Personal- und Haushaltsangelegenheiten, Einziehung von Elternbeiträgen und Durchführung des Anmeldeverfahrens. Eine Aufdeckung von möglichem Kosteneinsparungspotential ist durch ein **Cost Benchmarking** möglich. Voraussetzung für den Einsatz des Benchmarking ist, dass vergleichbare Teilprozesse und Bezugsgrößen definiert werden.

Soweit eine Einrichtung einem übergeordneten öffentlichen oder freien Träger zugeordnet ist und die genannten Verwaltungstätigkeiten dort zentral erledigt und dann auf die Kita als interne Vorleistungen verrechnet werden,[748] ist zu prüfen, ob eine dezentrale Durchführung der Aufgaben in den einzelnen Einrichtungen zu Kosteneinsparungen führen würde. Durch einen veränderten Prozessablauf im Sinne eines **Reengineering** können die Zahl der Schnittstellen zwischen Organisationseinheiten reduziert und die Bearbeitungszeiten gesenkt werden. Voraussetzung für eine Dezentralisierung von Verwaltungstätigkeiten ist das Vorhandensein entsprechender Personal- und Sachmittel. Gemeinsam mit der bereits erwähnten Dezentralisierung von Ressourcenverantwortung führt dies dazu, dass Anreize geschaffen werden, die zugewiesenen Ressourcen effizienter einzusetzen.

Die Realisierung von möglichen Kostenoptimierungspotentialen hängt somit zum einem von dem Kostenmanagement in den einzelnen Kindertageseinrichtungen und zum anderen von der Steuerung durch die Verwaltungsführung insgesamt und durch die Fachbereichsleitung des Bereichs Jugend und Familie ab, die jeweils die notwendigen Voraussetzungen für eine dezentrale Budgetverantwortung und den Abschluss von Zielvereinbarungen schaffen müssen.

Auf der Ebene der Fachbereichsleitung des Bereichs Jugend und Familie, also auf der Ebene des Leistungskäufers, der die Zielvereinbarungen mit internen und externen Anbietern abschließt, stellt sich außerdem die Frage, ob eine Verlagerung der Leistungserstellung für die Kindertagesbetreuung im größeren Umfang als bisher an Einrichtungen außerhalb der öffentlichen Verwaltung (**Outsourcing**) zu zusätzlicher Kostenersparnis aus Sicht des Fachbereichs insgesamt führen kann. Dies bedeutet, dass zusätzliche Produktmengen (Plätze in Kindertageseinrichtungen) an Einrichtungen der freien Träger (Produktionsvariante 2) bzw. an Eltern-Initiativ-Einrichtungen (Produktionsvariante 3) verlagert werden würden. Dabei ist zum einen zu berücksichtigen, dass es sich um eine ausschließlich mittelfristig realisierbare Maßnahme handelt.

---

[747] Vgl. zu der Darstellung der Potentialphase der Dienstleistung als Prozess Niemand (1996), S. 77.

[748] Diese Vorleistungen sind unabhängig davon, ob sie dezentral in der Einrichtung oder als Vorleistung einer internen oder externen Serviceeinheit in Anspruch genommen werden, Teil der in den Target Costing-Prozess einzubeziehenden Standardkosten. Vgl. dazu die Ausführungen auf S. 181 ff. der Arbeit, insb. auch Abbildung 22.

Bei der Entscheidung für oder gegen ein weitergehendes Outsourcing sind außerdem die spezifischen Gründe für eine Eigenerstellung, also der Kindertagesbetreuung in verwaltungseigenen Einrichtungen, deutlich zu machen. Dies können beispielsweise die Sicherung eines ausreichenden und flächendeckenden Angebotes (lange Öffnungszeiten, Integration von Kindern mit besonderem Betreuungsbedarf), der Kompetenzerhalt der Verwaltung im Bereich der Kindertagesbetreuung und eine höhere Flexibilität bei dem Einsatz des Personals (wechselnder Einsatz zwischen den Einrichtungen) sein.

Auf die Bedeutung des **Qualitätsmanagements** für den Bereich der Kindertagesbetreuung wurde bereits mehrfach hingewiesen. Ebenso wie die Analyse des Ist-Zustandes der Qualität sowie die Festlegung von Soll-Standards sollte auch die Planung und Umsetzung konkreter Maßnahmen zur Erhöhung der Qualität Teil eines umfassenden Qualitätsmanagementprozesses in den einzelnen Einrichtungen sein. Der Qualitätsmanagementprozess für Kindertageseinrichtungen, so wie in dem bereits erwähnten Konzept der KGSt für Kindertageseinrichtungen beschrieben, besteht aus 4 Phasen:[749] Zunächst wird in der Phase der Konzeptions- und Zielentwicklung vor allem der grundsätzliche Handlungsbedarf formuliert und das zugrundeliegende Modell, nach dem die Qualität zu messen und zu optimieren ist, festgelegt. Zur Auswahl stehen dabei allgemeine Qualitätssysteme wie ISO 9000 oder das EFQM-Modell oder auch kitaspezifische wie die Kindergarten-Einschätz-Skala (KES).[750] In der darauf folgenden Phase erfolgt die bereits erwähnte Ist-Analyse und die Definition von Soll-Standards. Die Auswahl der zu erfassenden Qualitätsdimensionen ist dabei abhängig von dem zugrunde gelegten Qualitätsmodell. Grundsätzlich sollten aber Qualitätsstandards auf der Ebene der Prozess-, Struktur- und Ergebnisqualität definiert werden. In der Phase der Veränderungsplanung werden die konkreten Maßnahmen zur Erreichung der Qualitätsziele festgelegt. Ein Soll-Ist-Vergleich erfolgt in der Phase der Wirkungsanalyse bzw. Evaluation. Die Ist-Analyse, die Vereinbarung von Soll-Qualitätsstandards und die Maßnahmenplanung werden kontinuierlich weitergeführt und in das bestehende Kontraktmanagement integriert.

Konkreter Ausgangspunkt für die Ableitung von Qualitätsverbesserungsmaßnahmen im Fallbeispiel ist die Messung der Ist-Zielerreichung in Bezug auf die definierten Unterziele. Die in Abbildung 25 ermittelte Ist-Zielerreichung für die drei betrachteten Produktionsvarianten insgesamt zeigt die durchschnittliche Zielerreichung aller den Varianten zugeordneten Einrichtungen. Die notwendi-

---

[749] Vgl. KGSt (2000b), S. 30 ff.

[750] Vgl. KGSt (2000b), S. 17 ff. Zu der Zertifizierung nach ISO 9000 siehe insbesondere Brecht (1999), S. 259 ff. und Broekmate/Dahrendorf/Dunker (2001), S. 198 sowie derselbe S. 246 ff. zu dem EFQM-Modell. Zu dem kitaspezifischen Qualitätsmanagementsystem siehe Tietze/Roßbach/Schuster (1997).

gen Maßnahmen zur Erhöhung der Effektivität der Leistungserstellung können nur auf der Ebene der einzelnen Einrichtung festgelegt werden. Dabei ist wiederum zu berücksichtigen, dass eine Erhöhung der Ergebnisqualität auch durch eine Verbesserung der Prozess- und Potentialqualität bestimmt wird. Mögliche Maßnahmen zur Erreichung der Soll-Standards in Bezug auf die definierten Unterziele könnten beispielsweise sein:

- **Bedarfsgerechte Betreuung:** Anpassung der Betreuungszeiten durch flexibleren Personaleinsatz, so dass Betreuungstagesausfälle reduziert und die Öffnungszeiten erweitert werden können;

- **Wohlbefinden der Kinder und altersentsprechende Entwicklungsförderung:** erhöhtes Angebot von altersspezifischen Aktivitäten, vielfältigeres Angebot an Aktivitäten, vermehrte Aktivitäten zur sprachlichen und kognitiven Anregung der Kinder, zusätzliche Fortbildung der Erzieher/-innen für die Sprachförderung der Kinder;

- **Pädagogische Kooperation und Zufriedenheit der Eltern:** Erhöhung der Zahl der durchgeführten Elternabende, Verbesserung der Kommunikation zwischen Eltern und Erzieher/-innen durch zusätzliche Gespräche mit den Eltern.

Einige der aufgeführten Maßnahmen setzen die Durchführung einer Kundenbefragung voraus, um beispielsweise die gewünschte Anpassung der Öffnungszeiten ermitteln zu können. Dies geschieht im Rahmen der Ist-Analyse zur Qualitätszielerreichung. Zudem erfordern einige Maßnahmen, insbesondere zu notwendigen Fortbildungsmaßnahmen der Erzieher/-innen zusätzliche Investitionen. Dies gilt auch für die Durchführung des Qualitätsmanagementprozesses insgesamt, der zumindest bei erstmaliger Durchführung eine Qualifizierung der Einrichtungsleitung und des Erziehungspersonals erfordert.

Die Prüfung der Umsetzbarkeit der Zielvorgabe anhand möglicher Maßnahmen zur Zielkostenerreichung und Qualitätsverbesserung des Produktangebotes insgesamt führt im Fallbeispiel sowohl zu einer Anpassung des Zielkostensatzes als auch zu einer Änderung der Zielvorgabe zu der qualitativen Sachzielerreichung.

Der bei der Bestimmung der Zielvorgabe für das Produktangebot vorgegebene Kostensatz in Höhe von 6.250 EUR pro Platz[751] ist unter Ausnutzung der möglichen Kosteneinsparungspotentiale nicht erreichbar, ohne dass gleichzeitig die Zielerreichung des Produktangebotes insgesamt sinkt. Im Fallbeispiel wird davon ausgegangen, dass der Zielkostensatz insbesondere bei der Produktionsvari-

---

[751] Vgl. S. 171 ff. der Arbeit, insb. Abbildung 19.

ante 1, die im Vergleich zu den anderen Produktionsvarianten den höchsten durchschnittlichen Stückkostensatz aufweist, nur erreicht werden kann, wenn Kosteneinsparungen vorgenommen werden, die gleichzeitig zu einer niedrigeren Qualitätszielerreichung führen würden. Dies könnte beispielsweise darauf zurückzuführen sein, dass die als Cost Benchmark und damit als Grundlage für den Zielkostensatz ausgewählte Einrichtung aufgrund niedrigerer gesetzlicher Betreuungsstandards eine geringere Personalausstattung pro Betreuungsplatz und damit niedrigere Personalkosten pro Betreuungsplatz aufweist. Da für die im Beispielfall betrachtete Kommunalverwaltung aus den genannten Gründen keine Veränderung der gesetzlich festgelegten Personalausstattung vorgenommen werden soll, der Kostensatz in Höhe von 6.250 EUR somit nicht erreichbar ist, wird im Beispielfall eine Erhöhung der Zielkosten pro Platz auf 6.300 EUR vorgenommen.

Die Überprüfung der Zielvorgabe zu den Effektivitätszielen ist problematischer, da kein eindeutig quantifizierbarer Zusammenhang zwischen den vorgeschlagenen Maßnahmen und der Erhöhung der Zielerreichung besteht. Die Prüfung erfolgt durch das Jugendamt, das als Jugendhilfeträger (bzw. noch allgemeiner als Leistungskäufer) die Verantwortung für die Qualitätssicherung bei verwaltungsinternen und -externen Einrichtungen hat.[752] Das Jugendamt sollte nach einem Überblick über die insgesamt notwendigen Maßnahmen zur Qualitätssteigerung eine Aussage darüber treffen, inwieweit die eingangs festgelegte Zielvorgabe zu der Wirkungszielerreichung für das Produktangebot insgesamt realistisch ist.

Im vorliegenden Fall wird die Vorgabe zu der Zielerreichung zunächst auf einen Zielerreichungsgrad von 90 % reduziert. Der eingangs vorgegebene Zielerreichungsgrad von 100 % erscheint – zumindest kurzfristig bezogen auf einen Planungszeitraum von einem Jahr – nicht erreichbar, da einige Maßnahmen zur Verbesserung der Zielerreichung, wie beispielsweise Fortbildungsmaßnahmen für Erzieher/-innen, erst in den Folgejahren wirksam werden bzw. nicht kurzfristig realisiert werden können.

Nach Überprüfung der Umsetzbarkeit und Anpassung der Zielkostenvorgabe können Zielkostenvorgaben für die einzelnen Produktionsvarianten und der daraus resultierende Kostenreduktionsbedarf für die einzelnen Varianten berechnet werden (vgl. Abbildung 33 unten). Aufgrund der Erhöhung des Zielkostensatzes auf 6.300 EUR erhöhen sich die Zielkosten für das Produktangebot von 37.500.000 EUR auf 37.800.000 EUR. Die geplante Angebotsmenge bleibt dabei unverändert.

---

[752] Vgl. KGSt (2000b), S. 15.

Die Aufteilung der Zielkosten auf die einzelnen Produktionsvarianten richtet sich wie bei der Bestimmung der Zielerreichungsbeiträge der Produktionsvarianten beschrieben nach deren Soll-Zielerreichungsbeitrag.[753] Bei der Festlegung des Soll-Zielerreichungsgrades wird nunmehr von einer 90 %-igen Erreichung der Zielvorgabe für das Wirkungsziel ausgegangen. Gleichzeitig wird weiterhin von einheitlichen Zielerreichungsvorgaben für alle Produktionsvarianten ausgegangen, so dass die Soll-Zielerreichungsbeträge der Produktionsvarianten weiterhin der Mengenstruktur des Produktangebotes entsprechen.

Produktionsvarianten	Standardkosten absolut	Soll-Zielerreichungs-beitrag	Zielkosten	Kosten-reduktions-bedarf
Produktionsvariante 1: Tagesbetreuung in städtischen Einrichtungen	€ 19.500.000	50,00%	€ 18.900.000	€ 600.000
Produktionsvariante 2: Tagesbetreuung in Einrichtungen freier Träger	€ 14.332.500	37,50%	€ 14.175.000	€ 157.500
Produktionsvariante 3: Tagesbetreuung in Eltern-Initiativ-Kindertagesstätten	€ 4.725.000	12,50%	€ 4.725.000	€ 0
Summe	€ 38.557.500	100,00%	€ 37.800.000	€ 757.500

Abbildung 33:   Berechnung des Kostenreduktionsbedarfes nach Festlegung der endgültigen Zielkosten

Der Kostenreduktionsbedarf ergibt sich somit aus der Differenz zwischen den geschätzten Standardkosten und den Zielkosten pro Stück multipliziert mit der jeweils durch den Provider zu erstellenden Stückzahl. Da die durchschnittlichen Produktstückkosten der Variante 3 dem Zielkostensatz entsprechen, ist hier der Kostenreduktionsbedarf gleich 0.

Die konkreten Maßnahmen zur Erreichung der Zielkosten sind im Rahmen von Zielvereinbarungen als Zielkostenerreichungsstrategie festzulegen.[754]

4.2.3.7 Einsatz des Public Target Costing im Planungsprozess: Integration der Zielvorgaben in das Kontraktmanagement und Nutzung der Kennzahlen als Anreizinstrument zur Erreichung der Zielkosten

Nach Festlegung der endgültigen Zielkosten und der Vorgabe zur Wirkungsziel-erreichung sind diese in den Prozess der ergebnisorientierten Steuerung der

---

[753] Vgl. S. 187 ff., insb. Abbildung 27.
[754] Siehe dazu den folgenden Gliederungspunkt.

Kommunalverwaltung, also in das Kontraktmanagement zu integrieren.[755] Die Zielvereinbarungen sind dabei so zu gestalten, dass die mit den Public Target Costing-Kennzahlen verbundene Anreizwirkung zur Erhöhung der Effektivität der Leistungserstellung genutzt werden können.

Integration der Zielvorgaben in das Kontraktmanagement

Nachdem zuvor die festgelegten Produktmengen, Kosten und Wirkungsziele als Teil des ergebnisorientierten Haushaltsplanes (Globalbudget) verabschiedet wurden und eine entsprechende Aufteilung des Gesamtbudgets an die einzelnen Fachbereiche erfolgt ist (Vergabeaufträge), werden für die einzelnen wirkungsorientierten Produkte Zielvereinbarungen zwischen den Fachbereichs- bzw. Ressortleitungen (Leistungskäufer) und den einzelnen verwaltungsinternen und –externen Anbietern (Leistungsersteller) in Form von Produkterstellungsaufträgen abgeschlossen.

Für das im Beispielfall betrachtete Produkt werden die endgültigen Zielkosten und die Qualitätszielvorgaben in die zwischen dem Jugendamt und den verschiedenen Providern abzuschließenden Zielvereinbarungen übernommen. Zwischen welchen Organisationseinheiten die Zielvereinbarungen konkret abgeschlossen werden, hängt von der Größe der Kommunalverwaltung und von der Anzahl und Art der Organisation der freien Träger ab. In dem zugrunde liegenden Modell wird zur Vereinfachung davon ausgegangen, dass die Einrichtungen der jeweiligen Produktionsvarianten in einer Art Trägerverband bzw. für die öffentliche Verwaltung in einer Organisationseinheit bzw. genauer in einem Leistungs- und Verantwortungszentrum „Kindertageseinrichtungen" zusammengeschlossen sind und zunächst auf dieser aggregierten Ebene des Providers insgesamt Zielvereinbarungen mit dem Jugendamt als Fachbereichsleitung abgeschlossen werden. In gleicher Weise wäre es aber beispielsweise bei einer nur geringen Anzahl von Einrichtungen möglich, direkt zwischen dem Jugendamt und den einzelnen Einrichtungen Zielvereinbarungen abzuschließen.

Das dem jeweiligen Provider zugewiesene Budget ergibt sich dabei als Produkt aus dem endgültigen Zielkostensatz und der durch den Provider zur erstellenden Produktanzahl. Ebenso werden die Zielvorgaben für die definierten Wirkungsziele in die Zielvereinbarung aufgenommen.

Notwendig für die Erreichung der Zielkosten und der Qualitätsziele ist die Festlegung einer konkreten Zielkostenerreichungsstrategie, die ebenfalls Teil der Zielvereinbarungen sein sollte. Diese Zielkostenerreichungsstrategie umfasst die

---

[755] Vgl. zu der ergebnisorientierten Steuerung und dem Kontraktmanagement die Ausführungen auf S. 44 ff. der Arbeit.

verbindliche Festlegung von Maßnahmen zur notwendigen Kostensenkung sowie zur Erhöhung der Wirkungsqualität auf der Ebene der einzelnen Produktionsvarianten,[756] die dann für die einzelnen Einrichtungen noch konkretisiert werden müssen.

Voraussetzung für die Festlegung einer Zielkostenerreichungsstrategie ist eine detaillierte Analyse der Abweichungen für die einzelnen Provider. Ausgangspunkt sind wiederum die Ergebnisse der Zielkostenspaltung des Public Target Costing, diesmal allerdings mit den aktualisierten Zielvorgaben zu den Stückkosten und der Zielerreichung. Der Wirkungs-/Kostenindex muss dagegen nicht neu berechnet werden, da sich weder die Kostenanteile auf Basis der Standardkosten noch die Sollzielerreichungsbeiträge der einzelnen Produktionsvarianten ändern.[757]

Um konkrete Maßnahmen festlegen zu können, müssen die Ursachen für die bestehenden Abweichungen zwischen Zielkosten und Standardkosten einerseits und zwischen der Zielvorgabe für die Wirkungsziele und der Ist-Zielerreichung zum Zeitpunkt des Abschlusses der Zielvereinbarungen andererseits schrittweise aufgedeckt werden. Dazu müssen die vorliegenden Kennzahlen disaggregiert (vgl. Abbildung 34) und folgende Analyse-Schritte durchgeführt werden:

- Vergleich der Stückkosten der Einrichtungen innerhalb einer Produktionsvariante zur Ermittlung derjenigen Einrichtungen, bei denen ein Kostenreduktionsbedarf besteht.

- Vergleich der Anteile der einzelnen Kostenarten an den Stückkosten gesamt, um festzustellen, bei welcher Kostenart die höchsten Überschreitungen vorliegen.

- Analyse der Einrichtung mit dem niedrigsten Kostenartenanteil der als relevant festgelegten Kostenart: Auf welche konkreten Maßnahmen bzw. Voraussetzungen ist der niedrigere Kostenanteil bei der vergleichbaren Einrichtung zurückzuführen?

In ähnlicher Weise ist eine schrittweise Analyse zur Ableitung von konkreten Instrumenten zur Erhöhung der Wirkungszielerreichung notwendig:

- Vergleich der Zielerreichung innerhalb der Produktionsvariante: Welche Einrichtung weist die niedrigste Gesamtzielerreichung auf?

- Disaggregation der Gesamtzielerreichung: Bei welchen Unterzielen ist die Zielerreichung am niedrigsten?

---

[756] Vgl. zur Darstellung möglicher Maßnahmen zur Zielkostenerreichung die Ausführungen auf S. 203 ff.

[757] Vgl. dazu Abbildung 33 auf S. 210 der Arbeit.

- Welche Maßnahmen lassen sich aus dem Vergleich mit Einrichtungen mit hoher Zielerreichung ableiten?

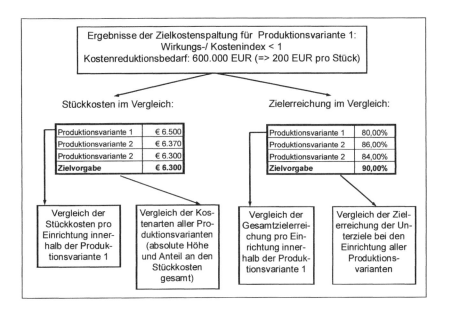

Abbildung 34:   Analyse der Abweichungen nach Durchführung der Zielkostenspaltung
                am Beispiel der Produktionsvariante 1

Nutzung der Kennzahlen als Anreizinstrument zur Erreichung der Zielkosten

Regelungen zum Umgang mit Budgetüber- oder Budgetunterschreitungen sind ebenfalls Inhalt der Zielvereinbarung. Voraussetzung für deren Ermittlung ist die **Durchführung einer Soll-/Ist-Abweichungsanalyse nach Ablauf des Planjahres**.

Für die Ermittlung der **Soll-/Ist-Kostenabweichung** werden die Sollkosten den Istkosten in Periode 1, also nach Ablauf des Planjahres, gegenübergestellt (vgl. Abbildung 35). Die Sollkosten entsprechen in diesem Fall den Zielkosten, da die Zielkosten mit dem Abschluss der Zielvereinbarungen als Plankosten vorgegeben wurden und zur Vereinfachung von unveränderten Mengen im Ist gegenüber Plan ausgegangen wird (Produktionsvariante 1: 3.000 Plätze, Produktionsvariante 2: 2.250 Plätze und Produktionsvariante 3: 750 Plätze).[758] Die Höhe der Istkosten in Periode 1 ist im vorliegenden Beispiel willkürlich festgelegt.

Das Ergebnis der Abweichungsanalyse zeigt eine Kostenüberschreitung bei den Produktionsvarianten 1 und 2 aufgrund höherer Stückkosten in Periode 1 im Vergleich zu dem Plankostensatz (6.400 EUR bzw. 6.350 EUR gegenüber 6.300 EUR). Bei der Produktionsvariante 3 liegt dagegen keine Soll-/Ist-Abeichung vor, da der Istkostensatz dem Plankostensatz entspricht.

Produktionsvarianten	Sollkosten in t1 (= Zielkosten)	Istkosten in t1	Soll-/Ist- Abweichung absolut
Produktionsvariante 1: Tagesbetreuung in städtischen Einrichtungen	€ 18.900.000	€ 19.200.000	300.000
Produktionsvariante 2: Tagesbetreuung in Einrichtungen freier Träger	€ 14.175.000	€ 14.287.500	112.500
Produktionsvariante 3: Tagesbetreuung in Eltern-Initiativ-Kindertagesstätten	€ 4.725.000	€ 4.725.000	0
Gesamt	€ 37.800.000	€ 38.212.500	412.500

Abbildung 35:   Ermittlung der Soll-/Ist-Kostenabweichung in t1

In der Zielvereinbarung ist festzulegen, wie mit Überschüssen bzw. Fehlbeträgen umzugehen ist, das heißt zu welchem Anteil Überschüsse - soweit sie auf Entscheidungen der Kostenstelle, also der Einrichtung, zurückgehen - in dieser verbleiben können und bis zu welchem Zeitpunkt von der Kostenstelle zu verantwortende Fehlbeträge auszugleichen sind.

In gleicher Weise müssen Vereinbarungen darüber getroffen werden, wie mit **Abweichungen gegenüber den vereinbarten Zielvorgaben zur Wirkungszielerreichung** bei den einzelnen Providern umgegangen werden soll. Mithilfe der entwickelten Public Target Costing-Kennzahlen kann eine Unterschreitung der Zielvorgaben in eine kostenwirksame Sanktion bzw. Gratifikation für die Produktionsvariante umgerechnet werden. Dieses ist möglich, indem nach Ablauf des Planjahres die Aufteilung der Ressourcen auf die Produktionsvarianten

---

[758] Vgl. Abbildung 23 auf S. 187 der Arbeit.

auf Basis der zu diesem Zeitpunkt erreichten Ist-Zielerreichung berechnet und den Zielkosten gegenübergestellt werden. Die Ergebnisse zeigt Abbildung 36:[759]

Produktions-varianten	Zielkosten	Ist-Ziel-erreichungs-beitrag (ZEB) in t1	Kostenvorgabe auf Basis Ist-Zielerreichungs-beitrag in t1	Kostenreduk-tionsbedarf aufgrund Abweichung Soll-/Ist- ZEB
Produktionsvariante 1: Tagesbetreuung in städtischen Einrichtungen	€ 18.900.000	48,85%	€ 18.465.517	434.483
Produktionsvariante 2: Tagesbetreuung in Einrichtungen freier Träger	€ 14.175.000	38,79%	€ 14.663.793	-488.793
Produktionsvariante 3: Tagesbetreuung in Eltern-Initiativ-Kindertagesstätten	€ 4.725.000	12,36%	€ 4.670.690	54.310
Gesamt	€ 37.800.000	100,00%	€ 37.800.000	0

Abbildung 36:   Kostenreduktionsbedarf aufgrund der Soll-/Ist-Abweichung der Zielerreichung in t1

Die **Ist-Zielerreichungsbeiträge** basieren dabei auf der in der Periode 1 erreich-ten Gesamtzielerreichung der einzelnen Produktionsvarianten. Die Zielerrei-chungsbeiträge weichen von den Soll-Zielerreichungsbeiträgen ab, da die Ziel-vorgabe insgesamt nicht erreicht wurde.[760] Die Höhe der Zielerreichung der Pro-duktionsvariante in Periode 1 ist im vorliegenden Beispiel willkürlich festgelegt. Wird eine Kostenvorgabe auf Basis der Ist-Zielerreichungsbeiträge für die ein-zelnen Produktionsvarianten berechnet, so können durch die Gegenüberstellung von der Kostenvorgabe und den Zielkosten Kostenabweichungen je Produkti-onsvariante ermittelt werden, die als „qualitätsbedingte Mindereinnahmen bzw. Mehreinnahmen" bezeichnet werden können. Da mit dem in Abbildung 36 dargestellten Soll-/Ist-Vergleich ausschließlich die Kostenabweichungen auf-grund von Abweichungen zur Zielerreichung bei den einzelnen Produktionsvari-anten gezeigt werden soll, bleibt die Entwicklung der Gesamtkosten unberück-

---

[759] Als Prämisse wird dabei von einer unveränderten Mengenverteilung zwischen den Provi-dern ausgegangen. Andernfalls würde ein Änderung der Zielerreichungsbeiträge in Periode 1 nicht nur auf eine veränderte Zielerreichung, sondern auch auf veränderte Stückzahlen der einzelnen Provider zurückzuführen sein.

[760] Vgl. zum Soll-Zielerreichungsbeitrag Abbildung 33 auf S. 210 der Arbeit.

sichtigt, das heißt, die Istkosten gesamt in Periode 1 entsprechen den Zielkosten gesamt.

Das bereits an früherer Stelle erwähnte Problem der Umsetzbarkeit des ermittelten Kostenreduktionsbedarfs bleibt weiterhin bestehen: Dies wird insbesondere bei der Produktionsvariante 1 deutlich, bei der nach Ablauf des Planjahres nicht nur eine Budgetüberschreitung ausgeglichen werden muss, sondern zusätzliche Kostenreduktionen aufgrund einer relativ niedrigeren Zielerreichung umgesetzt werden müssen. Andererseits ist die Umrechnung der Unterschreitung der Zielvorgaben in einen Kostenreduktionsbedarf notwendige Voraussetzung, um die Anreizwirkung der Kennzahlen nutzen zu können.

Die Lösung dieser Problematik kann nicht eindeutig bestimmt werden, sondern hängt von der konkreten Ausgestaltung der jeweiligen Zielvereinbarungen ab. Dort ist festzulegen, zu welchem Zeitpunkt der berechnete Kostenreduktionsbedarf wirksam werden soll. So könnte beispielsweise vereinbart werden, dass für den Fall eines Kostenreduktionsbedarfes größer als 0 dieser noch bis zum Ende des folgenden Haushaltsjahres (Periode 2) durch eine Erhöhung der Zielerreichungsbeiträge ausgeglichen werden kann. Dies würde für die Produktionsvarianten 1 und 3 bedeuten, dass in der Periode 2 die Zielerreichung bei den definierten Wirkungszielen[761] in den einzelnen Einrichtungen so verbessert werden muss, dass sich die relative Position der Provider insgesamt im Vergleich zu dem Zielerreichungsbeitrag der Produktionsvariante 2 erhöht. Nach Ablauf der Periode 2 erfolgt eine erneute Gegenüberstellung von Zielkosten und Kostenvorgabe auf Basis der Ist-Zielerreichungsbeiträge in Periode 2. Soweit weiterhin Kostenabweichungen bei den einzelnen Produktionsvarianten bestehen, werden diese nunmehr als Sanktionen bzw. Gratifikationen wirksam.

Betrachtung der Abweichungen auf der Ebene der einzelnen Einrichtungen

Die Abweichungen nach Ablauf des Planjahres können nicht nur auf der Ebene der Produktionsvarianten insgesamt, sondern diese müssen, je nach Ausgestaltung der zugrunde liegenden Zielvereinbarungen, auch für die einzelnen Einrichtungen einer Produktionsvariante ermittelt werden. Die Abbildung 37 und Abbildung 38 zeigen die Berechnung der Abweichungen beispielhaft für die Produktionsvariante 3, die im Fallbeispiel 10 einzelne Einrichtungen umfasst:

---

[761] Vgl. zu den Wirkungszielen und der Berechnung des Gesamtzielerreichungsgrades Abbildung 24 auf S. 188 und Abbildung 25 auf S. 190 der Arbeit.

Kindertagesstätten der Produktionsvariante 3 (Eltern-Initiativ-Kindertagesstätten)	Sollkosten in t1 (= Zielkosten)	Istkosten in t1	Soll-/Ist-Abweichung absolut
Kita 1	€ 630.000	€ 625.000	-€ 5.000
Kita 2	€ 378.000	€ 381.000	€ 3.000
Kita 3	€ 441.000	€ 448.000	€ 7.000
Kita 4	€ 504.000	€ 496.000	-€ 8.000
Kita 5	€ 567.000	€ 562.500	-€ 4.500
Kita 6	€ 441.000	€ 446.600	€ 5.600
Kita 7	€ 630.000	€ 625.000	-€ 5.000
Kita 8	€ 378.000	€ 381.000	€ 3.000
Kita 9	€ 441.000	€ 448.000	€ 7.000
Kita 10	€ 315.000	€ 311.900	-€ 3.100
Gesamt	€ 4.725.000	€ 4.725.000	€ 0

Abbildung 37:   Ermittlung der Soll-/Ist-Kostenabweichung in t1 für die einzelnen Kitas der Produktionsvariante 3

Insgesamt werden bei Produktionsvariante 3 die Sollkosten erreicht, die einzelnen Einrichtungen zeigen aber jeweils positive bzw. negative Abweichungen von dem Zielkostensatz.

Für die Ermittlung der Abweichungen gegenüber den Vorgaben zur Zielerreichung auf der Ebene der einzelnen Einrichtungen der Produktionsvariante werden analog der Vorgehensweise in Abbildung 36 die Zielkosten der Kostenvorgabe auf Basis der Ist-Zielerreichung in Periode 1 pro Einrichtung gegenübergestellt (vgl. Abbildung 38). Der Gesamtbetrag der Kosten auf Basis des Ist-Zielerreichungsbeitrags entspricht dabei dem in Abbildung 36 für die Produktionsvariante 3 ermittelten Betrag.

Die Ermittlung des Kostenreduktionsbedarfes zeigt im Ergebnis qualitätsbedingte Minder- bzw. Mehreinnahmen für die einzelnen Einrichtungen. Ebenso wie oben für die Produktionsvarianten insgesamt beschrieben, ist in den jeweiligen Zielvereinbarungen festzulegen, unter welchen Bedingungen und in welchem Zeitraum diese Kostenabweichungen wirksam werden sollen.

Kindertagesstätten der Produktionsvariante 3 (Eltern-Initiativ-Kindertagesstätten)	Zielkosten	Kostenvorgabe auf Basis Ist-Zielerreichungs-beitrag in t1	Kostenreduk-tionsbedarf aufgrund Abweichung Soll-/IST ZEG
Kita 1	€ 630.000	€ 608.257	€ 21.743
Kita 2	€ 378.000	€ 385.374	-€ 7.374
Kita 3	€ 441.000	€ 451.124	-€ 10.124
Kita 4	€ 504.000	€ 486.606	€ 17.394
Kita 5	€ 567.000	€ 540.914	€ 26.086
Kita 6	€ 441.000	€ 435.918	€ 5.082
Kita 7	€ 630.000	€ 633.601	-€ 3.601
Kita 8	€ 378.000	€ 373.644	€ 4.356
Kita 9	€ 441.000	€ 451.124	-€ 10.124
Kita 10	€ 315.000	€ 304.129	€ 10.871
Gesamt	**€ 4.725.000**	**€ 4.670.690**	**€ 54.310**

Abbildung 38:   Ermittlung des Kostenreduktionsbedarfes aufgrund der Soll-/Ist-Abweichung der Zielerreichung in t1 für die einzelnen Kitas der Produktionsvariante 3

Ergebnisse zum Einsatz des Public Target Costing im Planungsprozess

- Die im Public Target Costing-Prozess entwickelten Zielvorgaben zu Kosten und Wirkungszielen können in das Kontraktmanagement integriert werden. Zielvereinbarungen zu Kosten und Wirkungszielen können dabei für die jeweiligen Produktionsvarianten insgesamt aber auch für einzelne Einrichtungen der Provider abgeschlossen werden.

- Mithilfe der Zielkostenspaltung werden die Zielkostenvorgaben für die einzelnen Provider unter Berücksichtigung der Soll-Zielerreichung berechnet. Gegenüber den bisherigen Standardkosten der Provider ergibt sich ein Kostenanpassungsbedarf für die einzelnen Produktionsvarianten.[762]

- Aus der Analyse der Abweichungen zwischen Zielkosten und Standardkosten einerseits und sowie Wirkungszielvorgaben und Ist-Zielerreichung andererseits können Maßnahmen zur Erreichung der Zielkosten abgeleitet werden.

- Nach Ablauf der Planungsperiode können die entwickelten Kennzahlen zur Kontrolle und Steuerung der Kosten- und Ergebniszielerreichung genutzt werden:

---

[762] Vgl. Abbildung 33 auf S. 210 der Arbeit.

- Kostenabweichungen werden durch Gegenüberstellung von Soll (= Ziel-)kosten und Istkosten in Periode 1 ermittelt.

- Zur Kontrolle und Steuerung der Wirkungszielerreichung können Abweichungen zur Zielerreichung in Kostenabweichungen umgerechnet werden.

- Die Berechnung der Kennzahlen ist sowohl für die jeweiligen Provider insgesamt als auch für die einzelnen Einrichtungen der Produktionsvarianten möglich.

Im folgenden wird die Übertragbarkeit des Public Target Costing auf andere Bereiche der öffentlichen Leistungserstellung geprüft und eine Bewertung des Konzeptes vorgenommen.

5 Bewertung des Public Target Costing-Konzeptes

Ausgangspunkt der Bewertung des Public Target Costing-Konzeptes sind folgende Fragestellungen:

- Erfüllt das Konzept die eingangs formulierten Anforderungen an ein übergreifendes Controllinginstrument, das die Kosten- und Effektivitätssteuerung ermöglicht? (*Gliederungspunkt 5.1*)

- Können Vorteile des Target Costing-Konzeptes für das Kostenmanagement der öffentlichen Verwaltung genutzt werden: Ist die Übertragung des zunächst auf die Privatwirtschaft ausgerichteten Kostenmanagementkonzeptes möglich und sinnvoll? Kann das Public Target Costing als Steuerungsinstrument in weiteren Leistungsbereichen der öffentlichen Leistungserstellung eingesetzt werden? (*Gliederungspunkt 5.2*)

- Welche Risiken und Grenzen der Übertragbarkeit des Kostenmanagementkonzeptes auf die öffentliche Verwaltung bestehen? (*Gliederungspunkt 5.3*)

5.1 Public Target Costing als übergreifendes Controllinginstrument für die öffentliche Verwaltung

Mit der Abgrenzung des Controllings im Grundlagenteil wurden übergreifende Controllinginstrumente als originäre Koordinationsinstrumente des Controllings bezeichnet, die sich nicht eindeutig einem Führungssystem zuordnen lassen, sondern Komponenten mehrerer Führungsteilsysteme umfassen und so zur Koordination der Führungsteilsysteme untereinander beitragen.[763] Ausgehend von den verschiedenen Koordinations- bzw. Steuerungssystemen, die als übergreifende Controllinginstrumente genannt werden,[764] wird deutlich, dass in dem Konzept des Public Target Costing sowohl Elemente eines Systems der Budgetvorgabe als auch Elemente eines Zielsystems enthalten sind.

Einerseits erfolgt eine Steuerung der leistungserstellenden Organisationseinheiten anhand der aus den Zielkosten und der Zielmenge abgeleiteten Budgets. Gleichzeitig erfolgt die Koordination der verschiedenen Provider auch über die

---

[763] Vgl. zur Systematisierung der Controllinginstrumente S. 10 ff. der Arbeit.
[764] Vgl. Abbildung 2 auf S. 16 der Arbeit.

Vorgabe konkreter Ziele, die einheitlich für alle festgelegt werden und deren Einhaltung anhand von Indikatoren gemessen wird. Da in diesem Fall die Koordination und Gesamtzielerreichung verschiedener Bereiche derselben Organisationsebene im Vordergrund steht, handelt es sich hierbei um eine Form der horizontalen Koordination über Bereichsziele.[765] Die Wirksamkeit der horizontalen Koordination ist von folgenden Bedingungen abhängig,[766] die bezogen auf das Public Target Costing weitgehend als erfüllt betrachtet werden können:

- Der Bereichserfolg, also in diesem Fall die Zielerreichung muss den jeweiligen Organisationseinheiten zurechenbar sein: Beim Public Target Costing ist die Zielerreichung in den einzelnen Einrichtungen Grundlage der Gesamtzielerreichung der Produktionsvarianten. Insofern lässt sich eine Aussage auf der Ebene der Produktionsvarianten eindeutig auf die Ergebnisse in den jeweiligen Einrichtungen zurückführen.

- Das Koordinationssystem muss Anreize zur Erreichung der Zielvorgaben enthalten: Da mithilfe der entwickelten Kennzahlen eine Unterschreitung der Zielvorgaben in eine kostenwirksame Sanktion bzw. Gratifikation für die Produktionsvarianten umgerechnet kann werden, besteht für die einzelnen Provider ein Anreiz die jeweilige Zielerreichung im Verhältnis zu der Zielerreichung der anderen Provider zu verbessern.

- Die Messung der Zielerreichung darf nicht manipulierbar sein: Der Erfolg bei der Einhaltung der Zielvorgaben wird in der Indikatorenrechnung abgebildet. Inwieweit die Festlegung von Sollwerten und die Messung der Istwerte Möglichkeiten der Manipulationen eröffnet, ist unter anderem davon abhängig, ob neben den Führungskräften auch Mitarbeiter/-innen und externe Fachexperten in den Prozess der Zielfestlegung und Zielmessung miteinbezogen werden. Insbesondere bei der Verwendung subjektiver Indikatoren kann neben der Selbstevaluation durch die jeweilige Einrichtung auch die Evaluation durch externe Fachexperten notwendig sein. Für die Mitarbeiter/-innen sinkt zudem die Motivation zur Ausnutzung von Manipulationsspielräumen, wenn die Zielvorgaben durch die Partizipation an der Zielfestlegung höhere Akzeptanz haben.

Das Public Target Costing kann somit als Mischform eines Systems der Budgetvorgabe und der Zielvorgabe betrachtet werden, das Komponenten verschiedener Führungssysteme enthält.[767]

---

[765] Vgl. Küpper (1997), S. 343.

[766] Vgl. Küpper (1997), S. 343 f.

[767] Vgl. zu den Kennzeichen von Systemen der Budgetvorgabe und der horizontalen Koordination über Bereichsziele Küpper (1997) S. 315 ff. und S. 346.

Im **Planungssystem** werden die Zielvorgaben und das Budget in einem Gegenstromverfahren festgelegt: Zunächst wird die mit dem Produktangebot zu erreichende Effektivität sowie der Zielkostensatz und die Zielmenge als Top-down-Vorgabe festgelegt und mit Hilfe der Zielkostenspaltung auf die einzelnen Produktionsvarianten heruntergebrochen. In dem anschließenden Prozess der Zielkostenerreichung werden die Vorgaben anhand von möglichen Maßnahmen zur Kostensenkung und Qualitätsverbesserung auf der Ebene der einzelnen Einrichtungen hinsichtlich ihrer Umsetzbarkeit geprüft und in entsprechenden Zielvereinbarungen die endgültigen „Zielbudgets"[768] und Effektivitätsziele festgeschrieben.

Das **Kontrollsystem** umfasst neben den Ergebniskontrollen zur Einhaltung der Effektivitäts- und Kostenvorgaben auch Verhaltenskontrollen. Durch die Ermittlung von managementbedingten Mehr- bzw. Mindereinnahmen wird der Versuch unternommen, Budgetabweichungen auf das Entscheidungsverhalten der jeweiligen Kostenstellenverantwortlichen zurückzuführen. In ähnlicher Weise gilt dies auch für die Ermittlung der Abweichungen bei der Zielerreichung: Die bei der Unter- bzw. Überschreitung der Wirkungszielvorgaben berechneten Kostenabweichungen[769] können als eine Art „qualitätsbedingte Minder- bzw. Mehreinnahmen" bezeichnet werden, die zumindest überwiegend auf das Verhalten der Entscheidungs- und Aufgabenträger in den einzelnen Einrichtungen zurückgeführt werden können.

Die Kostenrechnung und die Indikatorenrechnung zur Abbildung des Zielsystems liefern als Teil des **Informationssystems** die Datenbasis für das Planungs- und Kontrollsystem entsprechend der vorgegebenen Organisationsstrukturen.

Sowohl die Steuerung über Ziele für die einzelnen Provider als auch über die Vorgabe von Budgets setzt die Delegation von Entscheidungsrechten (zur Übernahme von Fach- und Ressourcenverantwortung) an die Organisationseinheiten voraus. Das **Organisationssystem** ist zudem durch ein hohes Maß an Partizipation durch Kostenstellen- und Fachverantwortliche in den dezentralen Organisationseinheiten vor allem bei der Auswahl der Ziele, der Bestimmung der Zielvorgaben und der Messung der Zielerreichung gekennzeichnet.

Die dezentrale Organisation führt zu veränderten Anforderungen an das **Personalführungssystem**. Die Delegation von Entscheidungsrechten und die stärkere Partizipation der Mitarbeiter/-innen erfordert einen kooperativeren Führungsstil und gleichzeitig eine stärkere Eigenverantwortung der Mitarbeiter/-innen. Zudem könnte das mit dem Public Target Costing verbundene Anreizsystem nicht nur organisationsbezogen, sondern auch personenbezogen ausgestaltet werden. Eine entsprechende Einführung von gehaltsbezogenen Komponenten (materielle

---

[768] Winter (2003), S. 23.

[769] Vgl. Abbildung 36 auf S. 215 der Arbeit.

Leistungsanreize), die beispielsweise bei Kostenstellenverantwortlichen in Abhängigkeit von der Zielerreichung in der jeweiligen Kostenstelle gestaltet werden könnten, ist aber aufgrund der notwendigen tarif- und beamtenrechtlichen Änderungen nur mittelfristig denkbar.

Das Kostenmanagementkonzept des Public Target Costing kann somit eindeutig als übergreifendes Koordinationsinstrument des Controllings bezeichnet werden. Auch für das industrielle Target Costing kommt beispielweise Wielpütz zu dem gleichen Ergebnis: „Unser Auffassung nach muss auch das **Zielkostenmanagement** als originäres Koordinationsinstrument gewertet werden, da es sich einerseits keinem Führungssystem getrennt zuordnen läßt, es andererseits aber die Zielsetzung einer Abstimmung verschiedener Leistungsbereiche des Unternehmens im Hinblick auf das Oberziel "Marktanforderungen" verfolgt...“[770].

5.2 Nutzen des Public Target Costing für die öffentliche Verwaltung und Übertragbarkeit auf andere Bereiche der öffentlichen Leistungserstellung

Bei der Darstellung des industriellen Target Costing wird zunächst deutlich, dass mit dem Kostenmanagementkonzept Lösungsansätze für einige der festgestellten Defizite traditioneller Kostenrechnungsinstrumente zur Verfügung stehen. Dies betrifft insbesondere die fehlende Integration eines Zielsystems und der Effektivität, die mangelnde verhaltensorientierte Ausrichtung der Kostenrechnung sowie die fehlende Betrachtung der Leistungserstellung über die gesamte Wertschöpfungskette hinweg.

Bei der Übertragung des Target Costing auf die öffentliche Verwaltung in der hier vorgestellten Form kann ein wesentlicher Vorteil des Konzepts – die Integration der Kundensicht in das Kostenmanagement – für die Steuerung der Leistungserstellung in der öffentlichen Verwaltung genutzt werden. An die Stelle der Marktorientierung des Target Costing tritt die anhand der Sachzielerreichung gemessene Ergebnisqualität, die neben dem Kundennutzen die Anforderungen weiterer Anspruchgruppen berücksichtigt.

Ausgehend von den Merkmalen des Target Costing kann gezeigt werden, dass sich das Konzept auch für die Entwicklung von Kostensenkungsstrategien für bereits bestehende Produkte eignet. Auch der Dienstleistungscharakter sowie die fehlende Marktgängigkeit der öffentlichen Leistungen steht einer Anwendung des Target Costing nicht entgegen.

Für die konkrete Anwendung im Fallbeispiel erfolgt eine verwaltungsspezifische Anpassung einiger Bestandteile des Target Costing:

---

[770] Wielpütz (1996), S. 47.

- Ausgangspunkt ist das wirkungsorientierte Produkt, das die Beschreibung der mit der Produkterstellung zu erzielenden Wirkung beinhaltet.

- Als Produktfunktionen werden entsprechende Unterziele definiert, die aus dem übergeordneten Wirkungsziel abgeleitet werden.

- Die verschiedene Varianten der internen und externen Leistungserstellung werden als Produktkomponenten definiert und bilden das gesamte Produktangebot des betrachteten Produktes ab.

- Grundlage der Ressourcenzuweisung auf die einzelnen Komponenten (Zielkostenspaltung) bildet nicht die funktionsorientierte Komponentengewichtung, sondern die Ermittlung der Zielerreichungsbeiträge der einzelnen Produktionsvarianten zu der Gesamtzielerreichung des Produktangebotes.

In den Definitionen sind implizit **Voraussetzungen für die Anwendbarkeit des Public Target Costing auf andere Bereiche der öffentlichen Leistungserstellung** enthalten:[771]

- Zum einen müssen die betrachteten Provider in einem quasi-marktlichen Wettbewerb zueinander stehen, bei dem sowohl kommunale als auch gemeinnützige und gegebenenfalls kommerzielle Anbieter miteinander konkurrieren.

- Dementsprechend werden die Leistungsvarianten ein und desselben Produktes betrachtet. Dabei muss es sich um hinreichend komplexe, nicht programmierbare Leistungen handeln, die sich hinsichtlich der zu ihrer Erstellung notwendigen Prozesse durchaus unterscheiden können (und sollten). Auf diese Weise können unterschiedliche Provider Leistungen anbieten, die auf der Prozessebene differieren, sich aber hinsichtlich der definierten Effektivitätsziele nicht unterscheiden.

- Darüber hinaus sollte es sich um einen Bereich handeln, der sich für eine wirkungsorientierte Steuerung eignet. So wird beispielsweise in der Literatur zu neueren Entwicklungen der Berliner Verwaltungsreform darauf hingewiesen, dass sich nicht alle Bereiche der öffentlichen Leistungserstellung gleichermaßen für den Einsatz einer Steuerung anhand von Effektivitätszielen eignen. Dies betrifft insbesondere „...Bereiche, bei denen es vorrangig auf ein vorhabenbezogenes Controlling zur Optimierung der (Bau-)Leistungen und nicht [auf] ein Zielcontrolling ankommt."[772]

---

[771] Siehe dazu auch die Ausführungen zu den Voraussetzungen des Bereichs Kindertagesbetreuung auf S. 163 ff. der Arbeit.

[772] Jordan (2002), S. 111.

- Die in den Public Target Costing-Prozess miteinbezogenen Leistungs-anbieter müssen vergleichbar strukturierte Informationen zu den Produkt-kosten liefern können. Dies erfordert zumindest einen gewissen Grad der Vereinheitlichung von Kostenrechnungsverfahren und Kostenrechnungs-standards bei den Providern.

- Ebenso sollten für die Planung, Steuerung und Kontrolle der Effektivitäts-ziele des betrachteten Leistungsbereichs vergleichbare Verfahren der Wir-kungsmessung bei den internen und externen Leistungsanbietern einge-setzt werden.

Unter Erfüllung dieser Prämissen ist eine Anwendung des Public Target Costing in weiteren Bereichen der öffentlichen Leistungserstellung möglich. Als weitere Anwendungsbereiche kommen insbesondere Leistungen aus dem Bereich Ju-gend und Soziales in Betracht, die in nachgeordneten Einrichtungen auf kom-munaler Ebene angeboten werden, wie beispielsweise Einrichtungen der Ju-gendförderung (Produkt: Kinder- und Jugendarbeit in Einrichtungen[773]) oder Einrichtungen der Altersbetreuung und -pflege. Daneben ist aber auch eine An-wendung im Bereich der außerschulischen Bildung und Kultur, beispielsweise für Musikschulen oder Volkshochschulen denkbar soweit eine Konkurrenz von verwaltungsinternen und -externen Anbietern ermöglicht wird.

Als Ergebnis der Entwicklung eines verwaltungsspezifischen Target Costing-Konzeptes kann festgestellt werden, dass mit dem Public Target Costing ein In-strumentarium zur Verfügung steht, mit dessen Hilfe insbesondere die Kostenef-fektivität der öffentlichen Leistungserstellung verbessert werden kann. Das ver-waltungsspezifische Target Costing unterstützt vorrangig die Steuerung des Res-sourceneinsatzes aus **Auftraggebersicht**: Mithilfe der entwickelten Kennzahlen kann der Ressourceneinsatzes für die verschiedenen verwaltungsinternen und -externen Produktionsvarianten unter Berücksichtigung der vorgegebenen und tatsächlich erreichten Effektivität der Leistungserstellung geplant und überprüft werden.

Zudem wird das Konzept um eine dynamische Komponente erweitert: Mit der Berechnung von Soll- und Ist-Zielerreichungsbeiträgen, die beim Public Target Costing der Ermittlung der Nutzenanteile der Komponenten entspricht, wird eine Veränderung des Nutzengefüges der Komponenten in die Betrachtungen miteinbezogen. Das Public Target Costing liefert somit ein Beispiel für die Funktionsweise des Konzepts unter der Prämisse variabler Nutzenanteile, wie sie auch für die Weiterentwicklung des industriellen Target Costing vorgeschla-gen wird.

---

[773] Vgl. KGSt (1995a), S. 60.

Mit der fallbezogenen Darstellung des Public Target Costing-Instrumentariums wird deutlich, dass die verstärkte Integration der Effektivitätssteuerung in das Neue Steuerungsmodell zukünftig eine engere Zusammenarbeit von Fachverantwortlichen einerseits und Controllingverantwortlichen andererseits erfordern wird. In der Praxis bedeutet dies insbesondere aus Controllingsicht häufig eine schmale Gratwanderung: Während einerseits das Controlling ausschließlich die Verantwortung für die Steuerung der Planungs-, Kontroll- und Informationsprozesse übernehmen kann, wird diese Aufgabe nur dann erfolgreich wahrgenommen, wenn im Controlling in gewissem Maße fachspezifisches (Methoden-) Wissen in dem jeweiligen zu betreuenden Bereich aufgebaut wird. Andererseits geht die Übernahme von inhaltlichen Planungs- oder Kontrollaufgaben eindeutig über die Kompetenzen zumindest eines Zentralcontrollings hinaus. Für die Anwendung des Public Target Costing bedeutet dies konkret: Durch das Controlling wird aus den ermittelten Kennzahlen zunächst der notwendige Handlungsbedarf zur Erreichung der Zielkosten und der Soll-Zielerreichung abgeleitet. Die Auswahl konkreter Zielkostenerreichungsmaßnahmen ist dagegen nur unter Beteiligung der Kostenstellen- und weiterer Fachverantwortlichen möglich.

5.3 Risiken und Grenzen der Übertragbarkeit

Verbindung von Ziel- und Ressourcensteuerung

Mit der Ermittlung eines Kostenreduktionsbedarfes für einzelne Produktionsvarianten in Abhängigkeit von deren relativer Zielerreichung wird der Versuch unternommen, eine rechnerische Verknüpfung von Ressourcen und Outcomes herzustellen. Diese Vorgehensweise bietet gleichwohl einen Ansatzpunkt für Kritik und zwar in folgender Hinsicht:

- Zum Teil ist die Ursache-Wirkungs-Beziehung zwischen eingesetzten Ressourcen, den durchgeführten Maßnahmen und den realisierten Outcomes nur schwach ausgeprägt.[774] Bei der Darstellung der Besonderheiten des Leistungsbereichs der Kindertagesbetreuung wurde auf diese Problematik bereits hingewiesen. Dabei steht zum einen die Frage im Vordergrund, wie hoch der Einfluss von außerhalb des betrachteten Systems liegenden Faktoren auf die zu erzielenden Wirkungen sind (im Fallbeispiel Eltern und Umwelt). Zum anderen beeinflussen zumindest bei personenbezogenen Dienstleistungen auch die persönlichen Voraussetzungen der Kunden die Ergebnisqualität der Leistungserstellung.

---

[774] Vgl. Bühler (2002), S. 277.

- Die Ermittlung der Zielerreichungsbeiträge ist zudem durch ein hohes Maß an Subjektivität gekennzeichnet. Dies gilt insbesondere für die Auswahl geeigneter Indikatoren zur Messung der Zielerreichung (vor allem, wenn viele subjektive Indikatoren ausgewählt werden), für die Festlegung der Gewichtung der Unterziele und für deren Verdichtung zu einer Gesamtzielerreichung mithilfe der Nutzwertanalyse. In ähnlicher Weise tritt diese Problematik auch bei dem industriellen Target Costing auf, da hier die Festlegung, welche Komponenten, in welchem Ausmaß zu der Realisierung von Produktfunktionen beitragen, abhängig ist von der subjektiven Einschätzung der in den jeweiligen Produktteams vertretenen Mitarbeiter/-innen.

Diese Kritikpunkte stellen Risiken dar, die bei der Ableitung von Handlungsbedarf aus den Kennzahlen des Public Target Costing berücksichtigt werden müssen, um Fehlinterpretation der Ergebnisse sowie eine mögliche Fehlsteuerung des Ressourceneinsatzes zu vermeiden.

Trotz der möglichen Schwachstellen soll dafür plädiert werden, nicht nur ein outcomeorientiertes Managementsystem zu schaffen, sondern dieses auch mit der Ressourcen-steuerung in den dafür geeigneten Leistungsbereichen zu verbinden. Andernfalls besteht die Gefahr, dass mit der Definition von Zielen nur ein weiteres Element des Neuen Steuerungsmodells eingeführt wird, das unzureichend mit den übrigen Reformelementen verzahnt ist und deswegen nicht in der gewünschten Weise zu einer Erhöhung der Effizienz und Effektivität der öffentlichen Leistungserstellung beiträgt. Ähnlich wie die Erfahrungen mit der Einführung einer Kostenrechnung bereits gezeigt haben, bleibt auch eine zielorientierte Indikatorenrechnung weitgehend wirkungslos, wenn das Instrument nicht an eine ergebnisorientierte Budgetierung gekoppelt und damit direkte Auswirkungen auf die den dezentralen Verwaltungseinheiten zur Verfügung stehenden Ressourcen hat.[775]

Umsetzung der Ergebnisse der Zielkostenspaltung

Darüber hinaus ist die Frage der Umsetzbarkeit des aus den Kennzahlen abgeleiteten Handlungsbedarfs problematisch. Dies wird bereits bei der Analyse der Ergebnisse des industriellen Target Costing deutlich: Dort wurde als Ergebnis der Interpretation des erweiterten Zielkostenkontrolldiagramms und der berechneten Kosten- und Nutzenabweichungen für eine der Komponenten festgestellt, dass diese sowohl zu teuer ist als auch die durch die Komponente zu realisierenden Kundenanforderungen noch nicht erfüllt sind, also nicht nur eine Kosten-

---

[775] Vgl. auch Winter (2003), S. 22.

senkung, sondern gleichzeitig auch eine Funktionsverbesserung notwendig ist. Hierbei handelt es sich um eine rein wirtschaftliche Betrachtung, bei der die Frage, inwieweit die Realisierung derartiger Handlungsempfehlungen überhaupt technologisch machbar ist, unberücksichtigt bleibt. Auch der Hinweis, es müssen „intelligente Problemlösungen" gefunden werden, hilft hier nicht konkret weiter.

Für das Public Target Costing wurde in dem Fallbeispiel in vergleichbarer Weise gezeigt, dass aus der Sicht eines Providers der Fall eintreten kann, dass neben einer erforderlichen Kostenreduktion aufgrund der Überschreitung der Zielkostenvorgabe zusätzliche Kosten aufgrund einer im Vergleich zu den übrigen Providern niedrigeren Zielerreichung eingespart werden müssen. Grund dafür sind die strengen Vorgaben für die Kosten- und Effektivitätsziele, die sich an den jeweils „Besten" (Cost Benchmark und Quality Benchmark aus einer Gruppe vergleichbarer Einrichtungen) orientieren.

Implizit wird also davon ausgegangen, dass bei denjenigen Einrichtungen, von denen die Vorgaben zunächst nicht erreicht werden, nicht nur Produktivitätsreserven zur Steigerung der Effizienz, sondern auch „Qualitätsreserven" in Bezug auf die mit der Leistungserstellung bezweckten Wirkungen vorhanden sind. Sowohl Effizienz- als auch Qualitätsreserven können aber nur dann aktiviert werden, wenn zunächst von dem Auftraggeber, also von der Kommunalverwaltung insgesamt oder von der jeweiligen Fachbereichsleitung notwendige Investitionen zur Erhöhung der Effizienz (EDV-Ausstattung, Qualifizierung) und der Qualität (Einsatz von Qualitätsmanagementinstrumenten und entsprechende Qualifizierung) der Leistungserstellung in den einzelnen Einrichtungen vorgenommen werden. Damit enstehen aber für den Auftraggeber zusätzliche Kosten, die nicht Teil des Zielkostenbudgets sind.

Nichtberücksichtigung der Veränderung der Produktmengenstruktur als Instrument zur Zielkostenerreichung

Die Betrachtungsebene beim Public Target Costing ist das Gesamtangebot des Produktes (Preis x Menge) und nicht wie beim industriellen Target Costing das einzelne Produkt (Produktstückkosten). Dennoch wurde bei der Ableitung des Handlungsbedarfs zur Erreichung der Zielvorgabe die Anpassung der Mengen zur Senkung des Kostenreduktionsbedarfes (als ergänzende Möglichkeit neben der Erhöhung der Zielerreichung) nicht erwähnt.[776] Zum einen hat dies theoretische Gründe: Mit einer Mengenverlagerung können zwar die Kosten verändert werden (diejenige Variante, die höhere Stückkosten hat, produziert entsprechend

---

[776] Vgl. insbesondere die Ergebnisse aus der Zielkostenspaltung beim Public Target Costing auf S. 197 ff. der Arbeit.

weniger), gleichzeitig ändert sich aber mit einer veränderten Stückzahl auch der Zielerreichungsbeitrag der Komponenten. Im Fallbeispiel führt eine Verringerung des Mengenanteils bei der Produktionsvariante 1 (niedrigeren Zielerreichungsgrad und einen höheren Kostensatz als übrige Produktionsvarianten) dazu, dass der relative Zielerreichungsbeitrag stärker als der relative Kostenanteil sinkt. Bei unveränderten Parametern der übrigen Provider wird somit weder der Kostenreduktionsbedarf verringert noch ein Wirkungs-/Kostenindex gleich 1 erreicht. Insgesamt kann also das „Optimum", also ein Wirkungs-/Kostenindex gleich 1 sowie ein Kostenreduktionsbedarf = 0 für alle Produktionsvarianten nicht über eine Veränderung der Mengenkomponente, sondern nur über eine Kombination aus Kostenreduktion und Erhöhung der Zielerreichung erreicht werden.

Zum anderen entspricht diese Vorgehensweise zumindest für den Bereich der Kindertagesbetreuung auch der Realität. So ist die Aufteilung der Produktion auf die Kommunalverwaltung einerseits und verschiedene freie Träger andererseits eine Entscheidung, die Teil der Planung des Gesamtangebotes durch den Auftraggeber ist, der damit dem Bedarf nach unterschiedlichen Leistungserstellern zu entsprechen versucht. Entsprechend ist die Aufteilung der Mengen auf die einzelnen Provider im Prozess der Zielkostenerreichung keine Variable mehr.

Neben den genannten Risiken und Einschränkungen, die für den Einsatz des entwickelten Kostenmanagementkonzeptes in der öffentlichen Verwaltung bestehen, stellen vor allem die relativ komplexe Herleitung der Kennzahlen und deren hoher Abstraktions- bzw. Verdichtungsgrad Ansatzpunkte für Kritik dar.

Mit der Darstellung des Einsatzes des Public Target Costing im Planungsprozess der öffentlichen Verwaltung wird aber der Versuch gemacht zu zeigen, dass die Instrumente des verwaltungsspezifischen Zielkostenmanagements in die ergebnisorientierte Steuerung integriert und die entwickelten Kennzahlen für den Kontroll- und Steuerungsprozess innerhalb des Kontraktmanagements genutzt werden können. Der Nutzen des Konzepts besteht dabei vor allem darin, dass

- mit der Bestimmung der Zielvorgaben für Kosten und Wirkungen eine sachzielorientierte Planung in die Kostenplanung integriert werden kann und

- mit den entwickelten Kennzahlen die Ressourcenaufteilung auf verschiedene Leistungsersteller nicht ausschließlich nach Effizienzzielen, sondern auch nach Effektivitätszielen ausgerichtet werden kann.

Der hohe Abstraktionsgrad der Kennzahlen ist vor allem in Bezug auf die Kennzahlen zur Wirkungszielerreichung aufgrund der damit verbundenen Mess- und

Zurechnungsschwierigkeiten problematisch. Da die Steuerung der Wirkungszielerreichung in der öffentlichen Verwaltung noch am Anfang steht, müssen
hier zunächst praktische Erfahrungen mit der Definition von Zielen, der Messung der Zielerreichung und der Integration der Zielsteuerung in den Planungsprozess gesammelt werden, um diese Problematik abschließend beurteilen zu
können. Ob ein derartiges Kostenmanagementkonzept in der öffentlichen Verwaltung sinnvoll eingesetzt und damit die Ausgangsposition und die Unterstützungsfunktion des Controllings für die öffentliche Verwaltung möglicherweise
verbessert werden kann, hängt somit nicht zuletzt davon ab, auf welche Weise
zukünftig die Ziel- und Wirkungssteuerung in das Führungssystem der öffentlichen Verwaltung integriert wird.

Literaturverzeichnis

Andersen u.a. (2003): Andersen, Christoph/ Beck, Marcus, Kösling, Robert/Rechlin, Sandra/Selle, Stephan/Wegener, Alexander, Restrukturierung öffentlicher Dienstleistungsketten: Konzeptionelle Bausteine für die Optimierung der Dienstleistungsproduktion. Strategiepapier I des Projektes "Konkurrieren statt Privatisieren", Potsdam Februar 2003, URL: http://www.kommune-im-wettbewerb.com/800.html (27.12.03).

Anton (1998): Anton, Jürgen, Prozeßorientierte Kostenverrechnung in der kommunalen Ver- und Entsorgungswirtschaft. Ein Ansatz zum Kostenmanagement in Betrieben mit öffentlichen Aufgaben, in: Akademie 3/1998 , S. 75 - 81.

Arnout (2001): Arnout, Ali, Anwendungsstand des Target Costing in deutschen Großunternehmen: Ergebnisse einer empirischen Untersuchung, in: Controlling, 2001, Heft 6, S. 289 - 299.

AWV-Arbeitsgemeinschaft für wirtschaftliche Verwaltung e. V (1998): AWV- Arbeitsgemeinschaft für wirtschafltiche Verwaltung e. V., Prozeßkostenrechnung - "Just in Time"?!, Eschborn 1998.

Baier (2002): Baier, Horst, Operative Planung in Kommunen: Neukonzeption auf der Basis einer Kosten- und Leistungsrechnung, Lohmar, Köln 2002.

Bals (1999): Bals, Hansjürgen, Die Neugestaltung der kommunalen Haushaltspläne: Vom kameralen Finanzplan zum budgetorientierten Produkthaushalt, in: KWI-Info 1/99, S. 17 – 24.

Bals/Hack (2002): Bals, Hansjürgen/Hack, Hans, Verwaltungsreform: warum und wie: Leitfaden und Lexikon, 2., überarb. und erg. Aufl., München 2002.

Bals/Reichard (2000): Bals, Hansjürgen/Reichard, Christoph, Das neue kommunale Haushalts- und Rechnungswesen, in: Budäus, Dietrich/Küpper, Willi/Streitferdt, Lothar: Neues öffentliches Rechnungswesen: Stand und Perspektiven, Wiesbaden 2000, S. 203-233.

Behrens (2003): Behrens, Fritz, "Klar und konsequent", ein Interview mit Schulz, Sabine, in: Kommune21, 11/2003, S. 28-29.

Berlin (1995): Berlin: Neues Berliner Verwaltungsmanagement, Dezentrale Ressourcenverantwortung, Qualitätsmanagement, Personalmanagement – Zusammenfassung, Version: 16. Mai 1995, Berlin 1995.

Berlin (1995a): Berlin: Neues Berliner Verwaltungsmanagement, Teilprojekt Dezentrale Fach- und Ressourcenverantwortung - Bericht, Version: 7. November 1995, Berlin 1995.

Berlin (1995b): Berlin, Kostenrechnung in der Berliner Verwaltung, 15. Dezember 1995, Berlin 1995.

Berlin (1995c): Berlin, Controlling und Berichtswesen in der Berliner Verwaltung, 15. Dezember 1995, Berlin 1995.

Böhret (2000): Böhret, Carl, Gesetzescontrolling - ein gewichtiges Element der Gesetzesfolgenabschätzung, in: Budäus, Dietrich/Küpper, Willi/Streitferdt, Lothar: Neues öffentliches Rechnungswesen: Stand und Perspektiven, Wiesbaden 2000, S. 549 - 570.

Brecht (1999): Brecht, Ulrike, Potentiale und Blockaden der kommunalen Leistungserstellung: eine Kritik des Neuen Steuerungsmodells, München 1999.

Brede (2001): Brede, Helmut, Grundzüge der Öffentlichen Betriebswirtschaftslehre, München u.a. 2001.

Brede (1989): Brede, Helmut, Ziele öffentlicher Verwaltungen, in: Handwörterbuch der öffentlichen Betriebswirtschaftslehre, Stuttgart 1989, Sp.1867-1877.

Brixner (2000): Brixner, Helge Karl, Leistungs- und Qualitätserfassung im Rahmen eines öffentlichen Dienstleistungsmanagements - Anforderungen und Perspektiven,in: Budäus, Dietrich (Hrsg.): Leistungserfassung und Leistungsmessung in öffentlichen Verwaltungen, 2. Norddeutsche Fachtagung zum New Public Management, 1. Aufl., Wiesbaden 2000, S. 291 - 312.

Broekmate/Dahrendorf/Dunker (2001): Broekmate, Loes/Dahrendorf, Katharina/Dunker, Klaus, Qualitätsmanagement in der öffentlichen Verwaltung, München, Berlin 2001.

Brüggemeier (1997): Brüggemeier, Martin, Controlling in der öffentlichen Verwaltung: Ansätze, Probleme und Entwicklungstendenzen eines betriebswirtschaftlichen Steuerungskonzeptes, 2., bearb. und erw. Aufl., München 1997.

Brülle/Reis/Reiss (1998): Brülle, Heiner/Reis, Klaus/Reiss/ Christoph, Neue Steuerungsmodelle in der Sozialen Arbeit - Ansätze zu einer adressaten- und mitarbeiterorientierten Reform der öffentlichen Sozialverwaltung?, in: Reis, C., Schulze-Böing, M. (Hrsg.): Planung und Produktion sozialer Dienstleistungen. Die Herausforderung "neuer Steuerungsmodelle", Berlin 1998, S. 55 - 79.

Brümmerhoff (1988): Brümmerhoff, Dieter, Finanzwissenschaft, 3., völlig überarb. und erw. Aufl., München 1988.

Buchholtz (2000): Buchholtz, Klaus, Controllingorientierte Kosten- und Leistungsrechnung für ein Neues Public Management, Wiesbaden 2000.

Buchholtz (1999): Buchholtz, Klaus, Anforderungen an eine aussagefähige Kosten- und Leistungsrechnung, in: Budäus, Dietrich/Gronbach, Peter: Umsetzung neuer Rechungs- und Informationssysteme in innovativen Verwaltungen/ 1. Norddeutsche Fachtagung zum New-Public-Management, Freiburg i. Br. 1999.

Budäus (2000): Budäus, Dietrich, Vom Neuen Kommunalen Rechnungswesen zum öffentlichen Management-Informationssystem: Grundlage eines Verwaltungscontrolling, in: Verwaltung und Management, 6. Jg. (2000), Heft 2, S. 68 - 76.

Budäus (1997): Budäus, Dietrich, Reform des Haushalts- und Rechnungswesens in der Bundesrepublik Deutschland, in: Bauer, Helfried/Biwald, Peter (Hrsg.): Neue Ansätze im öffentlichen Haushalts- und Rechnungswesen, Wien 1997, S. 85 - 103.

Budäus (1994): Budäus, Dietrich, Public Management: Konzepte und Verfahren zur Modernisierung öffentlicher Verwaltungen, Berlin 1994.

Budäus/Buchholtz (1997): Budäus, Dietrich/Buchholtz, Klaus, Konzeptionelle Grundlagen des Controlling in öffentlichen Verwaltungen, in: DBW, 57. Jg. (1997), Heft 3, S. 322 - 335.

Budäus/Gronbach (1999): Budäus, Dietrich/Gronbach, Peter, Umsetzung neuer Rechungs- und Informationssysteme in innovativen Verwaltungen/ 1. Norddeutsche Fachtagung zum New-Public-Management, Freiburg i. Br. 1999.

Buggert/Wielpütz (1995): Buggert, Willi/Wielpütz, Axel, Target Costing: Grundlagen und Umsetzung des Zielkostenmanagements, München, Wien 1995.

Bühler (2002): Bühler, Bernd M., Von Outputs zu Outcomes: Internationale Erfahrungen mit outcome-orientierter Steuerung, in: Verwaltung und Management, 8. Jg. (2002), Heft 5, S. 273 - 278.

Bundesministerium für Finanzen (1997): Bundesministerium für Finanzen, Vorschriften-sammlung der Bundesfinanzverwaltung - KLR-Handbuch, Bonn 1997.

Burger (1999): Burger, Anton, Kostenmanagement, 3., vollst. überarb. Aufl., München 1999.

Buschor (1993): Buschor, Ernst, Zwanzig Jahre Haushaltsreform - Eine Verwaltungswissen-schaftliche Bilanz, in: Buschor, Ernst/ Brede, Helmut: Das neue öffentliche Rechnungswe-sen: Betriebswirtschaftliche Beiträge zur Haushaltsreform in Deutschland, Österreich und der Schweiz, 1. Aufl., Baden-Baden 1993, S. 199 - 257.

Buschor/Brede (1993): Buschor, Ernst/Brede, Helmut, Das neue öffentliche Rechnungs-wesen, Betriebswirtschaftliche Beiträge zur Haushaltsreform in Deutschland, Österreich und der Schweiz, 1. Aufl., Baden-Baden 1993.

Buschor/Lüder (1994): Buschor, Ernst/Lüder, Klaus, Thesen zur künftigen Gestaltung des öffentlichen Rechnungswesens, in: Lüder, Klaus (Hrsg.): Öffentliches Rechnungswesen 2000: Vorträge und Diskussionsbeiträge einer wissenschaftlichen Arbeitstagung der Hoch-schule für Verwaltungswissenschaften Speyer, Berlin 1994, S. 163 - 195.

Coenenberg (1997): Coenenberg, Adolf G., Kostenrechnung und Kostenanalyse, 3., überarbeitete und erweiterte Aufl., Landsberg/Lech 1997.

Diemer (1996): Diemer, Rolf, Neukonzeption des kommunalen Rechnungswesens, Wies-baden 1996.

Dittmar (1996): Dittmer, Jutta, Konzeptioneller Weiterentwicklungsbedarf bei der Zielkos-tenplanung, in: Zeitschrift für Planung, 1996, Bd. 7, Heft 7, S. 181 – 192.

Ebert/Steinhübel (1997): Ebert, Günter/Steinhübel, Volker, Controlling in der öffentlichen Verwaltung, in: Finanzwirtschaft 11/1997, S. 247 – 255.

Engelniederhammer u.a. (1999): Engelniederhammer, Stefan/Köpp, Bodo/ Reichard, Chris-toph/ Röber, Manfred/ Wollmann, Hellmut, Berliner Verwaltung auf Modernisierungskurs: Bausteine - Umsetzungsstrategien - Hindernisse, Berlin 1999.

Fischer (2001): Fischer, Edmund, Die Kommunen erhalten ein neues Rechnungswesen; Es geht um den Haushalt, in: der gemeindehaushalt Nr. 9/2001, S. 211 - 214.

Fischer/Schmitz (1994): Fischer, Thomas M./Schmitz, Jochen A., Informationsgehalt und Interpretation des Zielkostenkontrolldiagramms im Target Costing, krp, 38. Jg., Heft 6, 1994, S. 427 - 433.

Freidank (1999): Freidank, Carl-Christian, Target Costing und andere Konzepte im Werk-zeugkasten des Controllerdienstes, in: Mayer, Elmar/Liessmann, Konrad/Freidank, Carl-Christian (Hrsg.): Controlling-Konzepte. Werkzeuge und Strategien für die Zukunft, 4., vollst. überarb. und erw. Aufl., Wiesbaden, 1999, S. 353 - 391.

Freidank (1994): Freidank, Carl Christian, Unterstützung des Target Costing durch die Pro-zesskostenrechnung, in: Dellmann, Klaus/Franz, Klaus Peter (Hrsg.): Neuere Entwick-lungen im Kostenmanagement, Bern u.a. 1994, S. 223 - 259.

Funke (1999): Funke, Anja, Der Einsatz von Target Costing in der öffentlichen Verwaltung, in: Meurer, Erik/Günter, Stephan: Rechnungswesen und Controlling in der öffentlichen Verwaltung, Gruppe 4, Loseblatt-Zeitschrift, Freiburg i. Br. 1999, S. 149 - 166.

Funke (1998): Funke, Anja, Zielkostenmanagement in öffentlichen Betrieben und Verwaltungen, Frankfurt a. M., 1998.

Furch (1995): Furch, Kristian, Welche Kosten- und Leistungsrechnung braucht die öffentliche Verwaltung?, in: Management und Computer, Fachzeitschrift für EDV-orientierte Geschäftsprozesse, Heft 1, 1995, S. 19 - 26.

Furch/Hauser/Scholtysik (1997): Furch, Kristian/Hauser, Thomas/Scholtysik, Peter, Wirkungsorientierte Produkte im Verwaltungseinsatz – Erfahrungen aus Rüsselsheim , in: die innovative Verwaltung 5/97, S. 20 - 24.

Furch u.a. (1997): Furch, Kristian/Hauser, Thomas/Schaad, Martina/Scholtysik, Peter, Steuerung anhand von wirkungsorientierten Produkten, in: Der Städtetag, 11/97, S. 722 – 730.

Gabele/Fischer (1992): Gabele, Eduard/Fischer, Philip, Kosten- und Erlösrechnung, München 1992.

Gerhards (2001): Gerhards, Ralf, Konzeption für eine Kosten- und Leistungsrechnung öffentlicher Verwaltungen, Frankfurt a. M. 2001.

Gerull (1999): Gerull, Peter, Selbstbewertung des Qualitätsmanagements: eine Arbeitshilfe, Peter Gerull im Auftr. des Evang. Erziehungsverb. e.V. EREV, Hannover. [Hrsg.: Bundesministerium für Familie, Senioren, Frauen und Jugend], Berlin 1999.

Gierschner (1999): Gierschner, Siegmar, Einsatzmöglichkeiten der Plankosten- und Leistungsrechnung in der Kommunalverwaltung, in: Meurer, Erik/Günter, Stephan: Rechnungswesen und Controlling in der öffentlichen Verwaltung, Gruppe 2, Loseblatt-Zeitschrift, Freiburg i. Br. 1999, S. 277 - 302.

Gladen (2001): Gladen, Werner, Kennzahlen- und Berichtssysteme: Grundlagen zum Performance Management, Wiesbaden 2001.

Goebel (1999): Goebel, Eberhard (Hrsg.), Qualitätsmanagement in Kindertagesstätten, Kassel, 1999.

Goebel (1999a): Goebel, Eberhard, Produktdefinitionen als Instrument zur Handhabung von Qualität und Quantität, in: Goebel, Eberhard (Hrsg.): Qualitätsmanagement in Kindertagesstätten, Kassel, 1999, S. 161 - 182.

Gornas (1992): Gornas, Jürgen, Grundzüge einer Verwaltungskostenrechnung: die Kostenrechnung als Instrument zur Planung und Kontrolle der Wirtschaftlichkeit in der öffentlichen Verwaltung, 2. Aufl., Baden-Baden 1992.

Graßmann (2002): Graßmann, Markus, Die Berliner Verwaltungsreform im achten Jahr: Standortbestimmung mit Schlussfolgerungen aus Sicht des Senatsbeauftragten für die Gesamtsteuerung der Verwaltungsmodernisierung (5. April 2002), URL: http://www.-berlin.de/Verwaltungsmodernisierung/publikationen/vortraege.html (10.06.2003).

Haberstock (1998): Haberstock, Lothar, Kostenrechnung I: Einführung mit Fragen, Aufgaben, einer Fallstudie und Lösungen, bearb. von Breithecker, Volker, 10., unveränd. Aufl., Hamburg 1998.

Haberstock (1986): Haberstock, Lothar, Kostenrechnung II: (Grenz-)Plankostenrechnung: mit Fragen, Aufgaben, und Lösungen, 7., durchgesehene Aufl., Hamburg 1986.

Häfner (2003): Häfner, Philipp, Anschluss an die Zukunft, in Kommune21, 11/2003, S. 24 - 26.

Haiber (1997): Haiber, Thomas, Controlling für öffentliche Unternehmen, München 1997.

Haldemann (1998): Haldemann, Theo, Zur Konzeption wirkungsorientierter Planung und Budgetierung in Politik und Verwaltung, in: Budäus, Dietrich/Conrad, Peter/Schreyögg, Georg: Managementforschung 8 (1998), Berlin, S. 191 - 215.

Hammer/Champy (1994): Hammer, Michael/Champy, James, Business Reengineering: die Radikalkur für das Unternehmen, Frankfurt a.m, 1994.

Hanusch (1994): Hanusch, Horst, Nutzen-Kosten-Analyse, 2., überarb. Aufl., München 1994.

Hanusch/Schlumberger (1989): Hanusch, Horst/Schlumberger, Manfred, Nutzen-Kosten-Analysen,in: Chmielewicz, Klaus/Eichhorn, Peter: Handwörterbuch der öffentlichen Betriebswirtschaftslehre, Stuttgart 1989, Sp. 993 - 1002.

Hauser/Furch (1998): Hauser, Thomas/Furch, Kristian, Aufbau und Weiterentwicklung des Berlinweiten Querschnittscontrolling in der Senatsverwaltung für Finanzen: April 1998; Version vom 30. Oktober 1998, Kelkheim 1998.

Heinz (2000): Heinz, Rainer, Kommunales Management: Überlegungen zu einem KGSt-Ansatz, Stuttgart 2000.

Herbert/Goebel (1998): Herbert, Alexander/Goebel, Eberhard, Kosten - und Leistungsrechnung in Kindertagesstätten: Die Einführung betriebswirtschaftlicher Instrumente zur Steigerung der Wirtschaftlichkeit, 2., erweiterte Aufl., Helsa/Kassel 1998.

Hoffjan (1998): Hoffjan, Andreas, Entwicklung eines verhaltensorientierten Controlling-Konzeptes für die Arbeitsverwaltung, Wiesbaden 1998.

Hoffjan (1997): Hoffjan, Andreas, Cost Benchmarking als Instrument des strategischen Kostenmanangement, in: Freidank, Carl-Christian/Götze, Uwe/Huch, Burkhard/Weber, Jürgen (Hrsg.): Kostenmanagement: Aktuelle Konzepte und Anwendungen, Berlin u.a. 1997, S. 343 - 355.

Hoffjan (1994): Hoffjan, Andreas, Strategisches Zielkostenmanagement für öffentliche Investitionen. Darstellung und kritische Analyse am Beispiel eines Parkhauses, in: ZögU, Band 17, Heft 1, 1994, S. 24 - 38.

Horváth (1998): Horváth, Peter, Controlling, 7., vollst. überarb. Aufl., München 1998.

Horváth/Niemand/Wiebold (1993): Horváth, Peter/Niemand, Stefan/Wiebold, Markus, Target Costing - State of the Art, in: Horváth, Peter (Hrsg.): Target Costing – marktorientierte Zielkosten in der deutschen Praxis, Stuttgart 1993, S. 1 - 28.

Horváth/Seidenschwarz (1992): Horváth, Peter/Seidenschwarz, Werner, Zielkostenmanagement, in: Controlling, Heft 3, 1992, S. 142 - 150.

Innenministerium des Landes Nordrhein-Westfalen (1999): Innenministerium des Landes Nordrhein-Westfalen, Neues kommunales Finanzmanagement - Eckpunkte einer Reform, Düsseldorf 1999.

Jordan (2003): Jordan, Dirk, Aufgabenkritik brauch Personalentwicklung: Zwei Praxisbeispiele aus einem Landesministerium (Teil 2), in: Verwaltung und Management, 9. Jg. (2003), Heft 1, S. 45 - 48.

Jordan (2002): Jordan, Dirk, Die neue Bescheidenheit der Berliner Verwaltungsreform, in: Verwaltung und Management, 8. Jg. (2002), Heft 2, S. 109 - 113.

Jordan/Reismann (1998): Jordan, Erwin/Reismann, Hendrik, Qualitätssicherung und Verwaltungsmodernisierung in der Jugendhilfe, Münster 1998.

Kastrup (1999): Kastrup, Thilo, Marktorientiertes Zielkostenmanagement für Rundfunkanstalten, Wiesbaden 1999.

KGSt (2001): KGSt, Arbeit mit Kennzahlen. Teil 1: Grundlagen. KGSt-Bericht 4/2001, Köln 2001.

KGSt (2000): KGSt, Strategisches Management III: Zielbezogene Budgetierung. KGSt-Bericht 10/2000, Köln 2000.

KGSt (2000a): KGSt, Strategisches Management IV: Fachbereichsstrategien am Beispiel der Jugendhilfe. KGSt-Bericht 11/2000, Köln 2000.

KGSt (2000b): KGSt, Kommunales Qualitätsmanagement von Bildung, Erziehung und Betreuung in Tageseinrichtungen für Kinder. KGSt-Bericht 2/2001, Köln 2000.

KGSt (1998): KGSt, Verwaltungsinterne Leistungsverrechnung. KGSt-Bericht 6/1998, Köln 1998.

KGSt (1998a): KGSt, Geschäftsprozeßoptimierung: Eine Wegbeschreibung. KGSt-Bericht 8/1998, Köln 1998.

KGSt (1997): KGSt, Steuerung der Sozialhilfe. KGSt-Bericht 11/1997, Köln 1997.

KGSt (1996): KGSt, Das Verhältnis von Politik und Verwaltung im Neuen Steuerungsmodell. KGSt-Bericht 10/1996, Köln 1996.

KGSt (1996a): KGSt, Zentrale Steuerungsunterstützung. KGSt-Bericht 11/1996, Köln 1996.

KGSt (1995): KGSt, Vom Geldverbrauchs - zum Ressourcenverbrauchskonzept. KGSt-Bericht 1/1995, Köln 1995.

KGSt (1995a): KGSt, Aufgaben und Produkte der Gemeinden und Kreise in den Bereichen Soziales, Jugend, Sport, Gesundheit und Lastenausgleich. KGSt-Bericht 11/1995, Köln 1995.

KGSt (1994): KGSt, Verwaltungscontrolling im Neuen Steuerungsmodell. KGSt-Bericht 15/1994, Köln 1994.

Kilger/Pampel/Vikas (2002): Kilger, Wolfgang/Pampel, Jochen/Vikas, Kurt, Flexible Plankostenrechnung und Deckungsbeitragsrechnung, 11., vollständig überarbeitete Auflage, Wiesbaden 2002.

Klümper/Zimmermann (2002): Klümper, Bernd/Zimmermann, Ewald, Produktorientierte Kosten- und Leistungsrechnung, München, Berlin 2002.

Knorr/Halfar (2000): Knorr, Friedhelm/Halfar, Bernd, Qualitätsmanagement in der Sozialarbeit, Regensburg 2000.

Kommunalwissenschaftliches Institut der Universität Potsdam (2002): Kommunalwissenschaftliches Institut der Universität Potsdam, Offene Fragen zum neuen kommunalen Haushalts- und Rechnungswesen: Ergebnisse eines Kolloquiums am 18. und 19. Februar 2002 in Potsdam veranstaltet durch das Kommunalwissenschaftliche Institut der Universität Potsdam (KWI) mit Vertretern der Stadt Brühl, der Landeshauptstadt Düsseldorf, des Lahn-Dill-Kreises, der Landeshauptstadt München, der Stadt Münster, der Stadt

Solingen, der Stadt Wiesloch, des DST und der KGSt, (12.07.2002), URL: http://www.uni-potsdam.de/u/kwi/ aktuelles/koll_feb02_end.pdf. Autoren: Reichard, Christoph/Richter, Martin/Bals, Hansjürgen. (6.06.03)

Kommunalwissenschaftliches Institut der Universität Potsdam (2002a): Kommunalwissenschaftliches Institut der Universtität Potsdam, Offene Fragen zum neuen kommunalen Haushalts- und Rechnungswesen: Kolloquiums am 18. und 19. Februar 2002 in Potsdam - Diskussionsbeitrag der KGSt - (15.02.2002), URL: http://www.uni-potsdam.de/ u/kwi/aktuelles/koll_feb02_kgst.pdf. (6.06.03)

Kremin-Buch (2001): Kremin-Buch, Beate, Strategisches Kostenmanagement: Grundlagen und moderne Instrumente; mit Fallstudien, 2., vollst. überarb. Aufl., Wiesbaden 2001.

Kreyenfeld/Spieß/Wagner (2001): Kreyenfeld, Michaela/Spieß, Katharina/Wagner, Gert, Finanzierungs- und Oragnisationsmodelle institutioneller Kinderbetreuung: Analysen zum Status quo und Vorschläge zur Reform, Neuwied, Berlin 2001.

Krönes (1998): Krönes, Gerhard, Operationalisierung von Zielen öffentlicher Unternehmen, in: ZögU, Band 21, Heft 3, 1998, S. 277 - 292.

Kühn (1999): Kühn, Dietrich, Reform der öffentlichen Verwaltung: das neue Steuerungsmodell in der kommunalen Sozialverwaltung, in: Bassarak, Herbert/ Spiegelberg, Rüdiger (Hrsg.). Reihe soziale Arbeit, Köln 1999.

Küpper (1997): Küpper, Hans-Ulrich, Controlling: Konzepte, Aufgaben und Instrumente, 2., aktualisierte und erg. Aufl., Stuttgart 1997.

Küpper (1987): Küpper, Hans-Ulrich, Konzeption des Controlling aus betriebswirtschaftlicher Sicht, in: Scheer, August-Wilhelm (Hrsg.): Rechnungswesen und EDV, 8. Saarbrücker Arbeitstagung, Heidelberg 1987, S. 82 - 116.

Küpper/Weber/Zünd (1990): Küpper, Hans-Ulrich/Weber, Jürgen/Zünd, Andre: Zum Verständnis und Selbstverständnis des Controlling, in: ZfB, 60. Jg. (1990), S. 281 - 293.

Landesjugendamt Berlin (2002): Landesjugendamt Berlin, Kostenblatt pro Platz/Jahr für Regeleinrichtungen – Durchschnittssätze im Haushaltsjahr 2002, Berlin 8.01.2002, URL: http://www.sensjs.berlin.de/jugend/rechtsvorschriften/kita_rahmenvereinbarungen/kita_rah menvereinbarungen.asp (2.09.2002).

Lidke (1999): Lidke, Dietmar, Wirkungsorientierte Produkte für das Qualitätsmanagement im Jugend- und Sozialbereich - Ein Erfahrungsbericht aus der Stadtverwaltung Rüsselsheim, in: Goebel, Eberhard (Hrsg.): Qualitätsmanagement in Kindertagesstätten, Kassel 1999, S. 183-206.

Lüder (2001): Lüder, Klaus, Neues öffentliches Haushalts- und Rechnungswesen: Anforderungen, Konzept, Perspektiven, Berlin 2001.

Lüder (1999): Lüder, Klaus, Kommunales Rechnungswesen - Anforderungen und Entwicklungstendenzen, in: KWI-Info 1/99, S. 9 - 15.

Lüder (1996): Lüder, Klaus, Konzeptionelle Grundlagen des Neuen Kommunalen Rechnungswesens (Speyerer Verfahren), Stuttgart 1996.

Lüder/Behm/Cordes (1998): Lüder, Klaus/ Behm, Christiane/Cordes, Ulrich, Praxiseinführung des Neuen Kommunalen Rechnungswesen (Speyerer-Verfahren) – Dokumentation des Modellprojekts "Wiesloch", Stuttgart 1998.

Maleri (1994): Maleri, Rudolf, Grundlagend der Dienstleistungsproduktion, 3., vollständig überarb. und erw. Aufl., Berlin u.a. 1994.

Mayer (1993): Mayer, Reinhold, Target Costing und Prozesskostenrechnung,in: Horváth, Peter (Hrsg.): Target Costing - marktorientierte Zielkosten in der deutschen Praxis, Stuttgart 1993, S. 75 - 92.

Mengen/Simon (1996): Mengen, Andreas/Simon, Hermann, Produkt- und Preisgestaltung mit Conjoint Measurement, in: WISU, 25. Jg. Heft 3, 1996, S. 229 - 236.

Meyer (1994): Meyer, Claus, Betriebswirtschaftliche Kennzahlen und Kennzahlen-Systeme, 2., erw. und überarb. Aufl., Stuttgart 1994.

Monden (1999): Monden, Yasuhiro, Wege zur Kostensenkung: Target Costing und Kaizen Costing, München 1999.

Müller/Schedler (2002): Müller, Bruno/Schedler, Kuno, Entscheidungsorientierte Kosten- und Leistungsrechnung: Berner Einführungserfahrungen, in: Verwaltung und Management, 8. Jg. (2002), Heft 2, S. 88-94.

Müller (1998): Müller, Mischa, Target Costing im Krankenhaus: Entwurf eines objektorientierten EDV-Systems zur Unterstützung einer retrograden Deckungsbeitragsrechnung, Lohmar/Köln 1998.

Müller-Trimbusch/Horváth (1997): Müller-Trimbusch, Gabriele/ Horváth, Peter, Management von Kindertageseinrichtungen - Beispiel Stuttgart, in: Die innovative Verwaltung, Heft 6, 1997, S. 20 - 24.

Musgrave/Musgrave/Kullmer (1984): Musgrave, Richard A./Musgrave Peggy B./Kullmer, Lore, Die öffentlichen Finanzen in Theorie und Praxis,1. Bd., 3., völlig überarb. Aufl., Tübingen 1984.

Mussnig (2001): Mussnig, Werner, Dynamisches Target Costing: Von der statischen Betrachtung zum strategischen Management der Kosten, 1. Aufl., Wiesbaden 2001.

Mussnig (1996): Mussnig, Werner, Von der Kostenrechnung zum Management Accounting, Wiesbaden 1996.

Naschold u.a. (1996): Naschold, Frieder/Budäus, Dietrich/Jann, Werner/Mezger, Erika/ Oppen, Maria/Picot, Arnold/Reichard, Christoph/Schanze, Erich/Simon, Nikolaus, Leistungstiefe im öffentlichen Sektor: Erfahrungen, Konzepte, Methoden, Berlin 1996.

Niemand (1996): Niemand, Stefan, Target Costing für industrielle Dienstleistungen, München 1996.

Nowotny (1999): Nowotny, Ewald, Der öffentliche Sektor: Einführung in die Finanzwissenschaft, 4., neubearb. und erw. Aufl., Berlin etc. 1999.

Nullmeier (2001): Nullmeier, Frank, Kennzahlen und Performance Management, in: Blanke, Bernhard/Bandemer, Stephan von/Nullmeier, Frank/Wewer, Göttrik: Handbuch der Verwaltungsreform, 2., erw. und durchgesehene Aufl., Opladen 2001, S. 383 - 391.

Nullmeier (1998): Nullmeier, Frank, Input, Output, Outcome, Effektivität und Effizienz, in: Blanke, Bernhard/Bandemer, Stephan von/Nullmeier, Frank/Wewer, Göttrik: Handbuch der Verwaltungsreform, Opladen 1998, S. 314 - 322.

Oecking (1994): Oecking, Georg, Strategisches und operatives Fixkostenmanagement: Möglichkeiten und Grenzen des theoretischen Konzepts und der praktischen Umsetzung im Rahmen des Kosten- und Erfolgscontrolling, München 1994.

Olson/Guthrie/Humphrey (1998): Olson, Olov/Guthrie, James/Humphrey, Christopher (Eds.), Global Warning: Debating International Developments in New Public Financial Management, Oslo 1998.

Ortmann (1996): Ortmann, Friedrich, Neue Steuerungsformen der Sozialverwaltung und soziale Arbeit, in: Nachrichtendienst des Deutschen Vereins für öffentliche und private Fürsorge, 1996, 76. Jg., Heft 2, S. 62 - 67.

Ossadnik (1998): Ossadnik, Wolfgang, Controlling, 2., durchges. und verb. Aufl., München u.a. 1998.

Palupski (1998): Palupski, Rainer, Controlling kommunaler Verwaltungen, 2., überarb. und erw. Aufl., München 1998.

Pitschas (2000): Pitschas, Rainer, Wirkungsorientierung des Verwaltungsmanagments im internationalen Vergleich, in: Verwaltung und Management, 6.Jg. (2000), Heft 6, S. 329 – 334.

Pook/Tebbe (2002): Pook, Manfred/Tebbe, Günter, Berichtswesen und Controlling, München, Berlin 2002.

Promberger (1995): Promberger, Kurt, Controlling für Politik und öffentliche Verwaltung, Wien 1995.

Reichard (2002): Reichard, Christoph, Marketization of Public Services in Germany, in: IPMR, Volume 3, Issue 2, 2002, S. 63 - 80.

Reichard (2001): Reichard, Christoph, Bilanz der ersten Modernisierungs-Dekade: Kein Rückfall ins "alte Steuerungsmodell", in: der städtetag, Heft 3/2001, S. 20 - 22.

Reichard (1998): Reichard, Christoph, Wettbewerbselemente in der öffentlichen Verwaltung - Kommentierung aus wissenschaftlicher Sicht, in: König, Klaus/Füchtner, Natascha (Hrsg.): Schlanker Staat - Verwaltungsmodernisierung im Bund. Speyerer Forschungsbericht 183, Speyer 1998, S. 305 - 326.

Reichard (1998a): Reichard, Christoph, Zur Naivität aktueller Konzepttransfers im deutschen Public Management, in: Edeling, Thomas/Jann, Werner/Wagner, Dieter (Hrsg.): Öffentliches und privates Management: Fundamentally alike in all unimportant respects?, Opladen 1998, S. 53 - 70.

Reichard (1998b): Reichard, Christoph, Institutionelle Wahlmöglichkeiten bei der öffentlichen Aufgabenwahrnehmung, in: Budäus, Dietrich (Hrsg.): Organisationswandel öffentlicher Aufgabenwahrnehmung, Baden-Baden 1998, S. 121 - 153.

Reichard (1998c): Reichard, Christoph, Der Produktansatz im "Neuen Steuerungsmodell" - von der Euphorie zur Ernüchterung, in: Grunow, Dieter/Wollmann, Hellmut (Hrsg.): Lokale Verwaltungsreform in Aktion: Fortschritte und Fallstricke, Basel 1998, S. 85 - 102.

Reichard (1987): Reichard, Christoph, Betriebswirtschaftslehre der öffentlichen Verwaltung. 2., völlig neubearb. u. erw. Aufl., Berlin 1987.

Reichmann (1993): Reichmann, Thomas, Controlling mit Kennzahlen und Managementberichten: Grundlagen einer systemgestützten Controlling-Konzeption, 3., überarb. und erw. Aufl., München 1993.

Reis/Schulze-Böing (1998): Reis, Claus/Schulze-Böing, Matthias (Hrsg.), Planung und Produktion sozialer Dienstleistungen. Die Herausforderung "neuer Steuerungsmodelle", Berlin 1998.

Rembor (1997): Rembor, Ralph-Peter, Controlling in der Kommunalverwaltung, Wiesbaden 1997.

Riegler (1996): Riegler, Christian, Verhaltenssteuerung durch Target Costing: Analyse anhand einer ausgewählten Organisationsform, Stuttgart 1996.

Rudolph (1998): Rudolph, Bernd, Zielkostenmanagement bei Kreditinstituten, Stuttgart 1998.

Sakurai (1997): Sakurai, Michiharu, Integratives Kostenmanagement: Stand und Entwicklungstendenzen des Controlling in Japan, München 1997.

Schaad (1998): Schaad, Martina, Wirkungsorientierte Steuerung, in: Social Management, 2/98, S. 20 - 24.

Schedler (1995): Schedler, Kuno, Ansätze einer wirkungsorientierten Verwaltungsführung, Bern 1995.

Schedler/Proeller (2000): Schedler, Kuno/Proeller, Isabella, New Public Management, Bern 2000.

Schmidberger (1994): Schmidberger, Jürgen, Controlling für öffentliche Verwaltungen, 2. Aufl., Wiesbaden 1994.

Schmidt (1998): Schmidt, Andreas, Kostenrechnung, 2., überarbeitete und erweiterte Aufl., Stuttgart 1998.

Schubert (2000): Schubert, Bernd, Controlling in der Wohlfahrtspflege: Entwicklung eines Konzepts zur Unterstützung der Wirksamkeit und Wirtschaftlichkeit von Sozialdienstleistungsunternehmen der stationären Eingliederungshilfe für Behinderte, als Bezugsrahmen für die Umsetzung der Anforderungen nach dem BSHG, Hamburg 2000.

Schwarze (1999): Schwarze, Jochen, Funktionen und Leistungsfähigkeit der Prozeßkostenrechnung für öffentliche Verwaltungen, in: Budäus, Dietrich/Gronbach, Peter: Umsetzung neuer Rechungs- und Informationssysteme in innovativen Verwaltungen/ 1. Norddeutsche Fachtagung zum New-Public-Management, Freiburg i. Br., 1999, S. 55 - 80.

Schwarze/Koß (1996): Schwarze, Jochen/ Koß, Thomas, Prozeßorientierte Kosten- und Leistungsrechnung in der öffentlichen Verwaltung, Hannover 1996.

Schweitzer/Küpper (1995): Schweitzer, Marcell/Küpper, Hans-Ulrich, Systeme der Kosten- und Erlösrechnung, 6., vollst. über. und erw. Aufl., München 1995.

Seelos (1998): Seelos, Hans-Jürgen, Zur Dienstleistungsökonomie der Krankenhausleistungsproduktion, in : ZögU, Band 21; Heft 1, 1998, S. 107 - 114.

Seidenschwarz (1997): Seidenschwarz, Werner, Nie wieder zu teuer!: 10 Schritte zum Marktorientierten Kostenmanagement, Stuttgart 1997.

Seidenschwarz (1993): Seidenschwarz, Werner, Target costing: marktorientiertes Zielkostenmanagement, München 1993.

Seidenschwarz (1992): Seidenschwarz, Barbara, Controllingkonzepte für öffentliche Institutionen, München 1992.

Seidenschwarz (1991): Seidenschwarz, Werner, Target Costing und Prozeßkostenmanagement, in: IFUA Horvath & Partner GmbH Stuttgart (Hrsg.): Prozeßkostenmanagement, München 1991.

Seifert (1998): Seifert, Klaus, Prozeßmanagement für die öffentliche Verwaltung, Wiesbaden 1998.

Senatsverwaltung für Bildung, Jugend und Sport des Landes Berlin (2002): Senatsverwaltung für Bildung, Jugend und Sport des Landes Berlin, Gesetz zur Förderung und Betreuung von Kindern in Tageseinrichtungen und Tagespflege (Kindertagesbetreuungsgesetz- KitaG): in der Fassung vom 4. September 2002, 4.09.2002, URL: http://www. sensjs.berlin.de/jugend/rechtsvorschriften/kitag/kitag.pdf (12.03.2004).

Senatsverwaltung für Finanzen des Landes Berlin (2003): Senatsverwaltung für Finanzen des Landes Berlin, Was kostet wo wie viel? Berliner Bezirke im Kostenvergleich, Haushaltsjahr 2001, Berlin 2003.

Senatsverwaltung für Finanzen des Landes Berlin (2003a): Senatsverwaltung für Finanzen des Landes Berlin, Was kostet wo wie viel? Berliner Bezirke im Kostenvergleich, Haushaltsjahr 2002, Berlin 2003.

Senatsverwaltung für Finanzen des Landes Berlin (2001): Senatsverwaltung für Finanzen des Landes Berlin, Was kostet wo wie viel? Berliner Bezirke im Kostenvergleich, Haushaltsjahr 2000, Berlin 2001.

Senatsverwaltung für Finanzen des Landes Berlin (2001a): Senatsverwaltung für Finanzen des Landes Berlin, Abschlussbericht der Expertenkommission Staatsaufgabenkritik, Berlin 23.11.2001, URL: http://www.berlin.de/senfin/Download/abschlussberichtstaatsaufgaben-kritik.pdf (27.02.03).

Senatsverwaltung für Finanzen des Landes Berlin (2000): Senatsverwaltung für Finanzen des Landes Berlin, Vom Abschluss der Kostenrechnung 1999 zum Produktsummenbudget der Bezirke 2001, Berlin 2000.

Senatsverwaltung für Inneres des Landes Berlin (1997): Senatsverwaltung für Inneres des Landes Berlin, Leitfaden für den Abschluß von Zielvereinbarungen, März 1997, Berlin 1997.

Senatsverwaltung für Inneres des Landes Berlin (1993): Senatsverwaltung für Inneres des Landes Berlin (Hrsg.), Leitfaden Erfolgskontrolle - Arbeitshilfe für die Verwaltung des Landes Berlin, Berlin 1993.

Senatsverwaltung für Schule, Jugend und Sport des Landes Berlin (1999): Senatsverwaltung für Schule, Jugend und Sport des Landes Berlin, Bericht zum Stand der Gesamtjugendhilfeplanung, Berlin September 1999, URL: http://www.senbjs.berlin.de/jugend/jugendpolitik/gesamtjugendplanung/bericht_gesamtjugendplanung.pdf (12.03.04).

Siems (2002): Siems, Corinna, Die Prozesskostenrechnung: Ein rechnungszielorientiertes Kostenrechnungssystem für die öffentliche Verwaltung?, in: Verwaltung und Management, 8. Jg. (2002), Heft 6, S. 372 - 377.

Spieß/Tietze (2001): Spieß, Katharina/Tietze, Wolfgang, Gütesiegel als neues Instrument der Qualitätssicherung von Humandienstleistungen. Gründe, Anforderungen und Umsetzungsüberlegungen am Beispiel von Kindertageseinrichtungen, DIW-Diskussionpapier, Nr. 243, Februar 2001.

Stephan (1999): Stephan, Günter, Teilkostenrechnung in der öffentlichen Verwaltung,in: Meurer, Fritz/Günter, Stephan: Rechnungswesen und Controlling in der öffentlichen Verwaltung, Gruppe 2, Loseblatt-Zeitschrift, Freiburg i.Br. 1999, S. 29 - 47.

Stoll (1997): Stoll, Stefan, Die Kostenrechnung als Instrument der internen Organisation: Gestaltungsaspekte aus ökonomischer und verhaltenstheoretischer Sicht, Frankfurt a. M., 1997.

Tanaka (1989): Tanaka, M., Cost Planning and Control Systems in the Design Phase of a New Product, in: Monden, Yasuhiro/Sakurai, Michiharu (Hrsg.): Japanese Management Accounting - A World Class Approach to Profit Management, Cambridge, Massachusetts, 1989, S. 49 - 71.

Tietze (1998): Tietze, Wolfgang (Hrsg.), Wie gut sind unsere Kindergärten? Eine Untersuchung zur pädagogischen Qualität in deutschen Kindergärten, Neuwied, Kriftel, Berlin 1998.

Tietze/Roßbach/Schuster (1997): Tietze, Wolfgang/Roßbach, Hans-Günther/Schuster, Käthe-Maria, Kindergarten-Einschätz-Skala (KES). Deutsche Fassung der Early Childhood Environment Rating Scale von Thelma Harms & Richard M. Clifford, Neuwied, Kriftel, Berlin 1997.

Vikas (1991): Vikas, Kurt, Neue Konzepte für das Kostenmanagement: Controllingorientierte Modelle für Industrie- und Dienstleistungsunternehmen, Wiesbaden, 1991.

Weber (1999): Weber, Jürgen, Einführung in das Controlling, 8., aktualisierte und erw. Aufl., Stuttgart 1999.

Weber (1991): Weber, Jürgen, Einführung in das Controlling: 1. Teil. Konzeptionelle Grundlagen, 3., wesentl. veränd. u. erw. Aufl., Stuttgart 1991.

Weber/Hunold (2002): Weber, Jürgen/Hunold, Klaus, Gestaltung und Nutzung der kommunalen Kostenrechnung - eine empirische Studie, in: krp-Kostenrechnungspraxis, 46. Jg., 2002, Heft 1, S. 37 - 45.

Wegener (2002): Wegener, Alexander, Die Gestaltung kommunalen Wettbewerbs: Stategien in den USA, Großbritannien und Neuseeland, Berlin 2002.

Wegmann (2001): Wegmann, Christoph, Controlling und Target Costing, in: Verwaltung und Management, 7. JG. (2001), Heft 1, S. 50.

Wehrmann/Abel (2000): Wehrmann, Ilse/Abel, Rolf Dieter, Von der Kindertagesstättenverwaltung zum Kindertagesstättenmanagement: Ansätze zur Optimierung der Wirtschaftlichkeit und Fachlichkeit von Kindertageseinrichtungen, Bremen 2000.

Wielpütz (1996): Wielpütz, Axel Ullrich, Verhaltensorientiertes Controlling, Köln 1996.

Winter (2003): Winter, Christian, Anforderungen und Voraussetzungen für die Effizienzrevolution in der öffentlichen Vewaltung, in: Verwaltung und Management, 9. Jg. (2003), Heft 1, S. 21 - 30.

Winter (2000): Winter, Christian, Ein neuer politischer Steuerungsansatz für das Kontraktmanagement, in: Verwaltung und Management, 6. Jg. (2000), Heft 2, S. 101 - 109.

Winter (1998): Winter, Christian, Das Kontraktmanagement: Synthese eines neuen Haushaltssystems für Bund und Länder auf Grundlage einer Analyse des bestehenden Haushaltssystems und den Ansätzen zur Verwaltungsreform auf kommunaler Ebene, 1. Aufl., Baden-Baden 1998.

Witt (1991): Witt, Frank-Jürgen, Deckungsbeitragsmanagement, München 1991.

Witten (2000): Witten, Martina von, Kostenrechnungssyteme für öffentliche Verwaltung, in: Verwaltung und Management, 6. Jg. (2000), Heft 1, S. 40 - 43.

Wittlage (1993): Wittlage, Helmut, Methoden und Techniken praktischer Organisationsarbeit, 3., überar. und erw. Aufl., Berlin 1993.

Zimmermann/Grundmann (1999): Zimmermann, Gebhard/Grundmann, Ralf, Zur Implementierung einer Prozeßkostenrechnung in der öffentlichen Verwaltung, in: Verwaltung und Management, 5. Jg. (1999), Heft 6, S. 333 - 336.

Zimmermann/Grundmann (1996): Zimmermann, Gebhard/Grundmann, Ralf, Die Prozeßkostenrechnung als Instrument zur Wirtschaftlichkeitskontrolle und Preisbegründung in der öffentlichen Verwaltung, in: Scheer, August-Wilhelm/ Friedrichs, Johann (Hrsg.): Innovative Verwaltungen 2000, Schriftenreihe zur Unternehmensführung Band 57, Wiesbaden 1996, S. 103 - 117.

Zimmermann/Henke (1994): Zimmermann, Horst/ Henke Klaus-Dirk, Finanzwissenschaft, 7., völlig überarbeitete und erweiterte Aufl., München 1994.

Zimmermann/Henke (1994): Zimmermann, Horst/ Henke Klaus-Dirk, Finanzwissenschaft, 7., völlig überarbeitete und erweiterte Aufl., München 1994.

Ralf Sauter

Marktorientierte Steuerung der Gemeinkosten im Rahmen des Target Costing

Ein Konzept zur Integration von Target Costing und Prozesskostenmanagement

Frankfurt am Main, Berlin, Bern, Bruxelles, New York, Oxford, Wien, 2002.
219 S., zahlr. Tab. und Graf.
Europäische Hochschulschriften: Reihe 5, Volks- und Betriebswirtschaft. Bd. 2938
ISBN 3-631-50380-6 · br. € 39.50*

In diesem Band wird die Frage, wie Gemeinkosten im Rahmen des Target Costing zu behandeln sind, aus der Sicht von Theorie und Praxis beleuchtet. Ziel der Arbeit ist die erstmalige Gestaltung einer Methode zur durchgängigen Einbindung der Gemeinkosten in das Target Costing. Diese Methode stärkt die Marktorientierung des gesamten Unternehmens. Basierend auf der Analyse der Merkmale des Target Costing und der Gemeinkosten wird ein System zur marktorientierten Gemeinkostenplanung im Rahmen des Target Costing entworfen. Das theoretische Konzept wird am Beispiel eines Unternehmens, das Mobiltelefone herstellt, überprüft und im Detail illustriert.

Aus dem Inhalt: Merkmale und Charakteristika des Target Costing sowie der Gemeinkosten · Gemeinkostenplanung und Gemeinkostenmanagement · State of the Art der Gemeinkostenplanung im Rahmen des Target Costing · Gestaltung eines Systems zur marktorientierten Gemeinkostenplanung im Rahmen des Target Costing und dessen Anwendung bei einem Mobiltelefon-hersteller · Überlegungen zur allgemeinen Anwendbarkeit in der Praxis

Peter Lang · Europäischer Verlag der Wissenschaften

Frankfurt am Main · Berlin · Bern · Bruxelles · New York · Oxford · Wien
Auslieferung: Verlag Peter Lang AG
Moosstr. 1, CH-2542 Pieterlen
Telefax 00 41 (0) 32 / 376 17 27

*inklusive der in Deutschland gültigen Mehrwertsteuer
Preisänderungen vorbehalten
Homepage http://www.peterlang.de